서울,
문학의 도시를
걷다

서울, 문학의 도시를 걷다

허병식·김성연 글
홍상현 사진

터치아트

일러두기

1 본문에 인용한 문학 작품 중 지금과 표기법이 다른 것들은 되도록 당시의 표기법을 살려 썼다.

2 본문에서는 주요 건물명과 지명 등을 현재 시점의 공식 이름으로 표기했기에 인용문에 등장하는 명칭과 다소 차이가 있음을 밝힌다.
 (예) 인용문: 남대문 → 본문: 숭례문

3 원문 출처는 독자들이 찾아볼 수 있게 되도록 최근에 출간된 책을 기준으로 삼았다.

4 출처 표시는 저자명, 〈작품 제목〉, 《작품이 수록된 책 제목》, 출판처, 출간 연도 순으로 표기하였다.

| 발간에 부쳐 |
서울만의 이야기, 서울의 문화 자원

급속도로 변화해 가는 사회, 경제 구조 속에서 우리가 기억해야 하는 서울성(性)이 무엇일까 종종 이야기하곤 한다. 흔히 서울의 600년 역사성을 내세워 '역사 도시 서울'이라고 그 이미지를 입힌다. 하지만 건축 중심의 개발 정책으로 인해 다양한 시간의 흔적이 조화를 이루는 서울의 역사성은 찾아보기 힘들어졌다. 다만 누군가 남겨 놓은 자료들 속에서 서울을 기억하고 이야기로 전하고 있을 뿐이다. 이러한 아쉬움 속에 10년 전 서울문화재단은 서울 속 문화 자원 발굴 프로젝트 '서울문화예술탐방'을 시작하였다. 오랜 역사를 지녀온 서울이 가지고 있는 다양한 문화의 가치를 재발견하고 시민들과 함께 그곳을 찾아 천천히 걸으며 탐방하고자 기획한 프로젝트였다. 그 영역은 역사뿐 아니라 건축, 문학, 미술, 박물관, 서울의 좁은 골목길에 이르기까지 문화 예술을 매개로 서울을 기억하고 있는 흔적이 있는 곳이라면 어디든 그 탐방의 대상이 되었다. 바로, 콘텐츠를 중심으로 서울성을 찾아가는 프로그램인 것이다.

서울은 수많은 문인들이 모여들었던 학문과 문학의 중심지였으며 그들의 생활과 함께 작품의 배경이 되어 왔던 곳이다. 그러하기에 우리는 소설 속 주인공이 거닐었던 곳의 묘사를 통해 서울을 그리고, 시 한 편의 감성어로 서울 사람의 정서를 느낄 수 있는 것이다. 《서울, 문학의 도시를 걷다》는 문학 작품 속 서울의 발자취를 함께 걸으며 기억했던 '서울 문학

탐방'의 결실이기도 하였다. 10여 년의 시간이 흐르며 사람과 길, 역사의 현장이었거나 이정표가 되었던 건물들에도 변화가 생겼으며, 소소한 정보들도 바뀐 것들이 있어 그 내용들을 반영하여 2017년 개정판을 출간하게 되었다. 서울과 서울 사람의 모습을 함께 상상하며 걸을 수 있는 12개의 코스에서는 걷다 보면 빠르게 개발되는 서울의 속도감과는 정반대로 그 자리를 지키고 있는 곳, 이미 사라져 버렸지만 상상을 통해 만날 수 있는 곳, 그동안은 무심코 지나쳐 그 의미를 알지 못했던 곳들을 만나며 서울을 기억하고 그릴 수 있다.

서울문화재단의 대표이사로 자리한 지 다섯 달이 되어간다. 내가 생각하는 서울성은 역사 도시 서울로서뿐 아니라 그 시간의 흐름 속에서 다양한 문화 자원이 교차하며 역동성을 더해 나가는 새로운 문화 콘텐츠의 도시 서울이며, 그 문화를 모두가 다 한껏 즐기는 행복의 도시 서울이다.

개정판 출간에 부쳐 시대적 트렌드를 발견하고 새로운 문화 탐방 프로그램을 시도하였던 서울문화재단의 안호상 전임 대표, 사업을 함께 기획하고 진행했던 서울문화재단의 직원들, 그리고 문학 작품 속 문단 하나하나를 통해 서울을 기억하고자 노력했던 저자 허병식, 김성연 선생님에게 다시 한 번 박수를 보낸다.

문학 속 그곳을 다시 걷게 될 2017년 서울의 봄을 기다려 본다.

서울문화재단 대표이사
주철환

| 책머리에 |

서울을 걸어 문학을 만나다

서울은 수많은 이야기를 품고 있는 도시다. 설화나 전설처럼 오랜 옛날부터 깃들어 있던 이야기뿐 아니라 한국 근현대 문학의 중요한 장면들이 서울을 배경으로 연출되었다. 100여 년 전 근대 도시 경성에서부터 오늘날의 첨단 도시 서울에 이르기까지 많은 작가가 문학을 통해 서울을 이야기하고 있으며, 우리는 이를 통해 서울을 들여다본다.

문학이 보여 주는 서울은 우리가 살아가는 공간과 같은 모습인 경우도 있지만 때로는 무척 낯선 모습으로 그려지기도 한다. 문학은 우리가 미처 알지 못했던 서울을 예리하게 포착해 보여줌으로써 우리가 평범하다고 느끼는 공간에 새로운 의미를 부여한다. 그래서 늘 같은 자리를 지키고 있는 나무 한 그루, 집 한 채, 좁은 골목길에까지 다양한 이야기가 깃들게 된다.

《서울, 문학의 도시를 걷다》는 서울에 숨결을 불어넣는 문학 속 장소들로 독자를 안내한다. 책에 소개한 열두 개의 산책 코스는 대부분 한강 북쪽, 그중에서도 500년 조선의 도읍이었던 사대문 안팎을 중심으로 이어진다. 이는 바로 이 지역이 서울에서도 가장 많은 이야기가 깃든 곳이기 때문이다. 산책 코스를 따라 걷다 보면 서울의 거리에서 작가 이상도 만나고 김수영도 만나고 박완서도 만나고, 소설 속 주인공 '구보 씨'도 만날 수 있다.

각 코스는 대부분 4킬로미터 미만의 거리로, 순수하게 걷는 시간은 한 시간이 채 걸리지 않는다. 다만 마음속의 울림이 큰 장소에 한동안 머무르다가 다시 걷기를 반복하다 보면 실제 산책 시간은 사람마다 차이가 날 것이다. 또한, 책에 소개한 대로 한 코스씩 독립적으로 걸을 수도 있지만, 소공동과 종로, 광화문, 정동 일대와 같이 가까운 곳은 저마다의 취향과 일정에 따라 두세 코스를 연결해 걸어도 좋다.

　　서울은 어느 계절에 걸어도 좋은 도시지만, 문학 작품 속의 정취를 더욱 잘 느끼려면 특정한 계절에 길을 나서 보는 것도 좋다. 가령, 연세대 코스는 학생들 사이에서 '미친 나무'로 통하는 겹벚나무에 꽃이 피는 봄이나, 신록이 만발하는 초여름에 걸으면 좋을 것이고, 산등성이에서 서울을 굽어볼 수 있는 남산길은 청명한 가을날이 좋겠다. 다정한 이와 함께라면 애틋한 사랑 이야기가 깃든 성북동을 걸어 보고, 미술관이나 등록문화재 등 볼거리가 특히 많은 정동길은 아이들과 함께 걷는 것도 좋다.

　　이렇듯 문학의 향기에 젖어 서울을 걷다 보면 서울이라는 도시가 첨단을 향해 빠른 속도로 나아가는 동안 그 속도감에 휩쓸려 우리가 미처 느끼지 못한 것들을 볼 수 있을 것이다. 끊임없이 변하고 있는 서울에 새로 생긴 것을 발견할 수도 있고, 이미 사라져 버려 아쉬웠던 장소를 문학을 통해 대신 거닐어 볼 수도 있다. 그리고 예나 지금이나 변함없이 제자리를 지키며 과거와 현재를 이어 주는 장소에서는 묵직한 감동을 받게 된다. 문학 속의 서울을 만나는 일은 서울이라는 도시를 더욱 깊이 들여다보게 해줄 것이다.

| 차례 |

| 발간에 부쳐 |
서울만의 이야기, 서울의 문화 자원

| 책머리에 |
서울을 걸어 문학을 만나다

01 소공동 · 명동
모던보이의 뒤를 좇아 남촌을 거닐다   14

02 남산길
남산 등성이에서 굽어보는 서울   38

03 서울역 · 약현성당 · 남대문
서울의 입구를 들여다보다   58

04 정동길
정동, 그 눈부신 황혼의 거리   82

05 광화문 · 청운효자동
권력의 시선 아래 문화가 살아 숨 쉬는 길   120

06 종로 · 인사동
젊음이 오래 머물러 있는 길을 걷는다   148

07 북촌길
궁궐 옆 마을 길을 걸었네   178

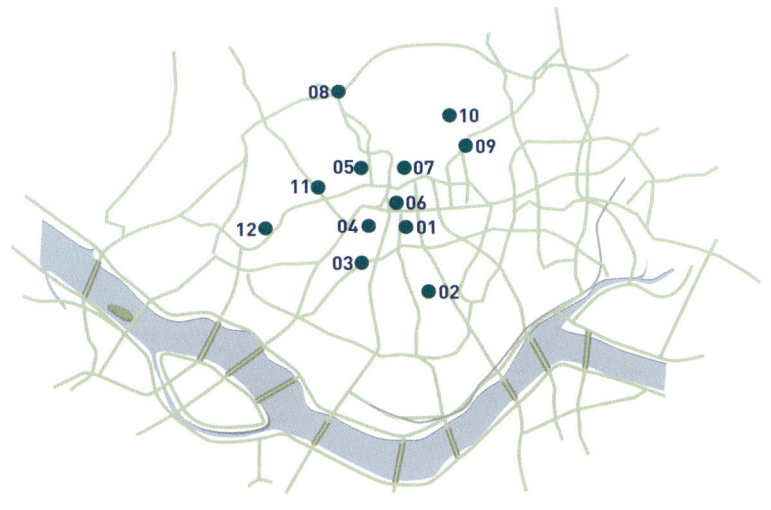

08 부암동·홍지동·평창동
산중에 숨어 살며 문학에 헌신한 사람들   204

09 대학로
어느덧 중년이 되어 버린 시인의 거리   228

10 성북동
숨어 있는 시와 사랑의 길에서 무엇이 보일까   256

11 사직동·현저동
가난의 풍경, 궁핍한 시대의 시인을 찾아서   284

12 연세대·신촌
윤동주, 달을 쏘다   308

| 부록 |
인용 작품의 작가 약력   338

01 소공동·명동

모던보이의 뒤를 좇아 남촌을 거닐다

소공동 산책 코스는 서울의 오랜 번화가를 가로지른다. 신세계백화점에서 출발하여 한국은행 화폐박물관과 포스트타워, 웨스틴조선호텔을 거쳐 을지로2가를 돌아 명동으로 진입하는 이 산책로는 서울 시내의 가장 번화한 거리를 종횡하므로 다소 지칠지도 모른다. 어느 시간에 가든 차도에는 차량이 넘쳐 나고 거리도 매우 혼잡하다. 따라서 이 길은 조용한 명상을 위한 산책 코스로는 적당치 않다. 하지만 사람과 재물이 모이는 곳에는 이야기도 싹트는 법. 우리 근대 문학의 명

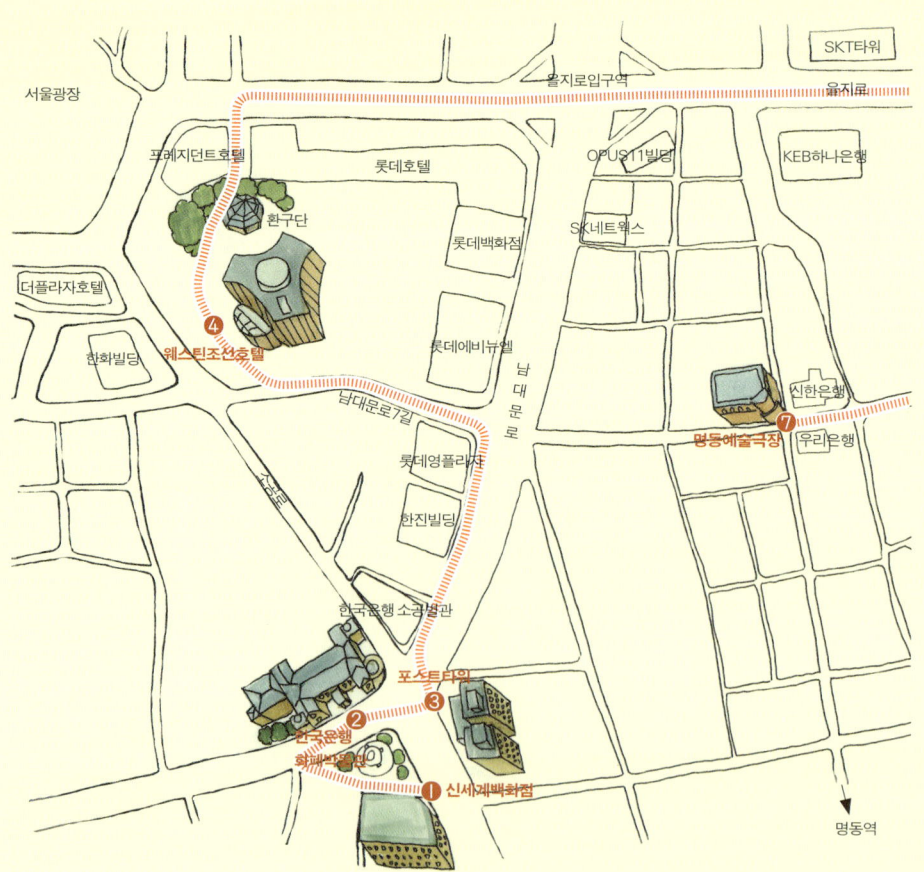

작들을 산출해 낸 이 공간을 거닐며 그들의, 아니 우리들의 눈물 자국을 보고 웃음소리를 들어 보자. 오늘날 우리의 모습을 설명하는 데 여전히 유효한 '자본주의', '근대화', '식민지 경험'이라는 다소 무거운 개념이 작품 속 일상에 실감 나게 그려져 있으니, 작중 인물들의 감각에 잠시 몸을 맡겨 걸어 보자. 자신을 압박해 오는 오감의 자극이 어디서부터 시작된 것인지 그 냄새를 맡을 수 있을 것이다.

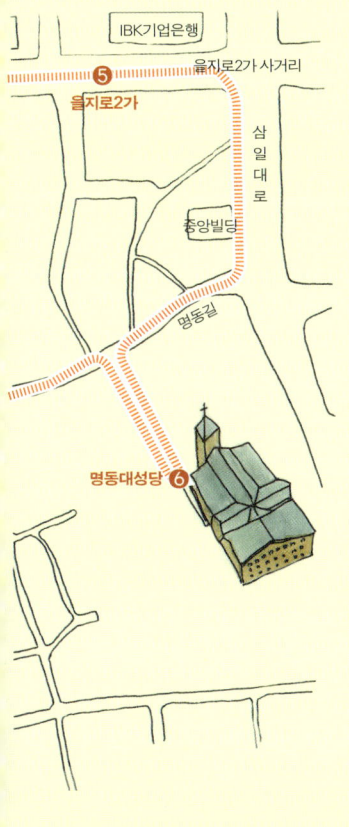

산책 코스 | 2.5km

❶ 신세계백화점 ➔ ❷ 한국은행 화폐박물관 ➔ ❸ 포스트타워 ➔ ❹ 웨스틴조선호텔 ➔ ❺ 을지로2가 ➔ ❻ 명동대성당 ➔ ❼ 명동예술극장

1 | 신세계백화점

이번 산책로는 신세계백화점 본관에서 출발한다. 이곳에는 일제 강점기에 미쓰코시백화점이 있었다. 1930년 10월, 경성 최고 번화가인 혼마치1정목_{오늘날 소공로}에 새롭게 개장한 미쓰코시백화점 경성점은 일본인 상권이던 진고개의 핵심에 해당하는 곳이었다.

당시 경성의 도시 구획은 청계천을 경계로 조선인이 거주하는 북촌과 일본인이 활동하는 남촌으로 나뉘어 있었다. 미쓰코시백화점은 남촌의 중심가를 이루는 장소였다. 미쓰코시와 조지아백화점 등이 모여 있던 남촌은 근대 상품의 진열장과도 같았다. 도쿄 긴자를 방황하던 모던보이와 모던걸을 가리켜 '긴부라'라고 부른 데서 따와 경성의 남촌을 부유하던 무리를 '혼부라'라고 부르는 풍습이 생긴 것도 이 무렵이다. 소비문화에 대한 조선인의 선망이 극에 달하자, 무작정 경성우편국과 미쓰코시백화점 부근을 어슬렁거리는 몽유병자 같은 풍습을 일본 말로 '혼부라'라고 부르게 된 것이다. 혼부라의 무리는 부나비처럼 경성우편국 옆길을 통해 혼마치 상점가로 휩쓸리곤 했다.

작가 이상은 소설 〈날개〉의 주인공을 미쓰코시 옥상에 올라가게 한다. 그리고 혼부라 무리가 출몰하고 온갖 자본의 욕망이 들끓는, 이 흐느적거리는 도시의 일상을 지켜보게 했다. 그리하여 미쓰코시는 한국 근대 문학에서 가장 중요한 장면이 연출되는 장소로 기억되기에 이른다. 대한민국 국민이 가장 인상 깊게 기억하는 소설 중 하나라는 이상의 〈날개〉, 그 마지막 대목을 보자.

> 나는 어디로 어디로 들입다 쏘다녔는지 하나도 모른다. 다만 몇 시간 후에 내가 미쓰꼬시 옥상에 있는 것을 깨달았을 때는 거의 대낮이었다. (중략)
> 이때 뚜— 하고 정오 사이렌이 울렸다. 사람들은 모두 네 활개를 펴고 닭처럼

새로 지은 신관과 리모델링을 거친 본관이 함께 있는 신세계백화점. 본관이 바로 옛 미쓰코시백화점이다. 〈사진 제공 신세계백화점〉

푸드덕거리는 것 같고 온갖 유리와 강철과 대리석과 지폐와 잉크가 부글부글 끓고 수선을 떨고 하는 것 같은 찰나, 그야말로 현란을 극한 정오다.
　🍂 이상, 〈날개〉

　〈날개〉의 화자는 아내가 자신에게 준 것이 감기약이 아니라 수면제였다는 사실을 알고 나서 거리로 뛰쳐나온다. 자아의 소외를 넘어서는 또 다른 세계를 구축할 장소로 그는 현실의 거리를 발견한 것이다. 한때 건축기사였던 작가 이상이 화자를 이끈 곳은 근대 건축물의 상징이던 미쓰코시백화점 건물의 옥상이다. 당시 그 옥상 정원에는 프랑스 근대 건축가 르코르뷔지에의 작품이 설치되어 있었다. 현재 신세계백화점의 옥상 정원에도 각종 조각 작품이 전시되어 있다. 하지만 벽이 높아서 〈날개〉의 화자처럼 거리를 내려다볼 수는 없다. 상품과 사람이 누적된 건물 꼭대기에서 조용히 눈을 감고 저 아래 종횡으로 가로지르는 사람과 자동차를 투시하는 수밖에. 오늘날 백화점은 사람들의 일상 소비 공간으로 안착했지만, 그 등장에 따른 삶의 변화를 초반에 감지한 1930년대 〈날개〉의 화자가 되어 본다면 백화점에서 내려가는 길이 조금 새롭게 다가올 것이다.
　1930년대의 옥상에서 내려왔다면 건물을 빠져나가기 전에 1층에 잠시 머물러 보자. 현재 명품관으로 사용되는 이 본관 건물에서 우리는 그 유명한 화가 박수근의 그림자를 만날 수 있다. 단, 그림자나마 설핏 보기 위해서는 작가 박완서가 운전하는 타임머신을 타고 1950년 6·25전쟁

> **신세계백화점 본관**
> 우리나라에 등장한 최초의 백화점인 미쓰코시백화점 건물로, 1930년에 완공되었다. 리모델링을 거친 본관 건물은 문화재적 가치가 있으면서 건물의 중심이 되는 중앙 계단을 그대로 보존하고, 옥상 정원을 재개장해 조각 작품을 배치하는 등 문화재로서의 품위를 손상하지 않으면서도 내부 인테리어는 현대적 감각을 살렸다는 평가를 받았다.

즈음에 도착해야 한다. 미쓰코시백화점은 해방 후 동화백화점이 되었고, 6·25전쟁이 터지자 미군의 PX로 사용되었다. 당시 박수근은 그곳의 초상화부에서 화공으로 일했다고 한다. 박완서는 〈나목裸木〉에 당시의 풍경을 담았다.

> 내가 일하고 있는 이곳 미8군 PX 아래층은 서쪽으로 삼분의 일쯤이 한국물산 매장으로 되어 있어 그 경영은 한국인 위탁업자들이 맡아 하고 있었다. 너 나 할 것 없이 해먹을 것이 궁색한 전쟁 중이라 그 위탁 판매장 맡아하기도 웬만한 빽이나 수완 없인 어림없다는 게 최사장의 말이었고 앞을 다투어 갖가지 업종──수예품, 유기그릇, 대그릇, 고무신, 피혁제품, 귀금속──이 다 들어앉은 뒤에 엉뚱하게도 밑천 한 푼 안 드는 초상화 간판을 들고 들어올 수 있었던 것은 보통 상술이 아니라는 게 최사장의 자부였다. (중략) 휘황한 아래층 중앙부에 초상부를 차리고 (중략) 환한 조명 속에 펼쳐진 건너편 미국 물품 매장 쪽을 나는 마치 객석에서 무대를 바라보듯 설레는, 좀 황홀하기조차 한 기분으로 바라봤다.
>
> ☞ 박완서, 〈나목〉

초상화부 화공과 손님 사이에서 벌어졌을 법한 대화 한 대목을 들어보자.

> 갈색 털이 무성한 손이 불쑥 내 코앞까지 뻗어와 멈추었다. 그의 손아귀에 퍼든 패스포트 속에서 긴 머리 아가씨가 활짝 웃고 있었다.
> "예쁘군요."
> 그들에게는 좀 허풍스런 찬사를 보내야 하는 법인데 오후의 피곤 때문일까 나도 모르게 나른한 소리를 내고 말았다.

내 앞에 선 우람한 지아이(GI)는 몸집보다는 민감한 듯했다. 금방 씰쭉해지더니 사진을 나꿔채듯이 제 눈앞에 가져다가 새삼스럽게 찬찬히 훑어보았다. 이윽고 제풀에 안심이 되는지 다시 입을 헤벌렸다.
나도 이때를 놓칠세라 재빨리 직업의식을 발휘했다.
"내가 본 어떤 여자보다도 아름답군요. 당신은 행운아에요. 물론 그녀를 위해 초상화를 그리셔야죠. 어때요? 이 고운 실크 스카프에다 그리면."

🍊 박완서, 〈나목〉

이상의 〈날개〉가 백화점 옥상으로부터 날아갈 것을 꿈꾸었다면 박완서의 〈나목〉은 그곳에 뿌리박고 사는 사람들의 삶의 나이테를 그린다. 날개와 뿌리, 우리는 그 사이 어디쯤 있는 것일까? 이제 1930년대의 옥상과 1950년대의 1층을 뒤로하고 백화점을 빠져나가자.

2 | 한국은행 화폐박물관

신세계백화점 본관의 중앙 계단이 있는 정문으로 나와 조각상이 있는 분수대를 지나 건널목을 건너면 우리 근대사에서 중요한 역할을 담당했던 건축물을 또 하나 만날 수 있다. 바로 조선은행^{지금의 한국은행} 건물이다. 1912년에 세워진 이 역사적인 건물은 유럽의 성을 떠올리게 하는 좌우 대칭형의 위엄 있는 석조 건물이다. 근대 도시 경성을 상징하는 건축

> **한국은행 화폐박물관**
> 사적 제280호로 지정된 한국은행 건물은 1912년부터 조선은행 본점으로 이용되었다. 지금은 국내외 화폐 문화의 역사와 한국은행의 역사 자료를 전시한 화폐박물관으로 이용된다.
> **관람시간** 10:00~17:00(월요일, 설 연휴 및 추석 연휴, 12월 29일~다음 해 1월 2일 휴관)
> **문의** 02-759-4881, 4882

한국은행 화폐박물관. 처음 지어졌을 때는 근대 도시 경성을 상징하는 건축물이었다.

물이자, 일본 제국주의의 조선에 대한 문화적·경제적 지배를 상징하는 것이기도 했다. 작가 박태원은 〈소설가 구보 씨의 일일〉에서 1930년대 황금광 시대 경성의 거리를 산보하는 무직 인텔리를 그렸다. 주인공 구보 씨는 청계천과 종로, 경성역 주변의 거리를 배회하다가 이곳 조선은행 앞을 두 번이나 지나가게 된다.

> 전차가 왔다. 사람들은 내리고 또 탔다. 구보는 잠깐 머엉하니 그곳에 서 있었다. 그러나 자기와 더불어 그곳에 있던 온갖 사람들이 모두 저 차에 오른다 보았을 때, 그는 저 혼자 그곳에 남아 있는 것에, 외로움과 애달픔을 맛본다. 구보는, 움직인 전차에 뛰어올랐다. 〈중략〉

조선은행 앞에서 구보는 전차를 내려, 장곡천정으로 향한다. 생각에 피로한 그는 이제 마땅히 다방에 들러 한잔의 홍차를 즐겨야 할 것이다.

🌱 박태원, 〈소설가 구보 씨의 일일〉

고독을 벗어나고 한 개의 조그만 기쁨, 행복을 찾기 위해 구보는 전차에 올라 몸을 맡긴다. 그러다가 내린 곳이 조선은행 앞이다. 구보는 홀로 거리를 산보하면서 도시 생활의 여러 가지 경험들을 반추한다. 이를 통해 구보는 사회와 현실의 문제를 인식하고, 자신의 내면을 점검한다. 그렇게 경성 시내를 돌고 돌아 다시 조선은행 앞에 도착한 그는 또다시 혼자임이 두려워지고 친구를 찾는다.

어느 틈엔가, 구보는 조선은행 앞에까지 와 있었다. 이제 이대로, 이대로 집으로 돌아갈 마음은 없었다. 그러면 어디로―구보가 또다시 고독과 피로를 느꼈을 때, 약칠해 신으시죠 구두에. 구보는 혐오의 눈을 가져 그 사내를, 남의 구두만 항상 살피며, 그곳에 무엇이든 결점을 잡아 내고야 마는 그 사내를 흘겨보고, 그리고 걸음을 옮겼다. 일면식(一面識)도 없는 나의 구두를 비평할 권리가 그에게 있기라도 하단 말인가. 거리에서 그에게 온갖 종류의 불유쾌한 느낌을 주는 온갖 종류의 사물을 저주하고 싶다, 생각하며, 그러나, 문득, 구보는 이러한 때, 이렇게 제 몸을 혼자 두어 두는 것에 위험을 느낀다. 누구든 좋았다. 벗과, 벗과 같이 있을 때, 구보는 얼마쯤 명랑할 수 있었다. 혹은, 명랑을 가장할 수 있었다.

🌱 박태원, 〈소설가 구보 씨의 일일〉

3 포스트타워

한국은행 화폐박물관에서 명동 방면으로 지하도를 건너면, 신축 당시 그 외관 때문에 여러 가지 화제를 불러온 거대한 건물을 만날 수 있다. 바로 2007년 11월에 완공된 포스트타워 서울중앙우체국이다. 보는 사람을 압도할 만큼 웅장한 외양인데, 특이한 생김새 덕분에 주변 경관과 어울리지 않는다거나 보기 흉하다는 등 다양한 평판에 한동안 시달렸다. 건물 모양이 마징가Z의 머리 부분을 닮았다고 하여 사람들에게 '마징가 빌딩'이라고 불리기도 했다.

이 자리에는 일제 강점기에 '경성우편국'이 있었다. 〈소설가 구보 씨의 일일〉에는 구보가 조선은행에서 맞은편의 경성우편국을 바라보는 장면이 있다.

> 참 요사이 무슨 좋은 일 있소. 맞은편의 경성우편국 3층 건물을 바라보며 구보는 생각난 듯이 물었다. 좋은 일이라니— 돌아보는 벗의 눈에 피로가 있었다. 다시 걸어 황금정으로 향하며, 이를테면, 조그만 기쁨, 보잘것없는 기쁨, 그러한 것을 가졌소. 뜻하지 않은 벗에서 뜻하지 않은 엽서라도 한 장 받았다는 종류의······.
>
> 박태원, 〈소설가 구보 씨의 일일〉

구보는 조선은행 앞에서 맞은편의 경성우편국을 바라보며 오랜 벗

포스트타워

서울중앙우체국이 둥지를 튼 포스트타워는 정보 소통 장소로서의 제 기능을 다하고자 우편 업무 외에 시민의 휴식과 체험을 위한 다양한 문화 공간을 제공하고 있다. 1층 앞마당에 우정원이라는 개방형 문화 공간을 만들었고, 보행자 광장을 조성했다. 또 11층에는 카페와 정원을 만들어 직원과 방문객을 위한 쉼터로 활용하고 있다.

옛날 경성우편국 앞에서 구보 씨는 벗으로부터 받는 엽서를 떠올렸다.
오늘 포스트타워 앞을 지나는 사람들은 무엇을 생각할까?

에게서 엽서를 받았을 때의 조그만 기쁨에 대해 생각한다. 화폐를 상징하는 건물 앞에서 벗의 엽서를 상징하는 건물을 바라보는 구보의 유령과 같은 모습이 빠른 속도로 질주하는 사람과 자동차의 행렬 사이로 어렴풋이 보이는 것도 같다. 조선은행과 경성우편국 사이의 대로를 마음대로 활보할 수 있던 그 시절 모습과 달리 지금 그 길 위에는 쉬지 않고 자동차들이 지나다닌다. 그리고 사람들은 이제 지하도를 이용하지 않고는 한국은행 화폐박물관에서 포스트타워로 곧장 건너갈 수 없게 되었다. 오늘날 오랜 벗으로부터 엽서 한 장 받기가 꽤나 힘들어진 것처럼 말이다.

우리 근대 문학사에서 빼놓을 수 없는 채만식의 《태평천하》에도 경성우편국이 주요한 랜드마크로 등장한다.

> 여느 평탄한 길로 끌고 오기도 무던히 힘이 들었는데 골목쟁이로 들어서는 빗밋이 경사가 진 이십여 칸을 끌어올리기야, 엄살이 아니라 정말 혀가 나올 뻔했습니다.
> 이십팔 관, 하고도 육백 몸매……!
> 윤직원 영감의 이 체중은, 그저께 춘심이년을 데리고 진고개로 산보를 갔다가 경성우편국 바로 뒷문 맞은편, 아따 무어라더냐 그 양약국 앞에 놓아둔 앉은뱅이저울에 올라 서본 결과, 춘심이년이 발견을 했던 것입니다.
>
> ☞ 채만식, 《태평천하》

《태평천하》의 이 장면에서 윤직원은 자신이 데리고 있는 어린 기생 춘심이와 함께 당대 경성에서 가장 번화한 거리 중 하나였던 진고개_{지금의 충무로}로 산보를 갔다가, '경성우편국 바로 뒷문 맞은편'의 약국에서 자신의 체중을 비로소 알게 된다. 꼬장꼬장한 북촌 영감의 신체 측량이 이루어진 곳이 근대적 우편 체계의 상징인 이곳 근방이었다니 의미심장하다.

한편, 신소설의 대명사로 알려진 이인직의 〈혈의 누〉에는 '우체사령'이라는, 당시로서는 새로운 직업이 생동감 있게 묘사되어 있다.

'우' 자 쓴 벙거지 쓰고 감장 홀태바지 저고리 입고 가죽 주머니 메고 문 밖에 와서 안중문을 기웃이웃하며 '편지 받아 들여가오, 편지 받아 들여가오' 두세 번 소리하는 것은 우편 군사라. 장팔의 어미가 까마귀에게 열이 잔뜩 났던 차에 어떠한 사람인지 자세히 듣지도 아니하고 질부등가리 깨어지는 소리 같은 목소리로 우편 군사에게 까닭 없는 화풀이를 한다.
"웬 사람이 남의 집 안마당을 함부로 들여다보아? 이 댁에는 사랑양반도 아니 계씬 댁인데, 웬 젊은 녀석이 양반의 댁 안마당을 들여다보아?"
(우편군사) "여보, 누구더러 이 녀석 저 녀석 하오. 체전부는 그리 만만한 줄 아오. 어디 말 좀 하여 봅시다. 이리 좀 나오시오. 나는 편지 전하러 온 것 외에는 아무것도 잘못한 것 없소."
(부) "여보게 할멈, 자네가 누구와 그렇게 싸우나. 우체사령이 편지를 가지고 왔다 하니 미국서 서방님이 편지를 부치셨나배.
어서 받아 들여오게"
(노파) "옳지, 우체사령이로구. 늙은 사람이 눈 어두워서······어서 편지나 이리 주오. 아씨께 갖다 드리게."

▶ 이인직, 〈혈의 누〉

'우체사령'은 '사랑 양반도 아니 계씬' '남의 집 안마당을 함부로 들여다'볼 권한이 있는 자였고, 미국서 부친 서방님의 편지를 전해 주는 자였다.

4 | 웨스틴조선호텔

이제 포스트타워에서 종로 방면으로 방향을 잡고 구보가 걸어 올라간 장곡천정 지금의 소공동 방향으로 올라가 보자. 길 건너편으로는 옛 반도호텔 자리였던 롯데백화점과 옛 조지아백화점 자리인 롯데영플라자가 보인다.

반도호텔은 일제 강점기 각종 소설에서 연애, 문화 행사, 정치적 음모 등의 배경으로 그려졌다. 그리고 해방 후 미군 통치 시기까지를 다룬 전광용의 〈꺼삐딴 리〉 마지막 부분에도 등장한다.

'그러면 우선 비행기 회사에 들러 형편이나 알아볼까……'
이인국 박사는 캘리포니아산 특산 시가를 비스듬히 문 채 지나가는 택시를 불러세웠다. 그는 스프링이 튈 듯이 택시에 털썩 주저앉았다.
"반도호텔로……"
차창을 거쳐 보이는 맑은 가을 하늘이 이인국 박사에게는 더욱 푸르고

웨스틴조선호텔
1914년 10월 10일 환구단 자리를 헐고 개관한 조선호텔은 한국 최초의 호텔로 기네스북에 기록되어 있다. 철도호텔로 불리던 당시 조선 '최초의 아이스크림', '최초의 엘리베이터', '최초의 댄스파티' 등 서양풍 문화를 선도한 서양식 호텔이었다. 한국 최초의 서양식 레스토랑이라고 할 수 있는 이곳 '나인스게이트 그릴'의 유리창 밖으로 환구단이 보인다. '나인스게이트'의 뜻은 조선 시대 서울의 사대문과 사소문 외에 아홉 번째 문이라는 뜻이라고 한다.

환구단(원구단)
사적 제157호. 하늘과 땅에 제사를 드리기 위해 옛 남별궁(南別宮) 터에 만들어졌다. 화강암으로 된 기단 위에 3층 8각 지붕의 황궁우(皇穹宇)를 1899년에 축조했으며, 1902년 고종 즉위 40주년을 기념하는 석고단(돌북)을 황궁우 옆에 세웠다. 지금은 황궁우와 석고, 3개의 아치가 있는 석조 대문만 보존되어 있다. 1897년 고종의 황제 즉위식이 환구단에서 열렸다. 참고로 남별궁은 태종의 둘째 딸 경정 공주의 궁이다. 작은 공주가 거처하는 마을이라 하여 일대가 소공동(小公洞)이라 불리게 된 것이다.

환구단 건물 뒤로 웨스틴조선호텔이 보인다. 조선 최초의 호텔이었던 이곳에서 근현대 소설의 수많은 주인공이 만나고 헤어졌다.

드높게만 느껴졌다.

🐌 전광용, 〈꺼삐딴 리〉

　시절에 따라 일본과 소련의 힘에 편승해 살아온 이인국 박사가 이제는 미국행을 추진하며 호기 있게 가는 곳은 해방 후 반도호텔 1층에 들어섰던 '노스웨스트', '판 아메리칸' 등의 미국 항공사다.

　이인국 박사가 택시에서 내리는 모습을 뒤로하고 영플라자 맞은편에서 지하도를 건너 시청 방면으로 접어들면, 저 앞에 웨스틴조선호텔옛 조선호텔이 보인다. 건물 벽에는 1914년에 조선 최초의 호텔이 들어섰었다는 기네스 기록이 새겨져 있다. 그리하여 이 최초의 근대 호텔은 한국 근현대 소설의 수많은 주인공에게 만남과 이별, 새 출발의 기회를 주었다.

대표적인 작품으로 이태준의 자전적 장편 소설인 〈사상의 월야〉 한 대목을 떠올릴 수 있다.

> 송빈이는 우미관으로 갈까 단성사로 갈까 하는 은주를 데리고 조선호텔로 온 것이다. 전에 윤수아저씨를 따라 한 번 와본 적이 있는 로오즈가아든으로였다. 호텔 후원에는 여러 가지 장미가 밭으로 피었는데, 오십 전만 내고 들어오면 꽃구경은 물론이요 이왕직 악대의 음악 연주도 있고, 아이스크림도 주고 나중에는 활동사진으로 금강산 구경까지 하는 것이었다.
>
> 🔖 이태준, 〈사상의 월야〉

〈사상의 월야〉에서 주인공 송빈은 마음속의 연인 은주와 함께 조선호텔의 로즈가든을 찾는다. 그곳에서는 이름 그대로 장미의 정원을 볼 수 있을 뿐만 아니라, 악단의 음악이 흐르고, 달콤한 아이스크림이 있으며, 금강산 활동사진까지 감상할 수 있다. 그런데 이렇게 낭만적인 데이트 장소인 호텔은 조선 시대에 하늘과 땅에 제사를 드리기 위한 조성된 공간이었던 환구단 자리 위에 세워졌다. 호텔 앞에 일부 남은 환구단과 정원이 있어서 모르고 보면 그저 호텔 정원 같지만, 사실은 환구단이 호텔보다 먼저 있었다. 남아 있는 환구단 건물은 길가에서 보이지 않으니 호텔 정문까지 올라가 보자.

5 | 을지로2가

웨스틴조선호텔에서 환구단을 지나면 길 건너에 서울광장이 보인다. 광장을 왼편으로 두고 오른쪽으로 돌면 나타나는 거리가 황금정_{지금의} 을지로이다. 이 거리의 '황금정2정목'에서 우리는 근대 문학의 기념비적인 작품 중 하나인《삼대》의 주인공, 조덕기와 김병화가 산책하는 장면을 목격할 수 있다.

> 덕기는 회피하듯이 이런 소리를 하며 전찻길로 나서자,
> "대관절 어디로 갈 텐가?"
> 하고 저녁 먹으러 갈 데를 의논한다.
> 여기는 황금정 이정목이다.
> "타지 말고 좀더 걸세. 본정 삼정목까지."
> "어딘데?"
> "좋은 데를 하나 발견하였네. 값싸고 스테키나샨(썩 맛없는 미인)이 있고……. 그런데 자네 너무 놀라 자빠졌다가는 큰일일세."
> "왜?"
> "왜든 가보기만 하세그려."
> 두 청년은 본정통으로 하여 꼽들었다.
>
> 🌸 염상섭,《삼대》

6 | 명동대성당

본정통은 지금의 명동이다. 이 번화가 어딘가에 있었을 술집 '바커스'로 덕기와 병화를 들여보내고 우리는 명동에서 빼놓을 수 없는 상징적 공간인 명동대성당으로 향하자. 일제 강점기에 '종현_{鐘峴} 천주교당'으로

불렸던 이 유서 깊은 건축물은 그 자체로 한국 천주교의 역사이자 민주화 운동의 상징적 공간이기도 하다.

그 유명한 이수일과 심순애를 탄생시킨 《장한몽》에서 당시 종현 천주교당의 종소리를 들을 수 있다.

> 사오 일 동안 청음이 고르지 못하던 천기가 이날은 아침부터 큰 비가 내리고 석양에 이르러는 고운 비로 쓸어낸 듯이 구름은 흩어지고 청량한 월광은 동편 하늘에서 얼굴을 나타내는 때에, 더위를 쫓는 서풍은 서서히 불어 사람의 가슴까지 서늘하다. 길가에 손도 없는 빙수집의 주렴은 한가히 바람에 움직일 뿐이요, 종현 천주교당의 뎅뎅 치는 종소리는 지금 오후 여덟 시를 보하는 때라.
>
> 조중환, 《장한몽》, 1913, 《매일신보》(《한국신소설전집 9》, 을유문화사, 1968)

1913년의 종소리가 참으로 아득하다면 20여 년을 건너뛰어 1930년대로 올라와 보자. 아래는 이태준의 〈사상의 월야〉에 명동대성당이 나오는 장면이다.

> 송빈이의 마음은 무엇에나 의지부터 하고 싶었다. 송빈이는 하루 아침 다섯 시에 일어났다. 아침 미사종이 울리기 전에 천주교당으로 올라왔다. 처음 와보는 데다. 거의 남산 중턱 만큼이나 높은 지대여서 장안이 눈 아래 즐비하게 깔린다. 교당은 가까이 와보니 높다는 것보다는 장엄한 편이다.

명동대성당

사적 제258호. 한국 가톨릭의 대표 성지이며 1898년 완공된 우리나라 최초의 고딕양식 건축물이다. 서울대교구 주교좌 성당인 명동대성당은 종현성당, 명동천주교당이라고도 불렸다. 지하 성당에는 순교자들의 유해가 안치되어 있다. 명동대성당에는 1880년대 이래 '성서활판소'가 설치되어 《경향잡지》, 《경향신문》 등이 간행되었고, 한국 교회의 출판문화를 선도했다. 민주화 운동이 한창이던 1970년대에는 집회 장소로 이용되기도 했다.

명동의 상징적 공간, 명동대성당. 누군가에게는 마음의 위안을 주었고, 때로는 약자를 보호해 주었으며, 한때는 민주화 운동의 성지였다.

> 서울의 여명은 먼저 이 교당 첨탑에 비치는 것이며, 좌우 남하의 홍예문들은 거기가 곧 천국에 들어가는 문처럼 위엄스러웠다.
> 🌿 이태준, 〈사상의 월야〉

송빈은 은주와의 연애가 좌절된 후 마음을 정리하고자 종현 천주교당을 찾는다. 그는 천주교당 높은 언덕에서 경성 거리의 사람들을 내려다보며 자신의 출세를 향한 목표를 분명히 한다. 그러고는 '한 폭의 지도처럼 서울을 짓밟는 기세로 종현을 뚜벅뚜벅 내려왔다'고 한다. 이는 당시 경성 도심 한복판 언덕 꼭대기에 있던 명동대성당의 지리적, 상징적 위치를 분명히 보여 주는 대목이다. 지금은 성당 주위로 온통 높은 빌딩이 즐비하여 그 너머를 볼 수가 없다.

7 | 명동예술극장

명동대성당에서 명동 안쪽으로 좀 더 깊숙이 진입하면, 오른편에 명동예술극장이 보인다. 이 자리에는 1936년부터 '명치좌'라는 문화예술 상연관이 있었다. 1957년 이래 명동국립극장으로 이용되었고, 국립극장이 1973년 장충동으로 이전하기까지 명동을 문화의 거리로 지켰다. 근대의 종합 잡지인 《삼천리》 1936년 6월 1일 자에는 이러한 기사가 실려 있다.

> 대경성도시계획을 앞둔 서울은 모든 현대문명의 호화와 정수를 한데 모와 '문화경성'의 면모를 널리 세상에 빛내려고 함이 작금의 대경성의 외관이다. (중략) 이러한 서울이라 그리 놀라울 것은 없으나 우리들의 시선을 모으게 할 또한 커다란 '뉴스' 하나가 생겨지고 있음이 사실이다. 바로 장소는 대경성에서도 십장이라고 할 만한 명치정의 십자로점. 시간의 여유 있는

2009년 새 단장을 마치고 명동의 상업적 중심지에 새롭게 문을 연 명동예술극장. 이 지역 문화 예술의 중심이 되기를 꿈꾸어 본다.

분은 한번 그리로 가보면 알리니 그 곳에는 삼목합명회사의 청부로 진행 중에 있는 커다란 공사장 하나이 언뜻 눈에 띄이게 될 것이다. 이것이 바로 장차 머지않아 우리들 눈 앞에 황홀 찬란하게 나타나게 될 영화예술의 전당이다.

《삼천리》

1936년 '명치좌'라는 영화관으로 문을 연 이 공간은 해방 후에는 '시공관'으로 불렸으며, 앞서 말한 것처럼 1957년에서 1973년까지는 '국립극장'으로 그 역할을 했다. 1950년대 이후 문화와 예술의 공간으로 자리 잡은 이곳에서는 영화·연극·무용 등 각종 공연이 하루도 빠짐없이 열려 문화예술인을 끌어모으는 거점이 되었다. 그러나 1973년 국립극장이 장충동의 새 부지로 이전하면서 정부는 이 건물을 대한투자금융에 매각했다. 이후 이 장소는 명동의 상업적 중심지로 거듭나서 전국에서 가장 땅값이 비싼 자리로 이름을 남기기도 했다. 그리고 우여곡절 끝에 2009년 새 단장을 마치고 다시 문화예술의 공간인 명동예술극장이 문을 열게 된 것이다.

이번 산책의 마지막 지점인 명동예술극장의 역사를 들여다봄으로써 물질문화와 정신문화의 균형이 맞추어질 명동의 미래를 잠시 꿈꿔 본다.

이제 지친 발을 쉬게 할 시간이다. 백화점, 은행, 우체국, 호텔, 성당 그리고 공연장까지, 복잡한 도심을 빙 돌아 우리는 명동 한복판에 떨어졌다. 한 시간 남짓 되는 동안 100여 년의 시공간을 넘나들며 이동한 셈이다. 그 낙차 때문에 어쩌면 '지금 — 이곳'의 풍경이 낯설어졌을 수도 있다. 우리는 왜 작가와 작중 인물들이 머물렀을 그 공간, 그 흔적을 좇고 있을까? 그들의 감각과 체험의 기록은 우리에게 무엇을 말해 주는가? '지금 — 이곳'은 어떻게 변해 가고 있는가? 생각이 더욱 많아지는 순간이다. 잠시 머리를 식히자. 명동예술극장의 공연 시간이 멀지 않았다면 들러 보는 것도 좋겠다.

문학 작품

❊ 이상, 〈날개〉, 《날개》, 문학과지성사, 2005
❊ 박완서, 〈나목〉, 《나목·도둑맞은 가난》, 민음사, 2005
❊ 박태원, 〈소설가 구보 씨의 일일〉, 《소설가 구보 씨의 일일》, 문학과지성사, 2005
❊ 이인직, 〈혈의 누〉, 《혈의 누·귀의 성·치악산》, 서울대학교 출판부, 2003
❊ 채만식, 《태평천하》, 문학과지성사, 2005
❊ 전광용, 〈꺼삐딴 리〉, 《꺼삐딴 리》, 을유문화사, 2004
❊ 염상섭, 《삼대》, 문학과지성사, 2004
❊ 조중환, 《장한몽》, 현실문화연구, 2007
❊ 이태준, 〈사상의 월야〉, 《사상의 월야 외》, 범우, 2004

02 **남산길**

남산 등성이에서 굽어보는 서울

남산 산책 코스는 다른 도심 산책 코스보다 여유롭게 즐길 수 있다. 자연 속을 걷는데 바빠 걸을 까닭이 없으니 느긋한 발걸음과 먼 곳을 바라보는 여유만 준비하면 된다. 산이 주는 정취에 걸맞게 시詩도 음미하면서 걷게 될 것이다. 남산이 드리워 주는 다양한 빛과 그림자의 변화를 느끼고 싶다면 해 지기 두세 시간 전부터 산책을 시작하면 좋다. 후에 남산에서 내려오며 제법 걸어야 하므로 힘을 비축해 두는 셈 치고 버스를 타고 올라가 보자.

산책 코스 | 3.2km
❶ 수표교(남산순환버스 이용) ➔ ❷ 남산 팔각정 ➔
❸ 남산도서관, 김소월 시비 ➔ ❹ 남산공원길, 조지훈 시비
➔ ❺ 문학의 집 서울

남산순환버스
02, 03, 05번이 있다. 각 버스별 운행 노선 및 배차 간격이 조금씩 다르지만 모두 N서울타워까지 운행한다.

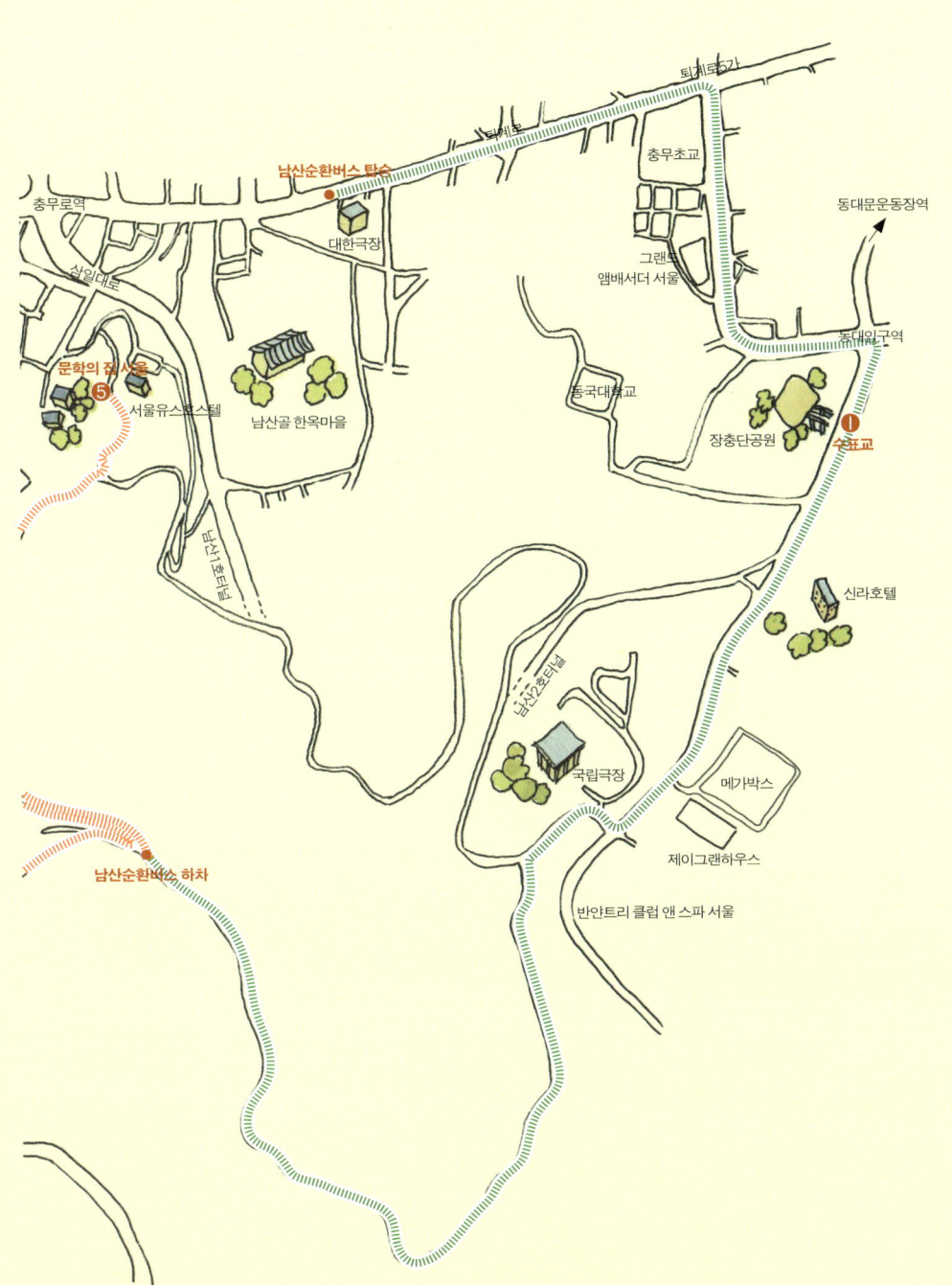

1 수표교

우선 대한극장 앞에서 남산순환 버스 02번을 타고 남산 정상으로 올라가자. 비록 버스에 몸을 싣고 올라가는 길이지만 창밖으로 볼 것이 있으므로 버스 진행 방향을 기준으로 오른편에 앉기를 권한다. 버스가 장충단공원을 끼고 돌면 오른편으로 수표교가 보인다. 조선 세종 때 청계천의 수량을 측정하던 이 다리는 1959년 청계천 복개 공사 때 이곳 장충단공원으로 옮겨졌다.

박태원의 《천변 풍경》은 수표교가 청계천에 있던 당시의 근방 풍경을 잘 보여 준다. 청계천을 중심으로 한 중하층민들의 일상 기록인 《천변 풍경》은 청계천 변 빨래터에 옹기종기 모인 아낙들의 수다에서부터 시작해, 돌다가 돌다가 결코 빠지지 않는다는 곗돈을 내러 오늘도 수표교를 향해 걸어가는 점룡 어머니의 발걸음을 바라보며 끝을 맺는다. 《천변 풍경》의 애잔한 인물 중 하나인 이쁜이, 그녀의 몹쓸 남편 강 서방이 눈독 들이는 정옥이가 산다는 곳도 수표교 근처였단다.

"예배당? 정옥이 걔가 예수 믿던가?"
"아, 믿던가가 뭐야? 수표교 예배당엘 벌서 삼사 년이나 두우 댕기는데…… 왜, 점심시간이면, 정해놓구 이 층에만 올라가서 찬송가 나부랭이 풍금 치는 거, 입때 구경두 못했니?"
"글세, 풍금은 더러 치더구먼두…… 그래, 걔가 수표교 다리 근처서 사나?"
"바로 수표 다리 골목 안인가 보더라. 왜, 맘이 있니?"
"맘은, 무슨……."
"맘이 있거든 지금이래두 찾아가 보렴. 수표 다리께 가서 곰보미장이 집이 어디냐구 물으면 대번 아르켜줄 테니……."

🍀 박태원, 《천변 풍경》

장충단공원에 있는 수표교는 원래 청계천에 있었다.
개발 시대에 청계천을 복개하면서 이곳으로 옮겨 놓았다.

소설이 수표교를 둘러싼 풍경을 흡수했다면 시인은 수표교를 응시하고 가만히 들어 올려 새로운 의미를 부여한다.

물의 깊이를 재는 넌
내 눈물의 깊이는 재어보았니

눈금을 새긴 돌기둥을 데리고
수표교 하나
내 눈물 속에 평생 잠겨 있어도

난 아직 내 눈물의 깊이는
재지 못했네

돌이 된 내 눈물의 무게도
재지 못했네

🍂 정호승, 〈수표교〉

현재 수표교 앞에는 '침묵의 돌다리에 / 달빛이 내려 / 정교한 돋을무늬 / 한결 곱구나'로 시작하는 김후란의 시 〈수표교〉가 쓰여 있다. 청계천에서 이사 온 수표교는 이렇게 남산 아래서 이야기와 시를 품고 있다.

2 | 남산 팔각정

버스가 굽이굽이 남산을 휘돌아 N서울타워 앞 종점에 이르면 승객들이 모두 내린다. 언덕 꼭대기에 있는 팔각정을 지나 그 오른편 뒤 봉수대로 올라가 보자. 다섯 개의 봉수대 사이로 빼꼼히 보이는 서울은 그야말로 건물 숲이다. 이 자리에서 같은 풍경을 본 시인은 이렇게 노래했다.

초가을, 머리에 손가락 빗질하며
남산에 올랐다.
팔각정에서 장안을 굽어보다가
갑자기 보리씨가 뿌리고 싶어졌다.
저 고층 건물들을 갈아엎고 그 광활한 땅에
보리를 심으면 그 이랑이랑마다 얼마나 싱싱한
곡식들이 사시사철 물결칠 것이랴.

서울 사람들은
벼락이 무서워
피뢰탑을 높이 올리고 산다. (중략)

그러나 나는 서울을 사랑한다
지금쯤 어디에선가, 고향을 잃은
누군가의 누나가, 19세기적인 사랑을 생각하면서

그 포도송이같은 눈동자로, 고무신 공장에
다니고 있을 것이기 때문에.

남산 봉수대에서 내려다본 서울
약 50년 전의 시인이 현재의 서울을 본다면 뭐라고 노래할까?

그리고 관수동 뒷거리
휴지 줍는 똘만이들의 부은 눈길이
빛나오면, 서울을 사랑하고 싶어진다.

그러나, 그날이 오기까지는.

🌱 신동엽, 〈서울〉, 1969년 《방황》 창간호에 발표

    그런데, 이게 웬일인가. 시가 발표된 연도를 보자. 1969년이다. 시인은 약 50년 전의 서울 모습에서 이런 충동을 느낀 것이다. 지금 서울의 건물 밀집도는 당시와는 비교도 되지 않을 정도로 높아졌다. 만일 시인이 현재 서울의 풍경을 내려다본다면 무엇을 꿈꿀 것인가?
    건물 밭을 갈아 보리밭으로 만들고 싶은 충동과 상상을 뒤로하고 남

산 정상에서 내려간다. 아쉽다면 야외에 상설 전시된 조각들을 감상하거나 N서울타워와 연결된 부대시설을 둘러보거나, 어느덧 남산의 명물이 된 자물쇠들이 주렁주렁 매달린 철조망을 구경해도 좋겠다. 시간대가 잘 맞으면 봉수군들의 전통 무예나 수위, 순라, 거화 의식 등을 볼 수도 있다. 계절이나 기획에 따라 시간이 달라지나, 대체로 의식은 정오에, 전통 무예는 오후 3시에 볼 수 있다.

남산도서관으로 내려가는 길은 계단 길과 경사길이 있다. 계단 길은 탁 트인 전망 덕에 도심의 모습이 훤히 보이고, 경사길은 구불구불 산길이라 걷는 맛이 좀 더 난다. 우리는 팔각정에서 N서울타워를 지나 내려가다가 오른편으로 빠지는 이 경사길로 가기로 한다. 남산도서관 방면이라는 표지판을 확인하고 발을 내딛자. 완만한 산길을 타닥타닥 걸어 내려가자면 절로 충만해진다. 서울 한복판에 차보다 사람이 중심인 이 길을 왜 진작 몰랐나 싶다. 평소 산을 즐겨 타는 정현종 시인의 시가 떠오른다.

나무 옆에다 느낌표 하나 심어 놓고
꽃 옆에다 느낌표 하나 피워 놓고
새소리 갈피에 느낌표 구르게 하고
여자 옆에 느낌표 하나 벗겨 놓고

슬픔 옆에는 느낌표 하나 울려 놓고
기쁨 옆에는 느낌표 하나 웃겨 놓고
나는 거꾸로 된 느낌표 꼴로
휘적휘적 또 걸어가야지
  정현종, 〈느낌표〉

이렇게 나무, 꽃, 새소리를 느끼고 그것에 감탄하고 휘적휘적 걸어가다가 이따금 하늘도 올려다보자. 산의 하늘은 빌딩의 하늘과 다르다.

내가 잃어버린 구름이
하늘에 떠 있구나
🌸 정현종, 〈내가 잃어버린 구름〉

구름 한 자락 건지고 호젓하게 내려가는 이 길에 굳이 어떤 이야기가 필요하지는 않을 것 같다. 잠시 자연의 소리에 귀를 기울이고 남산이 슬며시 굴려 주는 경사에 몸을 맡겨 보자.

3 | 남산도서관, 김소월 시비

제법 걸었다 싶을 때 김소월 시비를 만날 수 있다. 산길을 거의 다 내려와 큰길을 만나면, 남산도서관 건물 옆 주차장 입구 오른편에 〈산유화〉 시비가 있다. 김소월의 시비가 있어서 길 이름도 '소월로'다. 1968년에 한국일보사에서 벌인 '한국 신시 60주년 기념사업'의 하나로 같은 해 3월 13일에 세워졌다. 자연을 노래한 김소월 시비는 화강암 아랫돌에 자연석을 올려 만들었다고 한다. 그러고 보니 다른 시비들은 대체로 반들반들 깎은 돌이었다. 종이에 쓰인 시가 육중한 돌 위에 새겨져서 도심 한가운데 홀로 서 있게 되고 마는 다른 시비들의 운명은 어딘지 자연스럽지 못하다. 산을 배경으로 서 있는 김소월 시비의 자태는 산과 제법 자연스레 어울린다.

산에는 꽃이 피네
꽃 피네

울룩불룩 자연스러운 돌에 소월의 시 〈산유화〉를 새겨 놓았다.

갈 봄 여름 없이

꽃이 피네

산에 산에 피는 꽃은

저만치 홀로 피어 있네

산에서 우는 작은 새여

꽃이 좋아 산에서 사노라네

산에는 꽃 지네

꽃이 지네

갈 봄 여름 없이

꽃이 지네

🍂 김소월, 〈산유화〉

남산 산책에 한참인 시각이 산중의 해 질 무렵이라면 김소월의 〈가는 길〉도 제멋이다.

그립다
말을 할까
하니 그리워.

그냥 갈까
그래도
다시 더 한번…….

저 산에도 까마귀 들에 까마귀
서산에는 해진다고
지저귑니다.

앞 강물 뒷 강물
흐르는 물은
어서 따라오라고 따라가자고
흘러도 연달아 흐릅디다려.
 김소월, 〈가는 길〉

4 | 남산공원길, 조지훈 시비

　남산도서관을 왼편에 두고 공원을 가로지르면 큰길이다. 오른편으로 조금 더 걸으면 남산공원길이다. 차량 통행이 전면 금지된 산책로라서 시각 장애인들이 산책을 많이 한다. 이곳에 조지훈 시비가 있는데, 시비는 늘 눈으로만 읽는 것이니 눈이 불편한 이들을 위해 귀로도 듣고 손으로도 읽을 수 있는 시비가 있으면 좋겠다는 생각을 해 본다.

　산책로 초입 오른편으로 편의시설이 보이면 곧 왼편으로 조지훈 시비가 나온다. 1971년 5월에 문인들이 만든 시비로, 앞면에는 〈파초우〉, 뒷면에는 그의 생애가 새겨져 있다. 하지만 주위에 아무런 표지판도 없는 데다가 산속에 돌이 서 있는 것이니 시각적으로 도드라질 것도 없어서 유심히 보지 않으면 눈에 잘 띄지 않는다. 그 근방 보초와 안내를 담당하는 근무자들조차도 시비의 존재를 모르는 경우가 있으니 알아서 잘 찾아야 한다.

　　외로이 흘러간 한 송이 구름
　　이 밤을 어디메서 쉬라던고

　　성긴 빗방울
　　파초 앞에 후두기는 저녁 어스름
　　창 열고 푸른 산과
　　마주 앉아라

　　들어도 싫지 않은 물소리기에
　　날마다 바라봐도 그리운 산아

온 아침 나의 꿈을 스쳐간 구름

이 밤을 어디메서 쉬리라던고

🍃 조지훈, 〈파초우〉

조지훈은 〈고풍의상〉, 〈승무〉, 〈봉황수〉를 정지용의 추천으로 발표하면서 정식 등단했다. 김은호 화백의 한국화 〈승무〉를 보고 시심을 키웠던 그는 열아홉 살인 1939년 수원의 용주사에서 승무를 보고 시를 완성했다고 한다.

시비 앞에는 로즈메리 허브가 우거져 있다. 오가던 어떤 이는 허브를 온몸으로 감싸 훑고서 지나가고 어떤 이는 손바닥으로 싹싹 비비고 지나간다. 진하게 퍼지는 그 향을 음미하고 시비를 떠난다.

조지훈 시비를 지나 남산공원길을 좀 더 걸어 보자. 다음 목적지까지는 제법 걸어야 한다. 오가는 이들이 많지만 걷기 좋은 신발로 조깅 트랙 위를 걷기 때문에 발소리가 거의 들리지 않는다. 자전거도 자동차도 출입이 통제되어 있어 사람 목소리와 사뿐한 발소리 이외에 다른 기계 소리는 들리지 않는다.

그런데 이 남산에 딸깍딸깍 발소리도 유난스러운 '남산골샌님'이라는 이가 살았었다고 하지 않는가. 교과서에 실렸던 이 수필 덕에 남산 하면, 남산골샌님, 딸깍발이가 떠오른다.

'딸깍발이'란 것은 '남산골샌님'의 별명이다. 왜 그런 별호가 생겼느냐 하면, 남산골샌님은 지나 마르나 나막신을 신고 다녔으며, 마른날은 나막신 굽이 굳은 땅에 부딪쳐서 딸깍딸깍 소리가 유난하였기 때문이다. 요새 청년들은 아마 그런 광경을 못 구경하였을 것이니, 좀 상상하기에 곤란할는지 알 수 없다. 그러나 일제 시대 일인들이 '게다'를 끌고 콘크리트

산책로 한편에 서 있는 조지훈 시비. 앞면에 〈파초우〉가 새겨져 있다.

길바닥을 걸어다니던 꼴을 기억하고 있다면 '딸깍발이'라는 명칭이 붙게 된 까닭도 이해할 수 있을 것이다.

그런데 이 남산골샌님이 마른날 나막신 소리를 내는 것은 그다지 얘깃거리가 될 것도 없다. 그 소리와 아울러 그 모양이 퍽 초라하고 궁상이 다닥다닥 달려 있는 것이 문제인 것이다.

인생으로서 한 고비가 겨워서 머리가 희끗희끗할 지경에 이르기까지, 변변치 못한 벼슬이나마 한 자리 얻어 하지 못하고(그 시대에는 소위 양반으로서 벼슬 하나 얻어 하는 것이 유일한 욕망이요, 영광이요, 사업이요, 목적이었던 것이다.) 다른 일, 특히 생업에는 아주 손방이어서 아예 손을 댈 생각조차 아니하였기 때문에 경제적으로는 극도로 궁핍한 구렁텅이에 빠져서 글자 그대로 삼순 구식(三旬九食)의 비참한 생활을 해 가는 것이다. 그 꼬락서니라든지 차림차림이야 여간 장관이 아니다.

두 볼이 하월대로 하위어서 담배 모금이나 세차게 빨 때에는 양볼의 가죽이 입 안에서 서로 맞닿을 지경이요, 콧날은 날카롭게 오뚝 서서

자동차도 오토바이도 다니지 않는 남산공원길. 참 걷기 좋은 길이다.

꾀와 이지(理智)만이 내 발릴 대로 발려 있고, 사철 없이 말간 콧물이 방울방울 맺혀 떨어진다. 그래도 두 눈은 개가 풀리지 않고 영채가 돌아서 무력이라든지 낙심의 빛을 나타내지 않고 있다. 아래윗입술이 쪼그라질 정도로 굳게 다문 입은 그 의지력을 더욱 두드러지게 나타내고 있다. 많지 않은 아랫수염이 뾰족하니 앞으로 향하여 휘어뻗쳤으며, 이마는 대개 툭 소스라져 나오는 편보다 메뚜기 이마로 좀 편편하게 버스러진 것이 흔히 볼 수 있는 타입이다.

이러한 화상이 꿰맬 대로 꿰맨 헌 망건을 도토리같이 눌러 쓰고, 대우가 조글조글한 헌 갓을 좀 뒤로 잦혀 쓰는 것이 버릇이다. 서리가 올 무렵까지 배 중의 적삼이거나 복(伏)이 들도록 솜바지 저고리의 거죽을 벗겨서 여름살이를 삼는 것은 그리 드문 일이 아니다. 그리고 자락의 모지라지고 때가 꾀죄죄하게 흐르는 도포나 중치막을 입은 후, 술이 다 떨어지고 몇 동강을 이은 띠를 흉복통에 눌러 띠고, 나막신을 신었을망정 행전은 잊어버리는 일이 없이 치고 나선다. 걸음을 걸어도 일인들 모양으로 경망스럽게 발을 옮기는 것이 아니라 느럭느럭 갈짓자 걸음으로, 뼈대만 엉성한 호리호리한 체격일망정 그래도 두 어깨를 턱 젖혀서 가슴을 뻐기고, 고개를 휘번덕거리기는 새레 곁눈질 하나 하는 법 없이 눈을 내리깔아 코끝만 보고 걸어가는 모습. 이 모든 특징이 '딸깍발이'란 속에 전부 내포되어 있다.(후략)

　　🍂 이희승, 〈딸깍발이〉

　이 수필 속의 남산골샌님은 그 묘사가 어찌나 인상적이던지 본 적도 없는 남산골샌님을 생생하게 떠올릴 수 있는 이들이 많다. 청계천 남쪽인 남산 자락에는 관직에 오르지 않은 책 읽는 가난한 선비들이 살았고, 이들이 단벌 신발인 나막신을 신고 다니던 것에서 딸깍발이란 말이 나왔다고 한다.

5 | 문학의 집 서울

　이제 산책로를 따라 조금만 더 올라가자. 왼편으로 내려가는 샛길 표지판들이 드문드문 나타나는데, 코스 안내 번호 12번인 길로 내려가야 한다. TBS 방송국, 건설안전관리본부 방향이라고 쓰여 있으면 그 길을 탄다. 좁은 산길을 따라 내려가면 커다란 느티나무와 은행나무가 나오고,

> **문학의 집 서울**
> 2001년 개관 이래 다양한 문학 행사가 열리고 있다. 세미나실, 전시장, 문인들의 사랑방과 집필실 등이 있고, 부설건물인 산림문학관에는 마음껏 정담을 나누며 책을 읽을 수 있는 공간이 마련되어 있다.
> **관람시간** 월~토 10:00~17:00　**문의** 02-778-1026

'문학의 집 서울'에서는 연중 다양한 행사가 열리므로 일정을 확인하고 가면 좋다.

　여기서 왼편으로 내려가면 소방재난본부와 '문학의 집 서울'로 올라가는 길이 보인다.

　'문학의 집 서울' 전시실에서는 문인의 필기구전이나 시인의 그림전 등 기획 전시가 열렸고, 시민과 함께하는 시낭송 행사나 문인 초청회, 각종 문학상 시상식 등이 열린다. 가족과 함께할 수 있는 행사들이 기획되고 있으니 미리 일정을 확인하고 가면 좋다. 옆에는 어린이책이 비치된 조그만 찻집이 있다. 야외에 앉아 있노라면 다람쥐들이 앞서거니 뒤서거니 뛰어 지나다니는 광경도 볼 수 있다.

　그런데 남산에 아늑하게 들어앉은 이 '문학의 집'은 사실 이전 안기부 건물을 문학 행사를 위한 공간으로 개조한 것이다. 소방재난본부도 안기부 건물이었다. 남산에는 옛 안기부 건물들이 이것 말고도 제법 있었다. 이것이 남산의 또 다른 얼굴이다. 고통의 소리조차 새어 나오지 못하던 그곳에서 이제는 시가곡이 흘러나오고, 어둠 속에 숨어 있던 그곳에서 따스한 조명과 사람들의 온기가 퍼져 나온다. 역사는 이곳에 불을 밝혔다. 그 빛에 눈이 부셔 다른 어둠을 보지 못해선 안 될 것이다.

남산의 파란만장한 역사를 잠시 언급하고 마무리하자. 본디 남산에는 나라의 평안을 비는 제사를 지내는 신당이 있었다고 한다. 남산의 신당은 목멱대왕이란 산신을 모시고 있어 목멱신사라고 불렸고, 나라에서 세운 신당이므로 국사당이라고도 했다. 국사당은 지금의 남산 정상 팔각정 광장에 있었지만 1925년 일본에 의해 헐려 버렸다. 그때 우리 산책로의 시작점인 장충단공원이 조성되었고 1940년에는 남산을 남산공원으로 지정했다. 그리고 조선 신궁이라는 일본 신사를 세워 놓고 신사 참배를 강요했다고 한다. 그 자리에 이후 남산식물원을 세웠으나 이 또한 '남산 제 모습 가꾸기' 운동으로 철거되었다.

남산은 도심 속의 산이라 산책하는 동안 그곳에 흩뿌려진 인간의 역사를 보지 않을 수 없다. 100년의 역사가 아로새겨진 남산에서 내려오며, 우리가 되찾아야 한다며 운동까지 전개했던 남산의 '제 모습'이란 남산의 언제, 어떤 모습을 말하는 것일까 궁금해진다. 우리가 남산의 제 모습에 집착하는 까닭은 우리 자신의 본모습을 찾고 싶기 때문일 것이다.

문학 작품

* 박태원,《천변 풍경》, 문학과지성사, 2005
* 정호승,〈수표교〉,《포옹》, 창비, 2007
* 신동엽,〈서울〉,《신동엽 전집》, 창비, 1985
* 정현종,〈느낌표〉,〈내가 잃어버린 구름〉,《환합니다》, 찾을모, 1999
* 김소월,〈산유화〉,《김소월 시집》, 깊은샘, 2007
* 조지훈,〈파초우〉,《조지훈 시선》, 미래사, 2002
* 이희승,〈딸깍발이〉,《딸깍발이》, 범우사, 1991

03 서울역 · 약현성당 · 남대문

서울의 입구를 들여다보다

서울역과

숭례문 사진을 뺀 서울의 화보를 상상할 수 있을까? 2008년 숭례문 화재 때 온 국민이 보여 준 관심은 숭례문이 우리에게 어떤 상징적 존재였는지 말해 준다. 이번 산책로는 이곳을 지난다. 서울역과 숭례문 앞을 자주 지나다니는 사람이라면 이들 건축물이 재단장 혹은 재건축되는 과정을 먼발치서 지켜보았을지도 모르겠다. 지금도 누군가 이곳을 지날 때는 또 다른 모습으로 변화하는 중일지도 모른다. 이 장소들이 어떤 얼굴로 우리를 맞이할지 모르는 설렘을 안고 걸어간다. 과거의 이야기를 듣고 현재를 확인하러 가는 이 산책을 통해 우리는 어떤 미래를 꿈꾸게 될까.

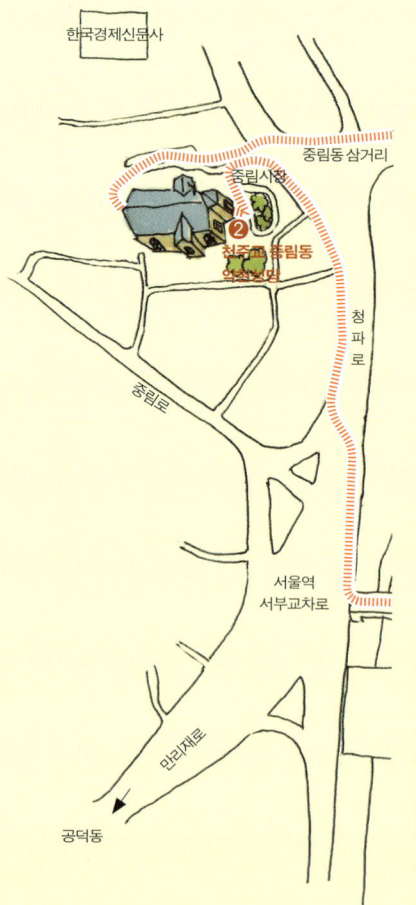

산책 코스 | 2km

❶ 문화역서울 284 ➔ ❷ 천주교 중림동 약현성당 ➔ ❸ 숭례문

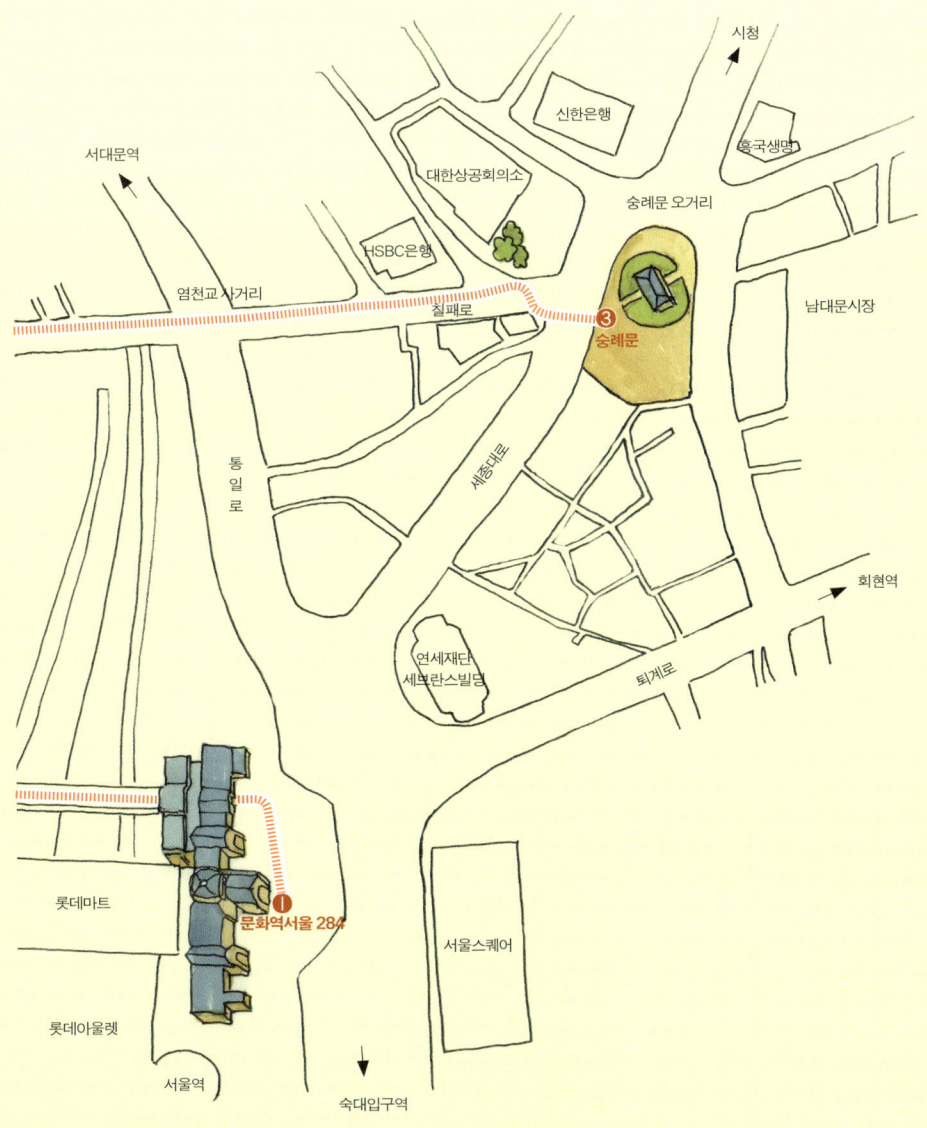

1 | 문화역서울 284

어느 시인은 서울을 이렇게 말했다. '다른 사람이 소유하고 있는 것을 / 소유하고 있지 못하면, 금세 외로워지는 서울', '흠집 난 레코드처럼 내 마음은 대구 생각으로 튄다', '코카콜라가 길을 가리켜 주는 서울 ― 서울 시내의 버스 노선 안내기는 모두 코카콜라 캄파니 제공이다'. 장정일, 〈서울에서 보낸 3주일〉

금세 외로워진다는 이 서울을 드나드는 관문은 아무래도 서울역이다. 서울역이 배경인 문학 작품은 꽤나 많다. 그중 일부만 시간 순서대로 만나 보자. 먼저, 서울과 부산을 관통하게 된 기차의 위용을 노래한 총 67절의 장편 창가 〈경부철도가〉 중 1, 2절을 보자.

우렁차게 토하는 기적 소리에
남대문을 등지고 떠나 나가서
빨리 부는 바람의 형세 같으니
날개 가진 새라도 못 따르겠네.

늙은이와 젊은이 섞여 앉았고
우리네와 외국인 같이 탔으나
내외 친소 다같이 익히 지내니
조그마한 딴 세상 절로 이루었네

🌸 〈경부철도가〉(1908, 최남선 작사)

1905년 개통된 경부선 철도는 바람의 형세로 달리는 속도감뿐 아니라 남녀노소 내외 국민이 함께 섞여 타는 딴 세상이었다는 점에서 새로운 경험을 가져왔다. 근대의 특성이 바로 속도와 혼종성이 아닌가.

옛 서울역사 내부. '문화역서울 284'라는 문화 공간으로 재탄생하기 위해 비어 있던 때의 모습이다.

현재 남아 있는 옛 서울역사 건물은 1922년에 착공, 1925년에 완공되었다. 설계는 동경대 교수인 쯔카모토가 맡았는데 자신의 스승인 다츠노가 설계한 동경역을 본떠 구상했다고 한다. 서울역은 서울의 상징적 지표였기에 비단 기차 승객을 위한 곳이었을 뿐 아니라 만남의 장소, 산책의 장소가 되기도 했다.

경성의 산책자 구보 씨가 이 중요한 서울의 지표를 그냥 지나쳤을 리 없다.

> 조그만 한 개의 기쁨을 찾아, 구보는 남대문을 안에서 밖으로 나가 보기로 한다. 그러나 그곳에는 불어드는 바람도 없이, 양옆에 웅숭그리고 앉아 있는 서너 명의 지게꾼들의 그 모양이 맥없다.
> 구보는 고독을 느끼고, 사람들 있는 곳으로, 약동하는 무리들의 있는 곳으로, 가고 싶다 생각한다. 그는 눈앞에 경성역을 본다. 그곳에는 마땅히 인생이

옛 서울역사 3등 대합실. 리모델링 전까지도 천장의 조명이나 창문 등에 예전 모습이 남아 있었다.

있을 게다. 이 낡은 서울의 호흡과 또 감정이 있을 게다. 도회의 소설가는 모름지기 이 도회의 항구(港口)와 친하여야 한다. 그러나 물론 그러한 직업의식은 어떻든 좋았다. 다만 구보는 고독을 삼등 대합실 군중 속에 피할 수 있으면 그만이다.

그러나 오히려 고독은 그곳에 있었다. 구보가 한옆에 끼여 앉을 수도 없게시리 사람들은 그곳에 빽빽하게 모여 있어도, 그들의 누구에게서도 인간 본래의 온정을 찾을 수는 없었다. 그네들은 거의 옆의 사람에게 한마디 말을 건네는 일도 없이, 오직 자기네들 사무에 바빴고, 그리고 간혹 말을 건네도, 그것은 자기네가 타고 갈 열차의 시각이나 그러한 것에 지나지 않았다. 그네들의 동료가 아닌 사람에게 그네들은 변소에 다녀올 동안의 그네들 짐을 부탁하는 일조차 없었다. 남을 결코 믿지 않는 그네들의 눈은 보기에 딱하고 또 가엾었다.

🍂 박태원, 〈소설가 구보 씨의 일일〉

구보는 전차를 타고 화신백화점, 종묘를 지나 조선은행에서 내려, 장곡천정으로 휘돌아 숭례문(남대문), 서울역에까지 왔다. 그는 자연의 고독에 빠지고 싶지 않아 청량리, 성북동 같은 당시로써는 물 맑고 공기 좋은 교외가 아닌 도심을 산책하기로 한 것이다. 도회의 소설가는 모름지기 도회의 항구인 서울역과 친해야 한다는 사명감으로 3등 대합실에 들어선 그는 기대했던 것과는 달리 고독을 먼저 체감하게 된다. 군중 속의 고독에 익숙해진 우리는 언제부턴가 이것을 고독이라고도 생각하지 않고 살아가고 있는 것은 아닌지.

이제 서울역의 업무는 새로 지은 통합민자역사 건물이 담당한다. 당시 붐비던 옛 역사는 시민들이 함께하는 문화 공간으로 재단장했다. 옛 역사 1층은 표 파는 곳을 기준으로 오른쪽은 3등 대합실, 왼쪽은 1, 2등 대합실이었다. 표 파는 곳 천장은 일제 강점기에는 빛이 가득 들어오는 돔이었으나 6·25전쟁 이후 돔이 훼손되어 태극과 무궁화 무늬가 들어간 불투명한 소재로 바뀌었다. 1, 2등 대합실 곁에는 부녀자 대합실이 따로 있었다고 한다. 2층에는 당시 프랑스식 양식당으로 이름을 날리던 레스토랑 '그릴'이 있었다. 리모델링하기 전까지도 2층으로 올라가는 계단 손잡이나 기둥 장식, 천장, 벽 등 당시 모습대로 보존된 부분이 제법 있었다.

나는 좀 야맹증이다. 그래서 될 수 있는 대로 밝은 거리를 골라서

문화역서울 284

우리 근현대사의 주요 무대이자 교통의 관문이었던 옛 서울역사를 원형 복원한 후, 다양한 문화예술을 접할 수 있는 공간으로 꾸몄다. '문화역서울 284'라는 이름은 옛 서울역사의 사적 번호 284와 문화 공간이라는 주제를 접목하여 지은 것으로, 사적으로서의 가치를 보존하면서 다양한 문화가 교차하는 역으로서의 의미를 계승하자는 뜻이 담겨 있다.
운영 시간 매일 10:00~19:00, 매달 마지막 수요일은 21:00까지 연장 운영
문의 02-3407-3500

돌아다니기로 했다. 그리고는 경성역 일이등 대합실 한곁 티룸에를 들렀다. 그것은 내게는 큰 발견이었다.

거기는 우선 아무도 아는 사람이 안 온다. 설사 왔다가도 곧 가니까 좋다. 나는 날마다 여기 와서 시간을 보내리라 속으로 생각하여 두었다.

제일 여기 시계가 어느 시계보다도 정확하리라는 것이 좋았다. 설불리 서투른 시계를 보고 그것을 믿고 시간 전에 집에 돌아갔다가 큰코를 다쳐서는 안 된다.

나는 한 복스에 아무것도 없는 것과 마주 앉아서 잘 끓은 커피를 마셨다. 총총한 가운데 여객들은 그래도 한 잔 커피가 즐거운가 보다. 얼른 얼른 마시고 무얼 좀 생각하는 것같이 담벼락도 좀 쳐다보고 하다가 곧 나가 버린다. 서글프다. 그러나 내게는 이 서글픈 분위기가 거리의 티룸들의 그 거추장스러운 분위기보다는 절실하고 마음에 들었다. 이따금 들리는 날카로운 혹은 우렁찬 기적 소리가 모차르트보다도 더 가깝다. 나는 메뉴에 적힌 몇 가지 안 되는 음식 이름을 치읽고 내리읽고 여러 번 읽었다. 그것들은 아물아물한 것이 어딘가 내 어렸을 때 동무들 이름과 비슷한 데가 있었다.

🖉 이상, 〈날개〉

기적 소리가 들리는 어딘지 서글픈 서울역 찻집, 그곳에는 정확한 시계는 있지만 아는 이가 없어 〈날개〉의 '나'는 마음이 흡족하다. 1925년에 문을 연 경성역의 프랑스식 양식당 그릴과 찻집 티룸은 당시 최고로 꼽혔으며, 1970년대 호텔들이 속속 들어설 때까지 그 명성을 유지했다고 한다. 하지만 6·25전쟁 직후가 되자 서울역은 더는 프랑스 음식과 커피를 즐길 만한 곳이 아니었다. 전쟁 후 서울에 속하고 싶은 막연한 욕망과 생계를 위한 궁책으로 상경한 인물들의 이야기가 최일남의 〈서울의 초상〉에 그려져 있다.

찻집 '티룸'과 함께 명성을 떨치던 양식당 '그릴'. 2009년 리모델링 이전의 마지막 모습이다.

서울역에 내린 성수는 휑뎅그렁한 역사며 아직은 찬 이른 봄의 깐깐한 바람 때문에 으스스 떨었다. 군용 담요로 만든 외투를 걸친 늙은 여자가 '깨끗한 하숙 있어요' 했을 때도 그는 아직 그런 썰렁한 기분에서 헤어 나오지 못했다. 그 여자가 다시 '이쁜 색시도 있어요' 했을 때도 아직 첫 서울이 주는 당혹감을 떨쳐 버리지 못하고 있었다.

(중략)

성수가 서울에 달라붙기 위해 치른 이런 요행과 불운은 그가 마침내 학교를 졸업하고 출판사 교정원으로 취직하기까지 무려 열두 번이나 거듭되었다. 그러는 사이 그는 무수한 서울과 만났다. 종삼과 만나고 르네상스와 만났으며 동대문이나 남대문 그리고 청량리나 영등포와도 만났다. 르네상스에서 만난 그 여대생과 같은 여자들과도 여러 번 조우(遭遇)했다. 그리고 용케도 그가 그렇게 갈망하던 '서울에 남는 일'에 성공했다. 그러나 그는 요즈음에 와서야 그가 혼신의 힘을 다해 매달렸던 서울이 그에게 어떤 의미와 빛깔을 던져 주었는가에 대해 곰곰이 생각해 보고 있다. 잘한 것 같기도 하고 잘못한 것 같기도 한 오리무중의 감각에서 헤어나오지 못하고 있다.

집안에서 혼자만 쑥죽을 찾아 먹는 그에게 아들놈이 말하는 수가 있다.

"아버지는 그런 풀을 어떻게 잡수세요. 아버지는 촌사람이야."

술 마시면 '타향살이'를 흥얼거리는 자신에게 여편네가 비아냥거리며 말하는 수가 있다.

"당신은 갈데없는 실향민이로군요."

이 말에서, 성수는 서울은 아직도 자기 것이 아닌가 하는 회의에 잠겨 볼 때가 있다. 그리고 까닭없이 고향에 대한 미안함을 지닌다. 따지고 보면 서울에 눌어붙은 그 많은 촌놈들도 돌아서면 제각기 조금씩의 미안함을 안고 살 것이다. 고향에 대해서.

− 끝 −

📖 최일남, 〈서울의 초상〉

성수라는 인물로 대표되는 상경한 젊은이들이 처음 만나게 되는 서울의 얼굴은 당연히 서울역 앞 전경이다. 철저히 상업화되고 따라서 각박하고 어수선하고 때로는 천박한 서울의 첫인상에 다소 당황했던 이들은 곧 당시 서울의 유흥가, 번화가인 종로3가와 동대문, 남대문, 청량리, 영등포 등을 경험함으로써 서울을 장악하고 서울 사람이 되고자 한다. 하지만 그럴수록 상실감과 박탈감, 회의에 빠질 뿐이다.

서울역은 이렇게 서울로 편입하고자 하는 이들의 이야기가 시작되는 지점이면서 동시에, 이미 서울 사람이 되어 버린 이들의 비상구가 되기도 한다. 양귀자의 〈숨은 꽃〉은 소설가의 서울 탈출기를 그린다.

그날 오전, 서울역의 혼잡한 광장에 홀로 남겨졌을 때부터 나는 이 여행을 후회하고 있었다. 그러나 좀더 사실대로 말하자면 후회가 시작된 시간은 그보다 한참 먼저였다. 기차시간에 늦지 않으려고 다소 부지런을 떨었던 아침, 내가 없어도 아무 이상 없이 잘 돌아가게끔 챙겨 둬야 할 일상의 자질구레한 일들을 앞에 두고 느꼈던 전날 밤의 한숨, 그보다 더 앞으로 시간을 돌리면 기차표를 예매하러 나갔던 날의 몽롱함과 회의까지를 다 후회의 페이지에 삽입시켜야 정확할 터였다. 하지만 후회를 잘하는 사람일수록 늘 그렇듯이 포기도 쉽게 하지를 못하고 결국 나는 예매한 기차표의 시각에 정확히 맞추어 서울역 광장에 모습을 나타냈다. 그 사이 이 여행을 포기해도 미련이 없을 만한 어떤 좋은 생각도 떠오르지 않았기 때문이었다.(중략)

나중에 하나의 여행이 온전하게 소설로 담겨져 나오는 수도 없지는 않았지만 그것 또한 삶의 필요가 먼저였고 소설은 의외의 부산물인 경우에 불과했다. 성실하게 삶을 더듬다 보면 운좋게 주어지는 그런 부산물.

그러나 이번 여행은 삶의 여러 관계들로 야기된 피할 수 없는 길떠남이 아니었다. 망설임과 후회가 그처럼 짙었던 것도 따지고 보면 모두 거기에서 연유되고 있을 것이었다. 소설이 제대로 씌어지지 않는다고 해서 여행을 도모하고 실천하다니, 게다가 단 한 시간이라도 죽을 듯이 아껴서 써대도 겨우 마감 날짜를 지킬까말까 한 이 화급한 날들 중의 하루나 이틀을 온전하게 내던져 버리다니. 이 도박은 말하자면 벌써 몇 달째 그랬듯이 이번 달 역시 마감 날짜를 그냥 지나치고 말리라는 뚜렷한 징표로서 제시된 것에 다름 아니었다. 소설은, 확률이 높건 적건 간에, 결코 도박일 수 없는 것이므로.

🌸 양귀자, 〈숨은 꽃〉

직업이 소설가인 주인공은 기차에 오르기 전 서점을 기웃거린다. 대기실과 기차간에서 읽을 무언가를 챙겨야 한다는 강박은 소설가가 아닌 우리도 경험한다. 〈숨은 꽃〉의 소설가는 굳이 책을 손에 들지 않고 기차를 탄다. 하지만 기차 곳곳에 널린 글자들이 자꾸만 눈에 들어온다.

사실을 말하면 개표를 기다리는 동안에도 약국 앞에 붙은 간이서점을 기웃거리긴 했었다. 읽을 것이 아닌 그저 볼 것, 머리에 입력되지 않고 단순히 눈에만 머물렀다가 그대로 날아가 버릴 그런 것은 괜찮지 않을까 생각했었다. 그러나 그곳에서도 나는 읽을 만한 책을 고르지 못하였다. 집에서도 그랬다. 어쩌면 손쉽게 아무 책이나 택해서 손가방 안에 쏙 밀어넣지 못하는 스스로에 대한 짜증으로 이번 여행엔 아예 어떤 책도 동반하지 않겠다고 다짐했는지도 모른다. 책 속에서 무얼 구할 수 있었다면 왜 여행까지 생각했을 것인가.

(중략)

기차 안에서의 세 시간 동안 내가 만난 글자는 홍익회 판매원의 밀차에 담긴 군것질감의 상표와 앞자리 등받이에 새겨진 피로회복제 광고가 전부였다. 피곤하고 나른할 때 이 물약을 마시면 새 기운이 솟구친다는 광고 문구는 어느 좌석이건 간에 다 흰 천의 등받이에 녹색 잉크로 인쇄되어 있었다. 그러니까 기차 안 이곳 저곳에 내가 찾는 글자가 널려 있기는 한 셈이었다. 그것들의 한결같은 내용에 진저리를 치면서도 내 눈은 글자를 읽고 뜻을 해독하는 짓을 멈추지 못한다. 읽고 또 읽고 다시 읽으며, 나는 마녀의 주술 때문에 춤을 멈출 수 없어 쩔쩔매는 동화 속의 불행한 공주를 떠올린다. 누구, 이 춤을 멈춰 줄 사람은 없나요? 나는 밥을 먹으면서도 춤을 춰야 하고 자면서도 계속해서 춤을 춰야 한답니다. 제발, 이 춤을 멈춰 주세요.

📖 양귀자, 〈숨은 꽃〉

재단장한 옛 서울역사의 모습.

소설가는 '문학은 곧 폐기 처분될 위기에 몰린 듯하다는 글쟁이들의 엄살은 결코 엄살이 아닌 현실이 되어 버리고 진실이나 희망이란 말은 흙더미에 깔려 안장되었다'고 토로한다. 그리고 자신이 길 찾기를 멈춘 순간, 소설의 새로운 주인공을 찾을 수 없게 되었다고 고백한다. 그래서 떠나는 길이다. 이렇게 지친 소설가에게 일상의 문자들이 끊임없이 눈에 들어온다는 것은 고통이다. 머리는 자동으로 문자의 형상을 해독한다. 그는 이러한 상황을 춤이 멈추지 않는 주술에 걸린 저주에 비유한다.

생활인이든 소설가든 역을 드나드는 이들에게는 결핍과 갈망이 있다. 저 너머 목적지에는 이곳에 없는 무엇이 있으리라는 확신으로, 혹은 지금 여기서는 알 수 없는 답을 얻을 수 있으리라는 기대로 속는 셈 치고 떠나 본다.

그런데 서울역 주변에는 늘 떠나지 않는 이들이 머물고 있다. 노숙자들이다. 이들이 모인 풍경은 낯선 냄새를 풍긴다. 그 낯섦은 단지 이들이 우리가 금 그은 위생, 직업, 교육 등 근대의 규율 밖으로 빠져나갔기 때문에 생기는 것인가? 간혹 이들에게 손을 내밀고 말을 거는 이는 전도하려는 종교인이거나 규율 속으로 편입시키려는 자들뿐이다. 그들을 우리와 똑같이 바꾸려고 하는 한, 그들로부터 거리를 두고자 하는 한, 우리는 그들을 제대로 보지 못할지도 모른다. 건설적 희망, 속물적 욕망, 해탈의 갈구, 그 무엇을 품고 저 너머를 향해 움직이는 다른 이들과는 사뭇 대조적인 이들의 눈빛을 뒤로하고 우리는 약현성당으로 발걸음을 옮긴다. 전날 비라도 왔다면 역사 주변은 곳곳에 물이 고여 있을 것이다. 고인 물, 옛 역사, 노숙자. 이들은 전속력으로 질주하는 우리 일상의 뒷덜미를 잠시 잡아끈다.

2 | 천주교 중림동 약현성당

　문화역서울 284를 바라보고 오른편 뒤로 뚫린 길을 따라 건물 뒤로 빠지면 큰길이 나온다. 여기서 오른편으로 걸어가다가 중림시장 방면으로 건너가야 한다. 한국경제신문사 옆 언덕 위로 십자가가 뾰족하니 보이는 곳이 약현성당이다. 예전에 명동대성당은 종현성당으로, 중림동성당은 약현성당으로 불렸는데, 지금은 현재 동네 이름을 따서 중림동성당이라고 더 많이 불린다. 약현은 당시 만리동에서 서울역으로 넘어오는 고개에 약초밭이 많아 붙여진 이름이라 한다.

　약현성당으로 올라가는 길 왼편에는 묵상의 길이 좁게 나 있는데 이를 따라 구불구불 올라가다 보면 순교자 기념탑으로 이어진다. 경건한 마음으로 묵상하며 올라가는 신자들을 만날 수 있다. 초창기 천주교 순교자들을 기리는 기념관과 우리나라 최대 순교 터인 서소문 순교성지가 성당 근처에 있다. 묵상의 길이 끝나면 아담한 약현성당이 모습을 드러낸다. 명동대성당보다 6년 앞서 1892년에 건립된 성당으로, 당시 조선 교구장 뮈텔 주교는 "그것은 아담하며 성당다운 성당으로는 한국 최초이고 유일하다"며 기뻐했다고 한다. 한국에 처음 들어선 서양식 성당에서 하루 세 번 울리는 종소리는 장안의 화제가 되었다. 그러던 성당이 1998년 한 행려자의 방화로 소실되었다. 당시 사건을 한 시인이 기록했다.

　　서울역을 떠돌던 부랑자 한 사람이
　　중림동 약현성당 안으로 기어들어와
　　커튼에 라이터를 켜대었을 때
　　성당이 불길에 휩싸였을 때
　　불이야! 봄을 기다리던 제비꽃이
　　땅 속에서 소리쳤다

아무리 소리쳐도 성모님은
가만히 불길을 보고만 있었다
천장이 뚫리고 종탑이 무너져내려도
성모님은 그대로 가만히 있었다

불이 꺼진 뒤
무너진 종탑을 바라보며 사람들은
성당을 찾아온 부랑자들에게
애초부터 밥을 해주지 말아야 했다고
미사를 드렸다

그때 제비꽃은 들을 수 있었다
무너진 종탑에서 울리는 성당의 종소리를
그들을 미워하지 말자
그들을 돌보지 못한 우리의 책임이 크다고 울리는
성당의 종소리를

    정호승, 〈약현성당〉

미사가 없을 때는 누구라도 성당에 들어갈 수 있다. 그곳의 아늑함은 절로 의자에 앉고 싶게 만든다. 시인은 늦은 오후 성당의 스테인드글라스를 통해 들어오는 빛 속에서 이런 깨달음을 얻었다고 한다.

늦은 오후
성당에 가서 무릎을 꿇었다
높은 창

중림동 약현성당은 1998년 화재로 소실된 이후 복원 공사를 거쳐 2000년 9월에 지금과 같은 모습을 갖추었다.

스테인드글라스를 통과한 저녁햇살이

내 앞에 눈부시다

모든 색채가 빛의 고통이라는 사실을

나 아직 알 수 없으나

스테인드글라스가

조각조각난 유리로 만들어진 까닭은

이제 알겠다

내가 산산조각난 까닭도

이제 알겠다

🍂 정호승, 〈스테인드글라스〉

성당에서 나와 시내를 바라보면 숭례문이 보인다. 그곳으로 가자.

3 | 숭례문

    성당에서 내려오면 정면으로 난 건널목을 건너 숭례문을 향해 걷는다. 숭례문은 2008년 화재로 전소되었다. 앞서 들른 약현성당처럼 방화범의 소행으로 잿더미가 되었다. 오늘 산책 코스 중 약현성당은 100년을 버틴 벽돌 건물이었고 숭례문은 반 천 년을 버틴 목조 건물이었지만 둘 다 화재로 전소되었다는 점을 상기하니, 옛 서울역사가 사라지지 않았다는 사실에 새삼스럽게 가슴을 쓸어내리게 된다. 설령 화재에는 버틸 수 있었다 하더라도 개발의 논리에 따라 없어질 수도 있었을 텐데 다행히 그 자리를 지키고 있으니 말이다.

    삶의 결을 담아낸 작가 박완서는 1970년대에 1950년대의 숭례문을 회고하며 이 둘을 비교한 적이 있다.

(전략) 마지막 돌아보는 셈치고 돌아다본 시야에 문득 남대문이 의연히 서 있었다. 눈발을 통해 본 남대문은 일찍이 본 일이 없을 만큼 아름답고 웅장했다. 눈발은 성기고 가늘어서 길엔 아직 쌓이기 전인데 기왓골과 등에만 살짝 쌓여서 기와의 선이 화선지에 먹물로 그은 것처럼 부드럽게 번져 보이는 게 그지없이 정답기도 했지만 전체를 한덩어리로 볼 땐 산처럼 거대하고 준엄해 내 옹색한 시야를 압도하고 넘쳤다. 나는 이상한 감동으로 가슴이 더워 왔다. 남대문의 미(美)의 극치의 순간을 보는 대가로 이 간난의 피난길이 마련되었다 한들 어찌 거역할 수 있으랴 싶었다. 그건 결코 안이하게 보아질 수는 없는, 꼭 어떤 비통한 희생의 보상이어야 할 것 같은 생각이 들었기 때문이다.

나는 거의 종교적인 경건으로 예배하듯 남대문을 우러르고 돌아서서 남으로 남으로 걸었다. 이상하게도 훨씬 덜 절망스러웠다.

그 후 피난생활이 맺어 준 인연으로 오늘날까지 계속된 오랜 객지생활에서도 그때 눈발을 통해 본 남대문의 비장미의 영상은 조금도 퇴색함이 없이, 어머니나 동생들이나 중학동 옛집이나 그 밖의 내 소녀 시절의 앳된 추억이 서린 서울의 어느 곳보다 훨씬 더 강력한 향수의 구심점이 되었다.

그러나 막상 서울로 돌아온 지 달포가 넘는 동안 거의 매일같이 도심을 가로지르면서 남대문을 볼 기회도 많았건만 번번이 딴 데로 한눈을 파느라 놓치고 말았다. 그렇게 서울은 번화하고, 쳐다보고 우러러볼 높은 집도 많았거니와, 차와 사람이 너무 많아 버스에 앉아서도 줄창 조마조마하고 아슬아슬해하기에 정신을 빼앗겼다. 그러는 사이에 남대문에 대한 흥미를 쉽사리 잃어 갔다. 나는 이미 이 고장이 남대문의 정기(精氣) 따위가 지배할 고장이 아니란 걸, 남대문 따위는 이미 오래전에 이 고장의 새로운 질서에서 소외됐음을 눈치챘기 때문이다.

박완서, 〈부끄러움을 가르칩니다〉

피난길에 본 숭례문은 수묵화의 경건한 느낌을 주며 '나'를 압도했었다. 그러나 도심 재개발 이후 숭례문은 상대적으로 초라하게 위축되었다. '나'가 20여 년 객지 생활 동안 서울을 그릴 때 떠올리던 숭례문의 위용은 실제의 모습 앞에 여지없이 무너지고 만다.

사실 화재 사건 이전에 존재했던 숭례문은 이웃 빌딩들과 어떤 친분도 없어 보였다. 더 이상 대문도 아닌 채 그저 하나의 오브제처럼 우두커니 무료하게 서 있다가 사라졌다. 그런데 숭례문이 불타오르는 순간, 사람들은 전통으로 통하는 문을 잃어버린 것처럼 망연자실해했다. 이 도시에서 이미 오래전에 소외됐던 숭례문이 화재 사건으로 하루아침에 주인공 대접을 받게 된 것이다. 사라짐으로써 존재감을 드러낸 사건. 그 모순이 우리를 부끄럽게 한다.

이제 숭례문 뒤 남대문시장으로 발길을 옮겨 보자. 그곳을 배경으로 펼쳐지는 인생 곡절을 이야기한 문학이야 많지만 구구절절한 삶의 이야기는 피로한 산책로의 끝자락에서 생략하기로 하고, 그저 시 한 수 읊는 것으로 대신하고자 한다. 어느 시인은 시가 뭐냐는, 시인이 누구냐는 질문을 받고 답이 궁해 난감해하다가 남대문 시장통에서 술술 풀어낸다.

누군가 나에게 물었다. 시가 뭐냐고
나는 시인이 못 됨으로 잘 모른다고 대답하였다.
무교동과 종로와 명동과 남산과
서울역 앞을 걸었다.
저녁녘 남대문 시장 안에서
빈대떡을 먹을 때 생각나고 있었다.
그런 사람들이
엄청난 고생되어도

2008년 화재로 전소된 숭례문의 복구 작업 현장에 설치됐었던 가림막.

화재로 무너진 후 5년간의 복구 작업을 거쳐 복원된 숭례문.

순하고 명랑하고 맘 좋고 인정이
있으므로 슬기롭게 사는 사람들이
그런 사람들이
이 세상에서 알파이고
고귀한 인류이고
영원한 광명이고
다름 아닌 시인이라고.
🍎 김종삼, 〈누군가 나에게 물었다〉

무교동에서 남산을 올랐다가 서울역을 돌아 남대문시장에 이른 시인은 바로 그곳의 살아 움직이는 이들이 시인이 아니냐고 한다. 시 한 수,

소설 한 대목 읊으며 걸어온 우리의 문학 산책로 역시 그 길목을 오가는 사람들의 땀 냄새 덕분에 비로소 풍성해졌다. 30여 분 책 안팎을 오간 덕분에 그 낙차만큼 진동의 여운이 남았을 것이다. 남대문시장, 타인의 몸짓 속에 조용히 몸을 섞으며 오늘 산책을 마무리한다.

문학 작품

- 장정일, 〈서울에서 보낸 3주일〉, 《서울에서 보낸 3주일》, 청하, 1988
- 최남선, 〈경부철도가〉
- 박태원, 〈소설가 구보 씨의 일일〉, 《소설가 구보 씨의 일일》, 문학과지성사, 2005
- 이상, 〈날개〉, 《날개》, 문학과지성사, 2005
- 최일남, 〈서울의 초상〉, 《장씨의 수염》, 나남, 1993
- 양귀자, 〈숨은 꽃〉, 《슬픔도 힘이 된다》, 문학과지성사, 1993
- 정호승, 〈약현성당〉, 〈스테인드글라스〉, 《포옹》, 창비, 2007
- 박완서, 〈부끄러움을 가르칩니다〉, 《나목, 도둑맞은 가난》, 민음사, 1981(신동아 1974.8.)
- 김종삼, 〈누군가 나에게 물었다〉, 《김종삼 전집》, 나남, 2005

04 정동길

정동, 그 눈부신 황혼의 거리

정동길은 굳이 문학 산책이 아니더라도 걷기 좋은 길이다. 고궁과 함께 나지막한 근현대 건축물들이 남아 있는 이 길은 나뭇잎 떨어지는 가을뿐 아니라 사계절 모두 나름의 매력이 있다. 정동길의 중심에는 원형 분수대가 있는데, 이곳에서 솟아오르는 것이 단지 물만은 아닌 것 같다. 분수대를 기점으로 무지개처럼 다채롭게 퍼져 나가는 길 위에 교회, 학교, 미술관, 공연장, 대사관, 궁궐 등이 깃들어 있다. 역사가는 역사가대로, 건축가는 건축가대로 이곳저곳을 가리키며 할 말이 많을 법한 곳이다. 문학도 넘친다. 역사와 이야기, 시만으로도 넘치는 이 길 위에서 산책자가 행간을 음미할 수 있게 필자는 되도록 말을 아끼려 한다.

산책 코스 | 2km
❶ 서울시의회 본관 ➡ ❷ 성공회성당 ➡ ❸ 덕수궁길 ➡ ❹ 원형 분수대, 서울시립미술관 ➡ ❺ 정동교회, 배재학당 역사박물관 ➡ ❻ 정동극장 ➡ ❼ 중명전 ➡ ❽ 이화여고 ➡ ❾ 캐나다 대사관 ➡ ❿ 정동공원

1 | 서울시의회 본관

이번 산책로의 시작은 서울시의회 본관 앞이다. 덕수궁 옆에 신관이 따로 있으므로 헷갈리지 않게 주의해야 한다. '서울시의회'라니 다소 뜬금없이 들릴 수도 있겠지만, 이 건물은 일제 강점기에 문화예술 공연장 '부민관'이었다. 이곳에서 조선 최초 영화제나 최승희의 무용 공연이 열렸다. 당시 높이 솟은 건물부에 시계가 달려 있어 일반인에게는 '시계탑'으로 랜드마크 기능을 했었다. 그때는 출입문이 정면에 나 있고 그 앞까지 차가 돌아 들어가게 되어 있어 공연장 분위기가 제법 났으나, 현재는 많이 헐려 일부 몸체만 유지하고 있다.

채만식의 《태평천하》에 나오는 자린고비 윤직원 영감이 계동집에서 공짜 버스를 타고 천하없어도 좋아한다는 명창 공연을 보러 간 곳이 바로 이 부민관이다.

> 잔돈을 두어 두고도 십 원짜리를 낸 것이며, 부청 앞에서 내릴 테면서 정거장까지 간다고 한 것이며가 모두 요량이 있어서 한 짓입니다.
> 무사히 공차를 탄 윤직원 영감은 총독부 앞에서부터는 춘심이를 앞세우고 부민관까지 천천히 걸어서 갑니다.
> "좁은 뽀수 타니라구 고생헌 값을 이렇기 도루 찾는 법이다."
> 그는 이윽고 공차 타는 기술을 춘심이한테도 깨우쳐 주던 것인데, 그런 걸 보면 아마 청기와장수는 아닌 모양입니다.
> 종로에서 그렇듯 많이 충그리고 길이 터지고 했어도, 회장에 당도했을 때에는 부민관 꼭대기의 큰 시계가 열두시밖에는 더 되지 않았습니다.
> 입장권을 사기 전에 윤직원 영감과 춘심이 사이에는 또 한바탕 상지가 생겼습니다.
> 윤직원 영감은 춘심이더러, 네 형이 출연을 한다면서 무대 뒷문으로 제 형을

문화예술 공연장 '부민관'이던 곳이 지금은 서울시의회 본관으로 사용된다.

찾아 들어가 공짜로 구경을 하라고 시키던 것입니다. 그러나 춘심이는, 암만 그렇더라도 저도 윤직원 영감을 따라왔고, 그래서 버젓한 손님이니까 버젓하게 표를 사가지고 들어가야 말이지, 누가 치사하게 공구경을 하느냐고 우깁니다.

  🍊 채만식, 《태평천하》

    당시 부민관에서는 창뿐 아니라 서양 곡도 연주되었다. 그러니 남도 가락을 즐기던 지방 출신 어르신 윤직원 같은 이들뿐 아니라 김남천의 〈경영〉에 나오는 젊은 처녀 최무영 같은 이도 차이콥스키 음악을 들으러 이곳을 드나들었던 것이다.

음악회─참말 음악회의 표를 미리 사서 간직해 두었던 것을 지금서야 생각한다. 깜빡 잊었다. 첫날 치였으니까, 벌써 시효도 넘었다. 백에서 속갈피를 뒤적이니까 한편 구석에서 티켓이 나왔다. 일 년에 잘해야 한 차례씩이나 얻어들을 수 있는 교향악단의 밤이었다. 지금쯤은 차이코프스키의 파테티크가 연주되기 시작하였을 것을. 그는 요즘 며칠 동안 제정신이 어디로 팔려 버렸던 것을 새삼스럽게 생각해 본다. 그러나 기뻤다. 어떤 숭고한 일에 정성을 썼다는 만족이 그의 마음을 느긋하게 어루만져 준다. 음악회 티켓 같은 것, 열 장 스무 장이 무효로 되어 버려도 그는 도무지 아깝지 않다고 생각해 보는 것이다. 음악회라면 하찮은 학생들의 연주회에도 빠지지 않고 쫓아다니던 것을…….

  🍊 김남천, 〈경영〉

    그렇게 음악회를 좋아하던 그녀는 감옥에 갇힌 애인의 뒤치다꺼리로 음악회 표를 사 둔 사실조차 잊고 말았다. 남자는 일제 강점기에 사상

문제로 투옥된 지식인이다. 전향문학轉向文學의 한 획을 긋는 이 작품은 한국 근현대 지식인사의 간단치 않은 질곡을 잘 보여 준다.

이렇게 한때 명창 공연, 최승희 공연, 조선 최초 영화제, 차이콥스키 연주회 등 다양한 문화예술 공연으로 흥성거렸을 서울시의회 건물을 오른편으로 두고 골목 안쪽으로 들어가자.

2 | 성공회성당

서울시의회 건물을 끼고 있는 골목으로 들어가면 붉은 벽돌로 지어진 나지막한 성당 건물을 만날 수 있다. 1890년에 우리나라에 들어온 성공회 3대 주교인 마크 트롤로프에 의해 1926년에 완공된 성공회성당이다. 당시 영국 대사관 동쪽에 영국 국교인 성공회 건물을 세운 것인데, 로마네스크 양식의 십자가형 건물인 이 성당의 지하 소성당 활동판 아래에는 트롤로프 주교의 영구가 안치되어 있다. 그 시절 사대문 안에서 매장이 금지되어 있었음을 상기하면 당시 영국 국교의 힘이 어느 정도였는지 짐작이 갈 것이다.

그런데 사실 이 건물은 건축 도면의 부재로 1993년까지 미완성 건물로 남아 있었다. 그러다가 성당을 방문한 영국인 관광객으로부터 성당의 건축 도면이 영국의 한 도서관에 있다는 정보를 듣게 되어 복원 작업을 시작, 1996년에 증축을 완공한 사연이 있다.

지금은 문화재로 지정되어 고풍스러운 매력을 뿜고 있는 성공회성당을 지나 신문사 건물이 즐비한 길을 걷는다. 조금 걷다 보면 왼편으로 빠지는 골목이 나온다. 이 지름길을 이용해도 좋고 어느 골목인지 모르겠다면 동화면세점 앞까지 갔다가 왼편으로 돌아 왼쪽 첫 번째 찻길로 들어서자. 곧 왼편에 덕수초등학교가 보일 것이다.

고층 빌딩 일색인 서울에서 골목 한 구비를 돌아들면
매력적인 로마네스크 양식의 성공회성당이 있다.

3 | 덕수궁길

덕수초등학교를 지나 비탈진 길을 올라간다. 박태원의 〈소설가 구보 씨의 일일〉이 아닌 최인훈의 《소설가 구보 씨의 일일》에 등장하는 구보는 그 길을 걸어 내려왔다.

> 그들은 구세군 서대문 본영을 지나 경기고녀와 덕수국민학교 앞을 지나서 광화문으로 나왔다. "약속 있어?" 하고 이홍철 씨가 물었다. "없어." 하고 구보는 대답하였다. "9(다인)에 가 볼까?" "그러지." 9다방에는 소설가 남정우(南丁愚)가 가끔씩 들르는 곳이었다.
>
> 🍊 최인훈, 《소설가 구보 씨의 일일》

구보는 우리의 산책 방향과는 반대로 스쳐 지나갔다. 다방으로 간다는 구보의 말에 커피 향이 그리워진다면 덕수초등학교를 지나 바로 보이는 구세군 중앙회관 1층 노천카페에서 잠시 쉬어 가는 것도 좋다. 어두컴컴한 지하 다방 일색이던 구보 씨의 시대와는 달리 요즘은 노천카페가 많다. 잠시 앉아 힘을 비축했다면 성탄절에 어김없이 볼 수 있는 구세군 함의 옛 본부 격인 이 오래된 건물을 한번 눈에 담고 다시 길 위에 서자.

오른편으로는 미국 대사관 담이, 왼편으로는 덕수궁 담이 이어지는 덕수궁길을 걷노라면 담벼락 위로 언뜻언뜻 덕수궁 건물을 볼 수 있다. 신경숙의 《리진》은 이곳 덕수궁 곳곳을 눈으로, 귀로, 손으로 이야기했다. 명성황후 시해 사건으로 마무리되는 덕수궁의 역사를 지켜본 궁녀 리진은 반촌에서 덕수궁으로, 프랑스 공사관으로 그리고 파리로 이동하며 19세기 후반을 체험한다. 궁녀가 왕에게 성과 이름을 하사받고 궁으로부터, 조선으로부터 자유를 얻어 떠나게 되는 장면을 보자.

미국 대사관 담과 덕수궁 담이 이어지는 덕수궁길.
왼쪽 덕수궁 담 너머로 궁궐 건물들이 조금씩 보인다.

왕이 그녀에게 성과 이름을 하사한 밤에 왕비는 그녀를 중궁으로 불렀다. 그녀가 프랑스 공사관으로 나가 살기 시작한 지 삼 년 만의 일이었다. 왕비와 그녀 사이에 커피와 케이크가 놓였다. 왕비는 더 가까이 오라, 하였다.
왕비의 자당의에 녹빛이 감도는 국화매듭의 단작노리개가 매달려 있었다. 노리개의 부드러운 술이 눈앞에서 찰랑일 만큼 그녀가 왕비와 가까이 앉기도 너무 오랜만이었다.
왕비는 그녀에게 전하께서 왕가의 이씨 성을 하사하신 것은 너를 딸로 여기는 것과 같다, 하였다. 리진은 옥첩지를 단정히 꽂고 있는 왕비의 흰 얼굴을 마주 볼 수 없어 깊이 머리를 숙였다.

— 그러니 너를 떠나보내는 내 마음 또한 여염집 같으면 여식을 시집보내는 마음과 같다.

리진은 더욱 깊이 머리를 숙였다.

— 이름의 주인이 어떻게 사느냐에 그 이름의 느낌이 생기는 게다. 사람들이

네 이름을 부를 때면 은혜의 마음이 일어나도록 아름답게 살라.

(중략)

―나는 개화된 세상에 나가보길 꿈꾸나 이 궁궐에서 한 발짝도 옮기지 못할 처지이니 네가 부럽구나.

왕비의 목소리가 땀에 젖어가는 그녀의 귀에 흰 구름처럼 일렁거렸다.

―너는 사랑을 얻어 개화된 세상에 먼저 나가는 것이니라. 서러워 마라.

리진은 춤으로 나무가 되려 하고 불이 되려 했다.

―다른 세상에 가서 여태의 족쇄를 풀어버리고 많은 것을 새로 배우고 익혀 새 삶을 가지거라.

리진은 춤으로 땅이 되려 하고 쇠가 되려 했다.

―조선의 여인으로 먼 길을 떠나는 건 네가 처음일 게야.

🌿 신경숙,《리진》

프랑스 공사의 구애와 왕비의 뜻을 따라 떠난 파리행이었으나, 그녀는 결국 조선을 잊지 못해 궁으로 돌아온다. 리진은 이후 명성황후 시해 사건 현장에서 모든 장면을 목격했음에도 서양 옷을 입었다는 이유로 살아남는다. 그리고 리진은 주인 잃은 텅 빈 덕수궁 교태전의 후원 석등에 기댄 채 죽음을 맞는다. 자신을 프랑스와의 인연으로 이끈, 그리하여 궁과 조선을 그 밖에서 바라보게 해 준 다리 역할을 한 불한사전에 비소를 발라 먹고서.

이제 덕수궁의 돌담 저 안쪽으로 보이는 서양식 건축물들과 리진이 드나들었을 법한 돌담의 작은 문들이 조금 달리 보일 것이다. 실화에 바탕을 두어 소설화했다는 이 궁녀 이야기를 따라 돌담길이 굽어지는 데에까지 이르면 길이 갈리면서 원형 분수대에 다다른다. 서울시립미술관과 정동교회가 보이는 그곳에 잠시 머물러 보자.

4 | 원형 분수대, 서울시립미술관

덕수궁 정문에서 경향신문사까지 이어지는 정동길은 원형 분수대를 기점으로 그야말로 분수처럼 갈라진다. 분수는 보통 정오에 솟아오른다. 학교, 교회, 대사관, 극장 등이 들어서 있는 이곳 일대는 한 세기 전에도 그러했으니, 방인근의 〈마도의 향불〉에는 1920년대 정동 풍경이 잘 그려져 있다.

> 영철은 서대문 턱에서 탔든 전차를 차내 버리고 정동 골목으로 들어섰다. 이 골목에 들어서면 벌서 서양촌이란 노랑 냄새가 풍기고 학교촌이란 푸른 기운이 도는 것 같엇다. 그러면서도 한가롭고 깨끗한 늣김을 주엇다. 이 골목은 장차 오는 조선의 주인공인 남녀학생이 아츰 저녁으로 수천만번 그 힘찬 발자욱으로 다지고 다진 골목이다.
> 괴로운 바다와 가튼 세상을 다 지나 래세의 천당을 동경하고 땅 우에도 천국을 건설하려는 신남신녀가 찬미 성경을 끼고 묵상하며 종소리를 따라가고 오는 서울에도 이름난 정동골목이다.
> 이 골목 안에는 조선에 하나요 등대처럼 노피 서서 빗을 내는 여자전문학교가 녀왕처럼 군림하엿다. 마즌 편 음악실에서는 여름이거나 가을이든 봄이든 주야로 요량한 피아노 소리와 아름다운 노래의 멜로디가 나뷔처럼 날어 담을 넘어서 지나가는 사람의 고달픈 가슴에도 안기는 파라다이스 골목이다.
>
> ♨ 방인근, 〈마도의 향불〉

눈을 감으면 노랑 냄새, 귀를 기울이면 종소리와 피아노 소리, 그리고 눈을 뜨면 푸른 기운이 느껴졌다는 이 거리에 서서 우리도 오감을 열어 보자. 그 냄새, 소리, 빛깔은 달라졌을지언정 행인이 많을 때도 왠지 '한가롭고 깨끗한 느낌'은 여전히 받을 수 있다.

정동의 길들은 원형 분수대를 중심으로 여러 갈래로 갈라진다.

　　미국 대사관저와 덕수궁 사잇길로부터 걸어온 방향 그대로 원형 분수대 앞에 서면 왼편으로 보이는 것이 서울시립미술관이다. 1928년에 지어진 이 건물은 당시 조선고등법원, 경성복심법원, 경성지방법원 등 세 법원이 모두 입주한 대법원으로 쓰였다. 많은 조선인이 치안유지법 위반으로 체포되었던 곳이기도 하다.

　　한때 가정법원이 덕수궁 옆 서울시청 서소문 별관 자리에 있었다. 덕수궁 돌담길을 걸으면 연인과 헤어진다는 말은 가정법원이 그곳에 있던 시절에 나온 말이라 한다. 한참 전에 가정법원이 서초동으로 이전했으니 이젠 덕수궁 돌담길과는 상관없는 이야기임에도 그 속설은 사라지지 않고 있다. 이런저런 지리적 사정으로 덕수궁 돌담길 속설이 생겼음을 모든 사람이 알게 되어도 사정은 크게 달라지지 않을 것이다. 공간이 바뀌어도 공간이 낳은 말은 여전히 우리 가슴 속에 남게 되는가 보다.

5 정동교회, 배재학당 역사박물관

원형 분수대를 기준으로 왼편에 시립미술관이, 정면에는 정동교회가 있다. 이문세의 〈광화문 연가〉란 노래를 듣다 보면 '언젠가는 우리 모두 세월을 따라 떠나가지만, 언덕 밑 정동길엔 아직 남아 있어요, 눈 덮인 조그만 교회당'이란 노랫말이 나온다. 이 노래는 덕수궁 돌담길, 정동길, 조그만 교회당, 광화문 네거리를 모두 노래하지만, 이 조그만 교회당을 반복해서 읊조리면서 길 위의 여운을 그곳으로 몰아간다. 정동교회는 미국에서 온 선교사 아펜젤러가 1887년에 세웠다. 유일하게 남은 19세기식 개신교 예배당으로 사적 제256호로 지정되었다. 당시 건물인 '조그만 교회당' 벧엘당 옆에는 신축한 본당 건물이 있다. 정동교회는 더 이상 노랫말 속 '조그만' 규모가 아니다. 1897년 아펜젤러 연례보고서에 따르면 당시 정동교회의 완공은 고종 황제부터 시골 농부들까지 구경하러 올 만한 일대 사건이

붉은 벽돌로 지은 외벽과 하얀 창틀이 인상적인 정동교회.

었다고 한다. 예배당이 처음 건립되었을 때만 해도 의자 없이 마룻바닥에 남녀가 따로 앉아 예배를 보았으며, 남녀석 가운데에는 휘장을 쳤다. 예배 때면 창문을 통해 들여다보는 구경꾼들로 혼잡을 빚곤 했다고 한다.

"주로 이화학당 학생들로 구성된 성가대와 찬송소리를 듣기 위해 주일마다 교회창문은 구경꾼들로 메워졌고 제단에 나와 남녀 교인들이 나란히 무릎 꿇고 예수의 피와 살을 받아먹고 마시는 그 거룩한 모습은 많은 사람들의 동경의 대상이 되었다."
  〈정동제일교회 구십년사〉

한국 최초의 서양식 혼례도 이곳에서 열렸다. 예배당이 건립된 이듬해인 1899년 7월 14일에 배재학당과 이화학당 학생 두 쌍이 합동결혼식을 올린

현재 역사박물관으로 사용하는 옛 배재학당 건물.

신식 결혼, 연애결혼이 처음으로 열린 교회 앞에 다정한 이와 마주 앉고 싶은 벤치가 놓여 있다.
단정하게 놓인 모습이 경건하게 보이는 것은 이곳이 교회당 앞이기 때문일까.

것으로, 이후 이른바 '신식 결혼', '연애결혼'이 인구에 회자되었다.

정동교회를 바라보고 왼편으로 뻗어 올라가는 길을 따라 올라가면 오른편에 아펜젤러가 1885년에 세운 배재학당이 있다. 지금 남아 있는 건물은 1916년에 완공된 것으로, 배재학당 역사박물관으로 사용 중이다. 건물 앞에는 학교의 역사를 굽어 살펴봤을 고목이 나이 든 수위처럼 그곳을 지키고 있다. 서재필, 이승만, 윤치호 등이 배재학당 교수로 재직했으며, 서재필 박사는 배재학당 지하실에 설치된 인쇄소인 삼문출판사에서 1896년에 최초 민간 신문인《독립신문》을 인쇄했다.

길에서 보이는 것은 건물 뒷면이므로 건물을 끼고 돌아 들어가야 정문이 보인다. 배재학당 역사박물관에 들어가 보면 당시 교실 모습을 재현한 교실 체험장도 있다. 이곳에는 유길준의 친필 서명이 들어 있는《서유견문》과 한국 근대 첫 번역 소설이라고 할 수 있는《천로역정》이 전시되어 있다.《천로역정》은 선교사 게일이 번역하고 판화로 삽화를 넣어 간행한 것이다. 그리고 1923년 배재고등보통학교를 졸업한 김소월의 첫 시집인《진달래꽃》과 재학시절 그의 글을 볼 수 있는 배재학당 교지《배재》2호도 만나볼 수 있다.

나 보기가 역겨워

가실 때에는

말없이 고이 보내 드리오리다.

배재학당 역사박물관
배재학당은 우리나라 최초의 서양식 근대 교육 기관이다. '유용한 인재를 기르고 배우는 집'이라는 뜻으로, 1887년에 고종 황제가 배재학당이라는 이름을 하사했다. 지금은 근대 교육의 면모를 살펴볼 수 있는 역사박물관으로 이용되고 있다.
개관시간 화~일 10:00~17:00 **문의** 02-319-5578

영변에 약산

진달래꽃

아름 따다 가실 길에 뿌리오리다.

가시는 걸음 걸음

놓인 그 꽃을

사뿐히 즈려 밟고 가시옵소서.

나 보기가 역겨워

가실 때에는

죽어도 아니 눈물 흘리오리다.

🌸 김소월, 〈진달래꽃〉

6 | 정동극장

이제 다시 원형 분수대로 돌아가서 교회를 끼고 뻗어 나가는 정동 길을 걸어 보자. 조금만 걸어가면 오른편에 정동극장이 보인다. 정동극장은 100여 년 전 새문안교회 쪽에 있던 원각사의 정신을 이어받기 위해 설립된 극장이다. 극장 1층 카페 옆 공터로 올라가 보면 다소 엉뚱하게도 갓 쓴 어르신의 동상이 보인다. 그는 일제 강점기에 톱스타로 활동하던 명창 이동백이다. 이곳 방문자 중 그를 알아보는 이는 별로 없지만, 우리는 학창 시절 필독서였던 채만식의 《태평천하》에서 이미 그에 관해 들은 적이 있다. 《태평천하》에는 부민관에 명창대회를 보러 간 윤직원 영감이 이동백으로 오해받는 대목이 나온다.

소설 속 윤직원 영감은 정말 이동백 명창과 닮았을까?

그 양복신사는 웬일인지 처음 들어오면서부터 윤직원 영감을 연해 흥미있게 보고 또 보고 해쌓더니, 차차로 호기심이 더하는 모양, 필경은 자리를 옮아 옆으로 바싹 와서 앉습니다. 그러고는 잠시 앉아서 윤직원 영감에게 말없는 경의를 표한다고 할까, 아무튼 몹시 이야기를 붙여 보고 싶어하는 눈치더니 마침내,

"이번에 인기가 굉장헌 모양이지요?"

하고 은근 공손히 말을 청합니다. 그러나 윤직원 영감으로 보면 인기란 말이 무슨 뜻인지도 모르거니와, 또 낯모를 사람과 쓰잘데없이 이야기를 할 맛도 또한 없는 것이라 거저,

"예에!"

하고 건성으로 대답을 할 뿐입니다.

양복신사씨는 좀 싱거웠던지 잠깐 덤덤하더니 한참 만에 또,

"거 소릴 얼마나 공불 허면 그렇게 명창이 되시나요?"

하고 묻는 것입니다. 윤직원 영감은 별 쑥스런 사람도 다 보겠다고 귀찮게

101

여기며 아무렇게나.

"글씨……나두 몰루."

"헤헤엣다, 괜히 그러십니다!"

"무얼 워녀언이 그런다우 그러우……? 나넌 소리를 좋아넌 히여두 소리를 헐 종은 모르넌 사램이요!"

"쾌애니 그러세요! 명창 이동백(李東伯) 씨가 노래헐 줄 모르신다면 누가 압니까?"

원 이럴 데가 있습니까! 어쩌면 윤직원 영감더러 광대 이동백이라고 하다니요!

윤직원 영감은 단박 분하고 괘씸하고 창피하고 뭐, 도무지 어떻다고 형언할 수가 없습니다. 아무리 예법이 없어진 오늘이라 하더라도, 만일 그 자리가 그 자리가 아니고 계동 자기네 댁만 같았어도 이놈 당장 잡아 내리라고 호령을 한바탕 했을 겝니다.

⁃ 채만식, 《태평천하》

원각사는 1908년 이인직이 창설한 최초 서양식 사설 극장이다. 이인 직은 자신의 신소설 〈은세계〉를 이곳에서 신극화新劇化 했고 정동극장은 이를 기념하여 2008년에 〈은세계〉 100주년 기념공연을 했다. 원각사에 울려 퍼지던 〈은세계〉의 마지막 부분을 들어 보자.

"(전략)여보 동포들, 들어보시오. 우리나라 국권을 회복할 생각이 있거든 황제 폐하 통치하에서 부지런히 벌어먹고 자식이나 잘 가르쳐서 국민의 지식이 진보될 도리만 하시오. 지금 우리나라에 국리민복 될 일은 그만한 일이 다시없소. 나는 오늘 개혁하신 황제 폐하의 만세나 부르고 국민 동포의 만세나 부르고 죽겠소."

판소리 공연이 열리던 정동극장에서는 요즘도 전통 예술 공연이 열린다.

하더니 옥남이가 손을 높이 들어,

"대황제 폐하 만세, 만세,

만세! 국민 동포 만세, 만세, 만세!"

그렇게 만세를 부르는데

(후략)

🍊 이인직, 〈은세계〉

　　을사늑약과 경술국치 사이인 1908년, 이인직은 국권 회복에 앞서 자기 개혁과 국민 교육을 부르짖었고, 그런저런 연유로 한 세기 뒤인 오늘날까지도 친일 혐의에서 벗어나지 못하고 있다. 그의 〈은세계〉 100주년 기념공연이 울려 퍼지던 정동극장 바로 뒤편 건물, 중명전에서 고종은 을사늑약 인준을 강요받았다. 그곳으로 건너가 보자.

고종의 도서관이었던 중명전. 지금은 정동극장 뒤에 옹색하게 자리를 차지하고 있지만 원래는 이곳도 덕수궁 경내였다. (사진 제공 위키트리)

7 중명전

정동극장과 예원학교 사이 골목 안쪽에는 중명전重明殿이 있다. 이 건물은 고종의 도서관으로, 고종은 이곳에서 외국 사신을 알현하기도 했다. 그리고 1905년 11월 17일, 일본 공사 하야시 곤스케는 이곳에서 고종 황제에게 을사늑약 인준을 강요했다. 미국 영사관이 바로 이웃해 있었기에 당시 이 상황을 담 너머로 지켜본 미국 영사관 직원이 본국에 을사늑약의 불법성을 보고했다고 한다.

그런데 왕의 도서관이 왜 이런 외딴곳에 있는지 의아한 이도 있을 것이다. 중명전은 원래 덕수궁 경내에 있었으나, 일제가 덕수궁을 축소하기 위해 석조전과 중명전 사이에 도로를 내면서 이렇게 궁 밖으로 떨어져 나간 것이다. 훼손되기 전 덕수궁은 그렇게 넓었다.

8 이화여고

중명전이 있는 골목에서 다시 정동길로 나오면 오른편에는 예원학교가, 길 건너편에는 이화여고가 기다리고 있다. 길을 건너 이곳으로 가자. 덕수궁 돌담길에서 이화여고 담으로 발걸음을 옮기는 연인들의 데이트 장면이 박태원의 〈애욕〉에 잘 담겨 있다.

> 태평통(太平通) 쪽을 향하여 정동(貞洞) 골목을 터덜터덜 내려오던 노동자는
> 건극문(建極門) 앞에까지 와서—그냥 건극문, 하면, 아는 이가 드물 게다.
> 대한문(大漢門) 앞에서 덕수궁(德壽宮) 돌담을 끼고 정동 골목을 쑤욱
> 들어가노라면 아니 경성지방법원 맞은편짝에 있는 것은 용강문(用康門),
> 거기까지 가지 말고 바른편에는 전등 달린 전신주, 오른편에는 전등 안 달린
> 전신주 그 사이에 음침하게 울적하게 닫혀 있는 문이 바로 건극문이다.
> (중략)
> 경성지방법원 앞까지 와서, 본래 같으면 이화학당(梨花學堂) 앞을 지나
> 서대문으로 나가는 길로 들어섰을 것을, 그러나 오늘 밤은 바로 조금 전의
> 행동화(行動化)할 수 없었던 그 흥미 있는 감정도 도와, 그들은 기약지 않고
> 좀더 은근한 방송국 넘어가는 길을 택하려 들었다.
> "난 이 길이 좋아. 여기하구, 원남동 신작로하구."
> 갑자기 여자는 꿈꾸는 듯이 또 자못 감격을 금할 수 없는 듯이 중얼거렸다.
> 그러한 거리는, 딴은, 남녀가, 특히 밤늦게 산책하기에 좋은 곳들임에
> 틀림없었다.
> (중략)
> "참말, 모레 돌아가시렵니까?"
> 이화여고보의 긴 조선담—
> "네. 그러나 또 며칠 있어두 좋구요."

마침 지나는 이화여고보 정문에 달린 외등을 쳐다본 여자는, 혹은, 남자나
마찬가지로 그 밝음을 저주하였는지도 모른다.
또 긴 담을 끼고 가면서,
"너무 오래 계시면, 아버니께서 걱정 안 하실까?"
정동 13번지, 양인의 집 외등에는 전구가 없었다. 까닭에 그 맞은편
전신주에 달린 전등은 그들에게는 좀더 원망스러운 것임에 틀림없었다.
(중략)
마침내 그들은 이화여자전문학교 정문 앞에까지 왔다. 역시 전신주에 달린
전등이, 또 맞은편 노서아 영사관의 외등이, 남자를 잠시 주저하게 하였으나,
그러나 이 골목에서 어둠을 찾는 것이 절망임을 아는 그는, 용기를 내어
여자를 이화여전 정문 지붕 밑으로 이끌려 하였다.

🞂 박태원, 〈애욕〉

'남녀가, 특히 밤늦게 산책하기에 좋은 곳'이라는 이 코스를 데이트
삼아 걷는 청춘 남녀에게 이화여고보 정문에 달린 외등은 지나치게 밝게
느껴진다. 은밀한 사랑의 표현을 위해 불빛이 덜한 곳을 찾지만 '이 골목
에서 어둠을 찾는 것이 절망'이었다니 이들 연인의 안타까움과 초조함이
느껴져 슬며시 미소가 떠오른다.

이화여고는 미국 북감리회 여선교사 스크랜턴이 1886년에 세운 여
학교다. 당시 모습은 100주년기념관 고목 옆에 남아 있는 한식 교문이 전
부다. 최활란, 전숙희, 오정희 등의 여류 작가들을 배출한 이곳에는 청춘
남녀의 감수성이 묻어 나는 러브레터가 빈번히 드나들었다. 연애편지가
넘쳐 나던 풍속에 대한 당시 잡지 기사를 보면, "주임이나 학생감이 여학
생들에게 온 편지를 살펴보면 그 내용이 훌륭한 것들을 많이 찾아볼 수
있었다"는 이화여고보 교사의 증언도 볼 수 있다〈문란악화해 가는 남녀 학생 풍기

이화여고 100주년기념관 고목 옆에 남아 있는 한식 교문.

문제〉,《신여성》, 1925.6, 7 합본호.

이화여고, 경기여고 등이 있던 이곳 정동에 현진건의 〈B사감과 러브 레터〉에 나오는 B사감 같은 인물이 꼭 한 명쯤 있었을 법하다.

C여학교에서 교원 겸 기숙사 사감(舍監) 노릇을 하는 B여사라면 딱장대요 독신주의자요 찰진 야소꾼으로 유명하다. 사십에 가까운 노처녀인 그는 죽은깨투성이 얼굴이 처녀다운 맛이란 약에 쓰려도 찾을 수 없을 뿐인가, 시들고 거칠고 마르고 누렇게 뜬 품이 곰팡 슬은 굴비를 생각나게 한다.

(중략)

이 B여사가 질겁을 하다시피 싫어하고 미워하는 것은 소위 '러브 레터'였다. 여학교 기숙사라면 으레 그런 편지가 많이 오는 것이지만 학교로도 유명하고 또 아름다운 여학생이 많은 탓인지 모르되 하루에도 몇 장씩 죽느니 사느니 하는 사랑 타령이 날아 들어왔었다. 기숙생에게 오는 사신을 일일이 검사하는 터이니까 그 따위 편지도 물론 B여사의 손에 떨어진다. 달짝지근한 사연을 보는 족족 그는 더할 수 없이 흥분되어서 얼굴이 붉으락푸르락, 편지 든 손이 발발 떨리도록 성을 낸다.

🞿 현진건, 〈B사감과 러브레터〉

여학교 기숙사에서 편지를 주고받는 일은 쉽지 않았을 것이다. 심훈의 《상록수》를 보자.

아직까지 고학을 하여 온 늙은 총각으로 이성과 접촉할 기회도 없었지만, 틈틈이 여러 가지 모양의 여성을 머릿속에 그려 보고 장래를 공상해 본 것은 사실이었다. 그러나 간담회 석상에서 채영신이란 여자를 한 번 보고 밤거리를 몇십 분 동안 같이 걸어 본 뒤에는, 눈앞에서 아른거리던 그 숱한 여자들의 그림자가 한꺼번에 화닥닥 흩어져 버렸다. 그리고 그 대신으로 굵다란 말뚝처럼 동혁의 머릿속에 꽉 들어와 박힌 것은 '채영신' 하나뿐이다.
'그날 무사히 들어가 잤나? 학교서 말이나 듣지 않았나?'
몹시 궁금은 하였건만, 규칙이 까다로운 여학교로 편지는 할 수 없었다. 그만한 용기야 못 낼 것이 아니지만, 받는 사람의 처지가 곤란할 것을 생각하고, 또다시 만날 기회만 고대하면서 한 일주일을 지냈다.
그러다가, 하루는 천만뜻밖에 영신이에게서 편지가 왔다. 글씨는 남필 같으나 피봉 뒤에는,
'××여자신학교 기숙사에서 채영신 올림.'

 심훈,《상록수》

    신문사 주관의 학생계몽운동 다과회에 참석한 젊은이들은 이를 기회로 연애도 한다. 여기서 아현리 금화산 밑의 여신학교에 다니는 채영신을 만난 동혁은 그녀에게 편지를 보내고 초조하게 기다리는 것이다.
    여학교 하면 깐깐한 여자 사감과 함께 인기 좋은 남자 선생님, 특히 문학 선생님도 떠오르게 마련이다. 박목월은 바로 이곳 이화여고에서 교사 생활을 했다. 그는 6·25전쟁이 끝난 후 서울에 올라와 폐허가 된 이화여고 교정을 보면서 쓸쓸하고 서글픈 심정을 작품으로 남겼다.

그는
앉아서
그의 그림자가 앉아서

내가
피리를 부는데

실은 그의
흐느끼는 비오링솔로

눈이
오는데
옛날의 나직한 종이 우는데

아아
여기는
貞洞
聖미히엘 鐘樓가 보이는데

하얀
돌층계에 앉아서
추억의 조용한 그네위에 앉아서

눈이
오는데
눈속에 돌층계가 잠드는데

옛날에……
하고
내가 웃는데
하얀 길 위에서 내가 우는데

이화여고 박물관은 옛날 여학교 교실 모습을 재현해 놓았다.

옛날에……
하고
그가 웃는데
서늘한 눈매가 이우는데

눈 위에
발자욱이 곱게 남는다.
망각의
지평선이 멀리 저문다.

🌱 박목월, 〈廢園〉

시적 화자는 '옛날에……' 하고는 더 이상 말을 잇지 못한다. 그가 차마 풀지 못하고 아껴둔 시어의 축적만큼 그의 애절함의 깊이가 느껴진다. 되도록 언어를 비운 시인의 방에 울려 퍼지는 메아리는 이토록 절절하다.

박목월과 비슷한 시기에 활동했던 장만영의 시 〈정동 골목〉은 청춘의 설렘과 희망, 낭만, 그 푸르름을 노래하는 데서 출발한다. 청년의 일기와 연애편지 그리고 중년의 회고록을 모두 맛볼 수 있는 이 시를 음미해 보자.

얼마나 우쭐대며 다녔었나
이 골목 정동 길을 해어진 교복을 입었지만
배움만이 나에게는 자랑이었다.

도서관 한 구석 침침한 속에서
온종일 글을 읽다

돌아오는 황혼이면

무수한 피아노 소리

피아노 소리 분수와 같이 눈부시더라.

그 무렵

나에게는 사랑하는 소녀 하나 없었건만

어딘가 내 아내 될 사람이 있을 것 같아

음악소리에 젖는 가슴 위에

희망은 보름달처럼 둥긋이 떠올랐다.

그후 20년

커다란 노목이 서 있는 이 골목

고색창연한 기와담은

먼지 속에 예대로인데

지난 날의 소녀들은 어디로 갔을까

오늘은 그 피아노 소리조차 들을 길 없구나.

　　장만영, 〈정동 골목〉

　　길 쪽으로 난 이화여고 동문으로 들어가면 왼편에 박물관이 있으니 둘러보자. 앞서 들른 배재학당 역사박물관처럼 초창기 교실을 재현해 놓은 방도 있다. 여고답게 좀 더 아기자기하다.

　　발걸음을 돌려나오면 박물관과 경비실 사이에 '손탁호텔 터'라는 표석이 있다. 이 학교 100주년기념관 자리에 조선 최초의 서양식 호텔이 있었던 것이다. 손탁호텔은 독일 여성 앙투아네트 손탁에 의해 운영된 호텔

손탁호텔 터 표석. 이화여고 100주년기념관 자리에 예전 손탁호텔이 있었다.

로 사바틴의 설계에 따라 1902년에 착공, 1903년 준공되었다.

손탁은 러시아 공사인 그녀의 형부 베베르를 따라 조선에 들어왔다고 한다. 그녀는 베베르 공사 부부의 추천으로 명성황후와 연결되어 궁중에서 서양 요리를 만들고 외빈 접대하는 일을 맡았다. 덕수궁의 식기, 인테리어 담당이 되면서 왕실과 친분을 쌓았고, 고종으로부터 덕수궁 일부 땅을 하사받아 가옥과 정동구락부로 사용하다가 손탁호텔을 세우게 된 것이다. 고종도 호텔 1층 커피숍의 커피를 맛보았다고 한다. 러일 종군기자로 왔던 마크 트웨인도 묵었고, 이토 히로부미도 1년간 묵었다는 이곳은 조선에 머문 세계 주요 인사들의 체류와 회합의 장소이자 제국 열강의 정치가 이루어지던 장소였다. 이제 다시 정동극장, 예원학교 쪽 길로 건너가자.

9 | 캐나다 대사관

정동극장에서 예원학교를 지나면 나무로 외벽이 장식된 캐나다 대사관 건물이 있다. 100년 전 이 자리에는 주로 사업가나 관광객이 투숙하던 스테이션호텔이 있었다고 한다. 배를 타고 인천항으로 입항한 외국인은 기차를 타고 다시 소달구지에 짐을 옮겨 이곳에서 여장을 풀었을 것이다. 당시 《독립신문》을 보면 '스테이션 호텔, 1박에 아침 포함 1원 50전'이라는 광고도 보인다. 김수영의 시 구절에서 들어 친숙한 이사벨라 버드 비숍 여사도 한국 여행 때 이곳에 묵었다고 한다.

(전략)

나는 이자벨 버드 비숍 여사와 연애하고 있다 그녀는
1893년에 조선을 처음 방문한 영국 왕립지학협회 회원이다

캐나다 대사관 앞에는 커다란 회화나무가 500년 넘게 자리를 지키고 있다.

그녀는 인경전의 종소리가 울리면 장안의
남자들이 모조리 사라지고 갑자기 부녀자의 세계로
화하는 극적인 서울을 보았다 이 아름다운 시간에는
남자로서 거리를 무단통행할 수 있는 것은 교군꾼,
내시, 외국인의 종놈, 관리들뿐이었다 그리고
심야에는 여자는 사라지고 남자가 다시 오입을 하러
활보하고 나선다고 이런 기이한 관습을 가진 나라를
세계 다른 곳에서는 본 일이 없다고
천하를 호령한 민비는 한번도 장안 외출을 하지 못했다고……

(중략)

―제3인도교의 물 속에 박은 철근 기둥도 내가 내 땅에
박는 거대한 뿌리에 비하면 좀벌레의 솜털
내가 내 땅에 박는 거대한 뿌리에 비하면

괴기영화의 맘모스를 연상시키는

    까치도 까마귀도 응접을 못하는 시꺼먼 가지를 가진

    나도 감히 상상을 못하는 거대한 거대한 뿌리에 비하면……

    🌸 김수영, 〈거대한 뿌리〉 1964. 2. 3

《금강산 여행기》,《조선과 그 이웃 나라들》의 저자인 비숍 여사와 김수영이 만나는 그곳 스테이션호텔 터 앞에는 수령이 500년을 훌쩍 넘긴 회화나무가 있다. 시인이 말한 '거대한 뿌리'는 일종의 상징이지만 눈앞에 꽉 들어차는 이 회화나무의 존재는 자신의 존재 자체로 거대한 뿌리의 힘과 인간사의 허망함을 대비시켜 보여 준다. 적어도 회화나무가 뿌리내린 지난 520년간 이 정동길에 변하지 않고 남은 것은 이 나무뿐이라는 사실은 분명하다. 정동길의 건물과 담은 끊임없이 무너지고 세워지고 길과 주인은 바뀌어 왔다.

10 │ 정동공원

캐나다 대사관 옆 경사진 길을 올라가면 언덕 위에 정동공원이 있다. 이곳은 옛 러시아 공사관 터로 1890년에 지어졌던 2층 벽돌 건물 중에 탑과 지하 2층만 남아 있다. 주위에 높은 건물이 없었던 당시에는 서울이 죽 내려다보이는 장소였다고 한다. 명성황후 시해 사건 이후 1896년 2월부터 1년간 고종이 세자와 피신해 있던 곳이기도 하다. 탑의 동북쪽으로 지하실이 있어 덕수궁까지 연결되었다고 한다. 조금 전에 언급한 비숍 여사는 그 언덕 아래 호텔에 머물며 러시아 공사관과 교회들을 바라보았다.《조선과 그 이웃 나라들》을 잠시 들여다보자.

옛 러시아 공사관 탑. 역사책에 나오는 '아관파천'의 현장이다.

러시아 공사관은 높은 곳에 자리잡고 있었는데 고상한 고층 건물과 좋은 외관은 도시에서 가장 눈에 띄는 대상이다. 세 번째 건물은 약간 한국식 건축 양식이었는데 모양은 초라했다. 이들은 미국 감리교회와 미국 장로회파교회와 함께 회의소와 공장의 복합 주거지였는데, 그 위치는 다소 낮은 곳에 초라하게 자리잡고 있었다.

🍂 이사벨라 버드 비숍, 《조선과 그 이웃 나라들》

러시아 공사관으로 들어가는 정문은 경향신문사 쪽에 있었으며 다른 나라 공사들이 늘 견제할 정도로 규모가 상당했다고 한다. 하지만 이제는 간신히 남은 탑신이 전부이고 주위를 둘러싼 빌딩들이 전망을 가려 서울이 내려다보였다던 당시의 위용은 느낄 수가 없다. 사방을 둘러봐도 건물이 가로막고 있다. 한 치 앞을 볼 수 없는 이 시대. 그래서 우리는 골목을 누빈다. 도시의 혈관을 누비며 막힌 숨골을 터 보려 한다. 이 언덕 위에서 우리의 정동 문학 산책길은 끝이 난다.

문학 작품

* 채만식, 《태평천하》, 문학과지성사, 2006
* 김남천, 〈경영〉, 《맥》, 문학과지성사, 2006
* 최인훈, 《소설가 구보 씨의 일일》, 문학과지성사, 1991
* 신경숙, 《리진 1, 2》, 문학동네, 2007
* 김소월, 〈진달래꽃〉, 《김소월 시집》, 깊은샘, 2007
* 방인근, 〈마도의 향불〉, 《방인근 전집》, 한국교육도서출판사, 1971
* 장만영, 〈정동 골목〉, 《장만영 전집1》, 글나래, 2005
* 박태원, 〈애욕〉, 《박태원 단편선》, 문학과지성사, 2005
* 현진건, 〈B사감과 러브레터〉, 《운수 좋은 날》, 열림원, 2006
* 심훈, 《상록수》, 문학과지성사, 2005
* 박목월, 〈廢園〉, 《박목월 시전집》, 민음사, 2003
* 이인직, 〈은세계〉, 《은세계 외》, 서울대학교 출판부, 2003
* 김수영, 〈거대한 뿌리〉, 《김수영 전집 1》, 민음사, 2003
* 이사벨라 버드 비숍, 《조선과 그 이웃 나라들》, 집문당, 2000

05 광화문 · 청운효자동

권력의 시선 아래 문화가 살아 숨 쉬는 길

조선왕조 500년의 으뜸가는 궁궐이었던 경복궁에서 시작해 대한민국의 권력을 상징하는 청와대까지 산책을 나선다. 서울 종로구의 통인동, 체부동, 필운동, 누하동, 옥인동, 청운효자동 일대를 어우르는 이 장소는 경복궁의 서쪽에 있기에 서촌西村이라 불리던 곳이다. 경복궁 동쪽의 북촌에 조선 시대의 권세가들이 밀집해 살았다면, 서촌은 예술가들과 중인들이 삶을 이어간 장소다. 조선 중·후기의 중인들이 시사詩社를 결성하며 꽃피운 여항閭巷문화의 본산지도 바로 이곳 통의동과 옥인동 일대로 알려져 있다. 인사동에서 삼청동으로 이어지는 북촌이 카페와 맛집으로 한창 명성을 날리는 동네라면, 이곳 서촌은 옛 모습이 남아 있는 골목 구석구석에 북촌의 번잡함을 피해 온 갤러리와 공방들이 자리를 잡은 동네다. 그 골목들로 들어가 보자.

산책 코스 | 3.2km

❶ 광화문 ➜ ❷ 영추문 ➜ ❸ 통의동 보안여관 ➜ ❹ 통의동 백송 터 ➜ ❺ 이상의 집 ➜ ❻ 노천명 가옥 ➜ ❼ 윤동주 하숙집 터 ➜ ❽ 효자동 전차 종점 ➜ ❾ 청와대 앞

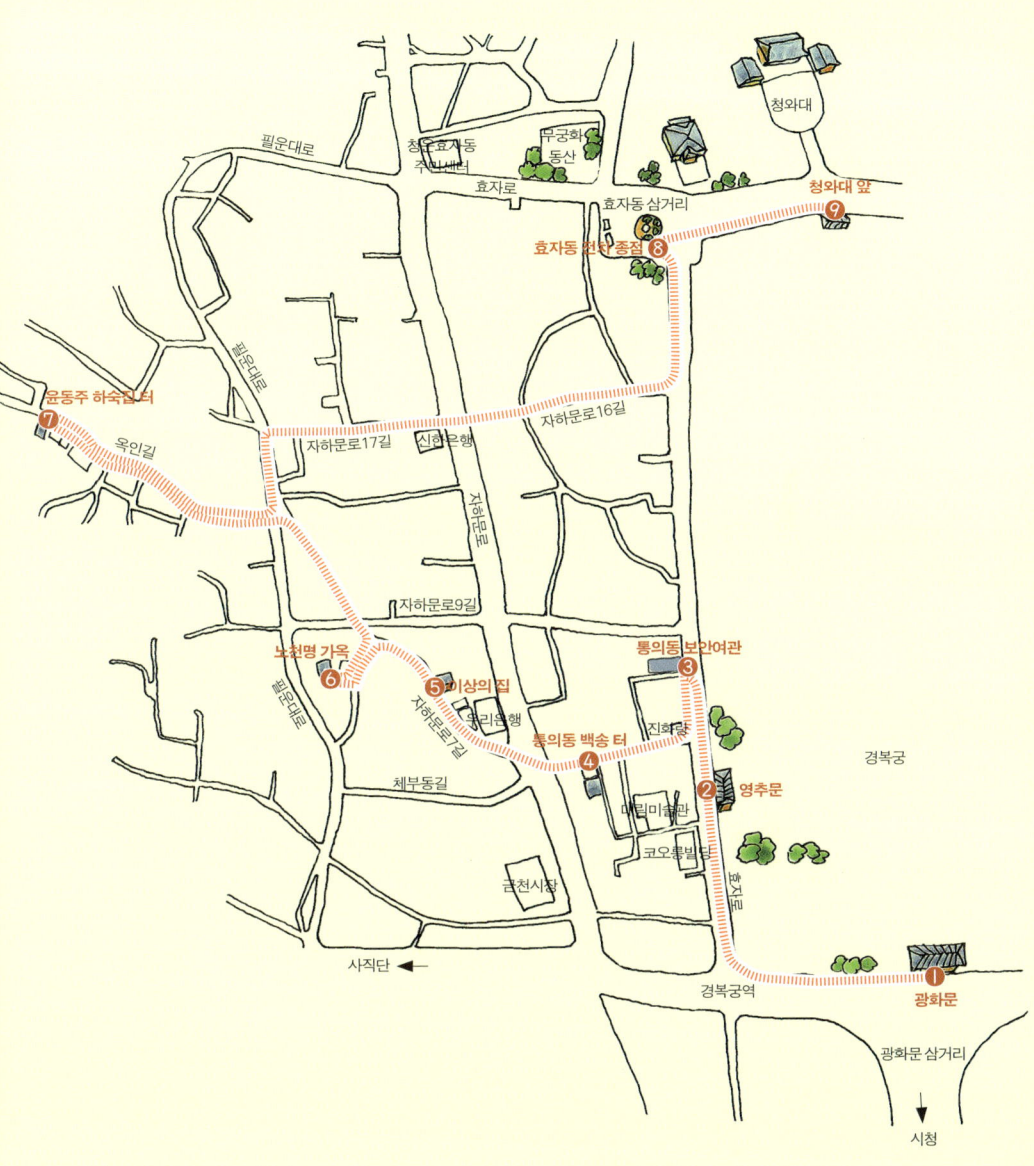

1 광화문

세종대로를 정면으로 마주 보고 선 광화문은 경복궁의 남쪽에 자리한 정문이다. 이제 서울 중심부의 번화가를 이르는 지명으로 더 널리 사용되는 광화문光化門이란 명칭은 '왕의 큰 덕德이 온 나라를 비춘다'는 의미를 지녔다. 조선 시대인 1395년에 만들어졌으며, 2층 누각인 광화문 앞의 양쪽에는 한 쌍의 해태 조각상이 자리 잡고 있다.

광화문은 임진왜란 때 방화로 소실되었는데 이를 흥선대원군이 재건하였으나, 일제 강점기에 조선총독부가 경복궁 경내에 들어서면서 건춘문 북쪽으로 옮겼고, 6·25전쟁 때 다시 소실되었다. 1969년 박정희 정권에 의해 복원되었으나, 원래의 것과는 다른 철근콘크리트 구조물로 지어진 데다 위치 또한 원래의 위치와 달랐다. 잘못 복원된 광화문은 결국 헐리고 만다. 제대로 복원하기 위해서다. 4년에 걸친 재건 공사를 통해 비로소 제자리를 찾은 광화문은 지난 2010년에 그 모습을 드러냈다.

서정주 시인은 광화문을 이렇게 노래했다.

북악(北岳)과 삼각(三角)이 형과 그 누이처럼 서 있는 것을 보고 가다가
형의 어깨 뒤에 얼굴을 들고 있는 누이처럼 서 있는 것을 보고 가다가
어느새인지 광화문 앞에 다다랐다.

광화문은
차라리 한 채의 소슬한 종교(宗敎).
조선 사람은 흔히 그 머리로부터 왼 몸에 사무쳐 오는 빛을
마침내 버선코에서까지도 떠받들어야 할 마련이지만,
왼 하늘에 넘쳐 흐르는 푸른 광명(光明)을
광화문—저같이 의젓이 그 날갯죽지 위에 싣고 있는 자도 드물다.

광화문 뒤로 조선총독부 건물이 보이던 시절. 여러 차례 소실되고 재건되고 자리까지 옮겨진 광화문은 이제야 제 모습을 찾았다. (사진 제공: 국가기록원)

상하 양층(上下兩層)의 지붕 위에
그득히 그득히 고이는 하늘.
위층엣 것은 드디어 치일치일 넘쳐라도 흐르지만,
지붕과 지붕 사이에는 신방(新房) 같은 다락이 있어
아랫층엣 것은 그리로 왼통 넘나들 마련이다.

옥(玉)같이 고우신 이
그 다락에 하늘 모아
사시라 함이렷다.

고개 숙여 성(城) 옆을 더듬어 가면

시정(市井)의 노랫소리도 오히려 태고(太古) 같고

문득 치켜든 머리 위에선

낮달도 파르르 떨며 흐른다.

🌱 서정주, 〈광화문〉

2 | 영추문

    광화문에서 경복궁역 방향으로 걷다가 경복궁 담장을 끼고 오른편으로 돌아 효자로 쪽으로 올라간다. 이 길의 끝에는 청와대가 있어서, 2008년 촛불시위 때는 이 도로에 이른바 '명박산성'이라 불린 바리케이드가 세워지기도 했다. 국립고궁박물관 입구를 지나 계속 올라가다 보면, 경복궁의 또 다른 문인 영추문이 보인다. 이 문은 경복궁의 서쪽에 있는 문으로 연추문延秋門이라고도 한다. 서쪽은 방위로 볼 때 가을秋에 해당하기 때문에 영추문이라 이름 붙였다고 한다. 조선 시대에는 주로 관리들이 드나들던 문이었다.

    심윤경의 장편 《나의 아름다운 정원》에서 주인공 소년 동구는 할머니를 따라 영추문을 드나들던 유년의 기억을 아래와 같이 들려준다.

> 원래 경복궁은 일반인이 들어갈 수 없는 곳이지만 할머니는 놀라운 수완을 발휘해 꽤 오래전부터 정규적으로 경복궁 나들이를 즐기고 있었다.
> 나도 할머니를 따라 여러 번 경복궁에 가 봤다. 경복궁의 서쪽문인 영추문(迎秋門)에는 항상 졸병 네 명과 좀 높은 군인 한 사람이 서 있었다. 그들의 냉랭한 기세가 아니더라도, 군인들이 괜히 문 앞에 서 있을 리 없으니까 사람들은 언감생심 아무도 경복궁에 출입할 생각을 하지 않았다.

경복궁의 서쪽 문인 영추문. 이어지는 돌담길을 계속 따라가면 청와대에 이른다.

하지만 할머니는 천연덕스럽게 군인들 옆을 지나 경복궁 안으로 들어가곤 했다.

🌹 심윤경, 《나의 아름다운 정원》

이 소설은 난독증에 시달리는 소년 동구의 유년 경험을 그가 살던 인왕산 자락의 동네를 배경으로 들려준다. 소년의 성장 과정을 한국의 굴곡 많았던 1970~80년대의 정치적 사건들과 교직하여 이야기함으로써 한 시대가 마련했던 성장의 상처와 아픔을 증언한다. 지금 영추문 앞에는 동구가 기억하는 졸병 군인들의 모습은 보이지 않는다. 하지만 청와대로 이어지는 이곳 경복궁 서편 길에서는 언제라도 무전기를 든 전투경찰들이 노려보고 있다가 조금이라도 수상한 기색이 엿보이면 달려들 것 같은 무거운 느낌이 들기도 한다.

3 | 통의동 보안여관

영추문에서 건너편 통의동으로 길을 건넌다. 미당 서정주가 1935년도 동아일보 신춘문예에 당선된 이후 동료 작가들을 모아서 만든 〈시인부락〉이라는 동인지는 우리 시사에서 중요한 의미를 지닌다. 〈시인부락〉 동인의 탄생 과정에 대해서, 미당은 다음과 같은 일화를 들려주었다.

그해 1936년 가을 咸亨洙와 나는 둘이 같이 통의동 보안여관이라는 데에 기거하면서, 김동리, 김달진, 오장환 들과 함께 〈시인부락〉이라는 한 시의 동인지를 꾸려내게 되었다. 그때 내가 기초한 창간호의 편집후기에 보이는 것과 같이, 우리는 한 정신의 편향을 바라지 않고, 여러 지향들을 합해 이르는 한 심포니를 만들어보려 했던 만큼, 동인들의 정신지향은 자세히

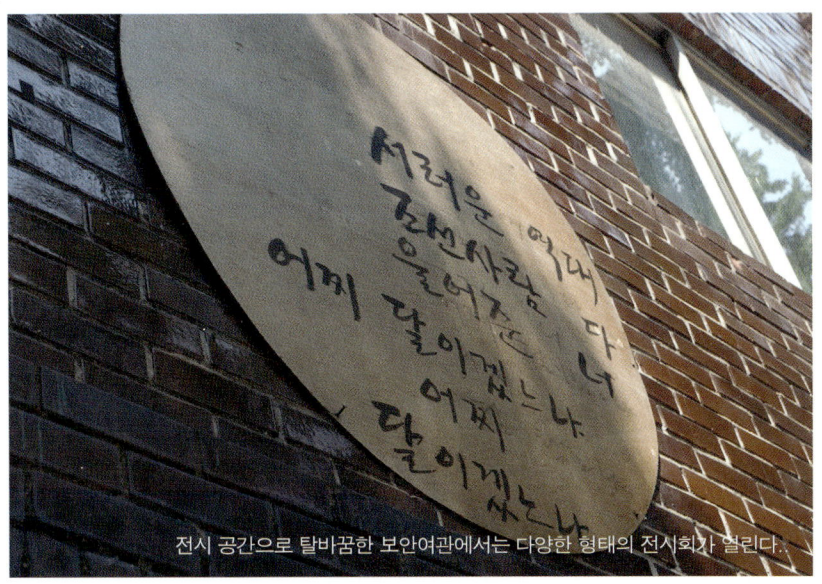
전시 공간으로 탈바꿈한 보안여관에서는 다양한 형태의 전시회가 열린다.

보면 여러 갈래였지만, 사람의 기본 자격 그것을 주로 생각한 점에서는 누구나 모두 일치했던 것으로 본다. 이 기본자격을 향한 짙은 향수, 기본자격을 박탈당하는 이들의 울부짖음과 몸부림, 이 기본자격을 향한 벅찬 질주, 이런 것은 이 때 우리들에겐 한 불치의 숙명처럼 되었던 것이다.

🍂 서정주, 〈천지유정〉

우리 시사의 역사적인 순간이 마련되었던 장소가 바로 이곳에 있던 옛 보안여관 건물이다. 2007년 9월, 재개발을 앞두고 비어 있던 옛 보안여관 건물을 포함한 세 채의 건물에 작가들이 기거하면서 생활예술을 전시하는 '통의동 경수필展'을 열었던 장소로 또 한 번 역사적 의미를 더했다. 식민지 시기부터 80여 년을 버텨 온 보안여관은 '통의동 경수필전' 이후 새 주인을 만나 전시 공간으로 다시 태어났고, 그 주변에 문화의 향기를 이어 나가는 화랑이 여럿 들어섰다. 인근 통의동 7번지는 추사 김정희의 집터였다고 하니, 이곳이 지닌 문화적인 의미가 더욱 깊게 다가온다.

밑동만 남은 통의동 백송을 초록 담쟁이가 뒤덮고 있다.

4 │ 통의동 백송 터

통의동 보안여관에서 다시 경복궁역 방면으로 내려오다가 오른편 골목으로 접어든다. 조금 걸어가다 보면 통의동 백송이 있던 자리를 만날 수 있다. 윤후명의 소설 《무지개를 오르는 발걸음》에서 주인공들은 '나무의 사랑'에 대한 이야기를 주고받는다.

> 사라지기 얼마전 인사동의 작은 카페에서 그녀는 내게 말했었다.
> "어쩜, 나무들도 생각을 한대. 나무가 하는 생각이란 어떤 것일까, 궁금하지 않어?"
> 그리고 통의동 백송과 조계사 회화나무를 보러가자고 했었다. 나무가 만약 생각을 하는 게 사실이라면 그건 사랑에 대해서일 것이라고 말하려다 나는 그만두었다. 자칫하다가는 걸핥기 대꾸로 들릴까 봐서였다. 그러나 내가 그렇게 믿고 있다는 생각이 밀려들었다. 우선 짝짓기를 위한 일차적인 사랑이 있었다. 목숨을 받아 태어난 어떠한 미물일지라도 짝짓기 행위는 눈물겹고도 놀라운 것이었다. 미물이라고 할 필요도 없이 식물도 알고 보면 번식을 위해 목숨을 건 처절한 투쟁을 하고 있었다. 아름다운 꽃은 인간이 보고 즐기라고 피는 것이 아니며, 맛있는 열매는 인간이 먹고 즐기라고 열리는 것이 아니었다. 하지만 내가 그녀에게 말해주고 싶은 '나무의 사랑'은 일차적인 사랑만은 아니었다.
>
> 🍂 윤후명, 《무지개를 오르는 발걸음》

식물도 생각하고 사랑을 한다는 느낌을 전달할 만큼 영성스럽고 아름다운 나무의 모습은 어떤 것이었을까. 통의동 백송은 우리나라에서 가장 크고 수형이 아름다운 백송으로 알려져 있었다. 그러나 지금은 그 모습을 볼 수가 없다. 1990년 7월에 불어닥친 한순간의 돌풍에 맥없이 넘어져 버린 것이다. 서울시에서는 당시 노태우 대통령의 엄명으로 '백송 회생 대책위원회'까지 설치했으나 끝내 그 생명을 보전하지 못했다. 백송이 서 있던 자리에는 현재 그 밑동만 남아서 보존되어 있다. 그리고 백송 터 주위를 철조망으로 둘러 '백송공원'이라는 작은 공원으로 조성해 놓았다.

5 이상의 집

통의동 백송이 있던 골목을 빠져나와 길 건너편 우리은행 골목으로 30여 미터 올라가면 〈오감도〉와 〈날개〉의 작가 이상이 살았던 옛 집터가 있다. 통의동 154번지는 이상이 세 살 때 백부의 양자로 들어가 백부가 돌아가신 다음 해인 스물네 살 때까지 살던 집이 있던 자리였고, 이상은 이곳에서 〈오감도〉와 〈날개〉 같은 문학사의 기념비적인 작품들을 써냈다.

이곳에 있던 건물은 이상이 살던 집이라는 사실이 알려진 후, 2003년에 김수근 문화재단에서 매입하여 이상 기념관 건립을 위한 준비를 진행했고, 서울시에서도 등록문화재 제88호로 지정했다. 그러나 이상이 세상을 떠난 후 땅이 분할 매각되고 집 건물이 새로 지어져서 건물의 원형이 사라진 만큼 문화재로서의 가치가 없어졌다고 판단해 문화재 지정이 해지되었다고 한다.

하지만 이곳은 이상에 관한 기록이 남아 있는 유일한 장소로 큰 의미를 지닌다. 그래서 2009년에 문화유산국민신탁이 첫 보전 재산으로 매입해 기념관을 건립했다. 그렇게 탄생한 '이상의 집'에 가면 이상과 관련 있는 책과 전시물을 볼 수 있다.

이상의 이름을 알린 시편 중 하나인 오감도 제1호를 읽어 보자.

'이상의 집'에서는 이상과 관련된 책과 전시물을 무료로 관람할 수 있다.

13인의아해가도로로질주하오.
(길은막달은골목이적당하오.)

제1의아해가무섭다고그리오.
제2의아해도무섭다고그리오.
제3의아해도무섭다고그리오.
제4의아해도무섭다고그리오.
제5의아해도무섭다고그리오.
제6의아해도무섭다고그리오.
제7의아해도무섭다고그리오.
제8의아해도무섭다고그리오.
제9의아해도무섭다고그리오.
제10의아해도무섭다고그리오.

제11의아해가무섭다고그리오.
제12의아해도무섭다고그리오.
제13의아해도무섭다고그리오.
13인의아해는무서운아해와무서워하는아해와그러케뿐이모혓소.
(다른사정은업는것이차라리나앗소)

그중에1인의아해가무서운아해라도좃소.
그중에2인의아해가무서운아해라도좃소.
그중에2인의아해가무서워하는아해라도좃소.
그중에1인의아해가무서워하는아해라도좃소.
(길은뚤린골목이라도적당하오.)
13인의아해가도로로질주하지아니하여도좃소

🌱 이상, 〈오감도(烏瞰圖) - 시제1호(詩第一號)〉

6 | 노천명 가옥

　이상의 집에서 나와 13인의 아해가 질주했을 것만 같은 골목길을 거슬러 올라간다. 조금 올라가다 왼편으로 난 좁은 골목길로 들어서 보자. 이 골목 안에는 '모가지가 길어서 슬픈 짐승이여'로 시작하는 유명한 시 〈사슴〉의 시인 노천명의 가옥이 있다. 막다른 골목의 끝에 있는 집이 시인 노천명이 살던 가옥이다. 도로명 주소는 종로구 필운대로 26-21, 옛 주소는 누하동 225-1번지다.

　노천명은 〈사슴〉 이외에도 많은 작품을 남겼는데, 좁은 골목 안에 숨은 듯이 사는 것으로는 부족했는지, 〈이름 없는 여인이 되어〉에서는 산골로 들어가 살고 싶다는 소망을 이렇게 표현하고 있다.

노천명이 살던 집. 오래된 집이지만 정겹고 단정한 기품이 느껴진다.

어느 조그만 산골로 들어가
나는 이름 없는 여인이 되고 싶소
초가 지붕에 박넝쿨 올리고
삼밭엔 오이랑 호박을 놓고
들장미로 울타리를 엮어
마당엔 하늘을 욕심껏 들여놓고
밤이면 실컷 별을 안고
부엉이가 우는 밤도 내사 외롭지 않겠오.

기차가 지나가 버리는 마을
놋양푼의 수수엿을 녹여 먹으며
내 좋은 사람과 밤이 늦도록
여우 나는 산골 얘기를 하면
삽살개는 달을 짖고
나는 여왕보다 더 행복하겠오.
　🌸 노천명, 〈이름 없는 여인이 되어〉

7 | 윤동주 하숙집 터

　노천명 가옥을 나와서 다시 골목을 거슬러 올라간다. 누하동에서 누상동으로 거슬러 오르는 길이다. 식민지 시기에 이 지역은 서울에서도 대표적인 빈민촌의 하나였던 듯하다. 카프 KAPF, 즉 조선 프롤레타리아 예술가 동맹의 멤버이기도 했던 팔봉 김기진의 초기 단편 〈젊은 이상주의자의 사死〉에는 그 당시 경성에서도 누하동을 포함한 이곳 서촌 일대가 빈민들이 모여 사는 장소였음이 드러나 있다.

오늘은 음력으로 며칠이나 되는지, 달이 밝다. 선선한 바람이 더운 이마를 씻어준다. 끈적끈적하는 —좀 이상스러운 말이지만— 북경성(北京城)의 빈민촌인 이곳 누하동(樓下洞)에도 여름 저녁의 기분은 농후하다. 나는 이 이상 더 쓰기 싫다. 달이나 보자. 달이나 쳐다보다가 그리운 사람의 생각이나 하여보자.

🍃 김기진, 〈젊은 이상주의자의 사(死)〉

이 거리를 걸어 올라가는 이유는 이 골목길 안에서 식민지 시기의 시인 윤동주의 흔적을 발견할 수 있기 때문이다. 지금은 옛 모습을 찾을 길 없는 옥인길 57 누상동 9번지은 윤동주 시인이 잠시 몸을 의탁한 하숙이 있던 장소다. 연희전문 시절 윤동주는 친구의 소개로 한동안 소설가 김송의 집에서 하숙을 했다. 김송은 해방 후 잡지 《백민》을 발간하기도 했다. 이후 윤동주는 일본 교토의 도시샤 대학으로 유학을 떠났는데, 유학 시절 쓴 것으로 보이는 다음의 시를 읽노라면 낯선 하숙집에서 시대와 청춘의 고뇌를 시로 써낸 시인의 육성이 들려 오는 듯하다.

창 밖에 밤비가 속살거려
육첩방(六疊房)은 남의 나라,

시인이란 슬픈 천명(天命)인 줄 알면서도
한 줄 시를 적어 볼까,

땀내와 사랑내 포근히 품긴
보내 주신 학비 봉투를 받아

윤동주 시인이 잠시 몸을 의탁한 하숙이 있던 곳.

대학 노트를 끼고

늙은 교수의 강의 들으러 간다.

생각해 보면 어린 때 동무들

하나, 둘, 죄다 잃어버리고

나는 무얼 바라

나는 다만, 홀로 침전(沈澱)하는 것일까?

인생은 살기 어렵다는데

시가 이렇게 쉽게 씌어지는 것은

부끄러운 일이다.

육첩방(六疊房)은 남의 나라

창 밖에 밤비가 속살거리는데,

등불을 밝혀 어둠을 조금 내몰고,
시대처럼 올 아침을 기다리는 최후의 나.

나는 나에게 작은 손을 내밀어
눈물과 위안으로 잡는 최초의 악수.

　🍂 윤동주, 〈쉽게 씌어진 시(詩)〉

8 | 효자동 전차 종점

　이제 다시 길을 내려와 효자동지금의 청운효자동 전차 종점 방면으로 걷는다. 청록파 시인이었던 박목월은 효자동에서 하숙하면서 이런 시를 남긴 적이 있다.

숨어서 한 철을 효자동에서
살았다. 종점근처의 쓸쓸한
하숙집.

이른 아침에 일어나
꾀꼬리울음을 듣기도 하고
간혹 성경을 읽기도 했다.
마태복음 5장을 고린도전서 13장을

인왕산은 해질 무렵이 좋았다.
보랏빛 산덩어리 어둠에 잠겼고
램프에 불을 켜면

등피에 흐릿한 무리가 잡혔다.
마음이 가난한 자는 복이 있나니……
아아, 그 말씀. 그 위로.
그런 밤일수록 눈물은 베개를 적시고
한밤중에 줄기찬 비가 왔다.

이제 두번 생각하지 않으리라.
효자동을 밤비를 그 기도를
아아 강물 같은 그 많은 눈물이 마른 강바닥
달빛이 어리고
서글픈 편안이
끝없다.

🌱박목월, 〈효자동〉

    박목월이 '숨어서 한 철을' 효자동의 쓸쓸한 하숙집에서 살았던 까닭은 무엇이었을까. 가정이 있던 시인은 그를 끊임없이 바라보던 한 여인을 외면하다 못해 그녀와 제주도로 사랑의 도피 행각을 떠났다고 한다. 얼마 후 시인의 부인이 그들이 숨어 살던 섬을 찾아와서는, 생활비를 건네고 말없이 돌아가고, 목월은 어쩔 수 없이 여인과 결별하여 서울로 돌아왔다. 그러나 바로 집으로 들어가지 못하고, 이곳 효자동의 하숙에서 한 철을 보내고서야 가정으로 돌아갈 수 있었던 것이다. 그가 효자동의 하숙에서 흘렸을 '그 많은 눈물이 마른 강바닥'의 서글픔을 조금 이해할 수 있을 듯도 하다.
    효자동은 식민지 시기부터 다녔던 전차의 종점이 있던 곳으로 알려져 있다. 지금은 전차 궤도가 없어지고 자동차 도로가 되었지만, 청와대 영빈관 옆에 효자동 전차 종점이 있었고, 이곳에서 출발한 전차는 태평로를 지나 마포 종점에 도착했다.

효자동 종점이 우리 역사에서 가장 중요한 장소로 대두한 때는 4·19 혁명이 일어났던 바로 그해였다. 1960년 4월 19일 오전부터 10만 명이 넘는 학생과 시민이 광화문 일대에 집결했다. 시위대에 밀린 경찰은 효자동 종점까지 와서 시위대와 대치했다. 경무대 입구 정문과 시위대의 거리는 불과 100여 미터밖에 되지 않았고, 경찰은 시위대를 저지하며 소방차로 바리케이드를 쌓았다. 그러나 시위대가 소방차를 탈취하여 경찰 저지선을 뚫고 경무대 정문으로 진격하자 경찰은 시위대를 향해 발포하기 시작했다. 이날 경찰의 발포로 전국에서 186명이 사망했고 6천여 명의 부상자가 발생했다고 한다. 신동엽은 4월 혁명을 기념하는 시집에서 4월을 다음과 같이 노래했다.

어느 누가 막을 것인가
태백줄기 고을고을마다 봄이 오면 피어나는
진달래·개나리·복사

알제리아 흑인촌에서
카스피 해 바닷가의 촌아가씨 마을에서
아침 맑은 나라 거리와 거리
광화문 앞마당, 효자동 종점에서
노도처럼 일어나 이 새피뿜는 불기둥의
항거……

청와대 영빈관 옆에 옛날에는 효자동 전차 종점이 있었고,
이곳에서 출발한 전차는 태평로를 지나 마포 종점에 도착했다.

충천하는 자유의 의지……
　　🍂 신동엽, 〈아사녀〉 부분.

　　봄이 오면 고을고을마다 진달래, 개나리, 복사꽃이 피어나듯이, 자유를 누리기 위해 독재에 항거하는 의지들은 그 무엇으로도 막을 수 없다는 결연한 의지가 이 시에 깃들어 있다. 얼마 전까지도 이 골목으로 들어오는 시민들을 막아섰던 경찰의 바리케이드를 떠올리면서 걸으면, 효자동을 걷는 감상은 조금은 더 비장해진다. 이제하의 〈자매일기〉에서 주인공은 자신의 유년 시절에 각인된 4·19의 인상에 대해 다음과 같이 고백하고 있다.

　　　수업을 끝내고 학교를 나서서 효자동 쪽 골목길을 빠져나오고 있을 때였어. 곧장 집으로 갈 것을 호기심 때문에 일부러 그쪽 길로 들어섰던 것인데, 갑자기 어디선지 총소리가 들려오고 내가 빠져나가고 있는 골목길 앞쪽에서 사람들이 왁 하고 쏠려나오는 거야. 중3 때 일이었으니까 안다고 해도 내가 뭘 얼마나 알았겠어? 형세가 하도 급하고 곧이라도 총알이 날아올 것 같아 무서워져서 돌아서자 나도 딴 사람들처럼 무작정 뛰었어. 그렇게 정신없이 도망치다가 곁엣사람들이 하는 대로 아무 집으로나 뛰어들었던 거야.
　　　🍂 이제하, 〈자매일기〉

　　시위대를 따라 효자동의 가정집으로 들어가 숨어 있던 화자는 담벼락에 매달려 도움을 청하던 피투성이가 된 사람의 얼굴을 바라보기만 하다가 외면하여 미처 도움을 주지 못했던 기억을 이야기한다. 그런 각인들이 평생 동안 4·19의 이미지로 남아 있다는 것이다.
　　이청준의 〈가수〉에도 4월의 환각에 시달리는 인물이 등장한다.

영혼들은 달려서 적선동을 지나간다. 그의 스크럼은 대열의 맨 앞장을 서고 있다. 그는 함성과 스크럼을 낀 옆 친구의 팔에서 느껴지는 열과 최루가스의 따가운 자극과 그리고 간간이 터지는 총성으로 정신을 잃은 듯이 효자동으로 달려간다. 드디어는 그의 스크럼이 깨어진다. 거기서부터 그는 구렁이처럼 길을 가로막는 기다란 하수관을 보고, 역진하는 전차를 보고, 불에 타는 소방차를 보고, 그리고 마지막에는 피와 혼주(混走)와 달리는 지프와 태극기와 그리고 펄럭이는 흰 가운자락을 본다.

🍂 이청준, 〈가수(假睡)〉

혼곤한 꿈속의 수면 같은 시간을 살아가는 주인공들 또한 저 4월의 환각 속에서 끝끝내 저버릴 수 없는 자유의 대지를 꿈꾸었을 것이다. 지금은 한없이 여유로워 보이는 옛 전차 종점의 역사 속에 우리가 끝내 기억해야 할 많은 사람의 잠들 수 없는 시간이 존재했다.

9 | 청와대 앞

그날 시위대가 몰려가서 항의하고자 했던 경무대, 지금의 청와대 쪽으로 발길을 옮긴다. 길 양편으로 가로수가 우거진 걷기 좋은 길이 펼쳐진다. 너무나 여유로운 풍경 때문에 한때 혁명의 불길이 향하던 길이라고는 믿기 어렵다. 서릿발 같은 권력의 상징이었던 과거와 달리, 지금의 청와대는 시민에게 개방되어 있고, 관광객도 찾아오는 장소가 되었다. 단, 청와대를 관람하려면 반드시 홈페이지를 통해 예약해야 한다.

청와대 정문 앞에까지 와서, 촬영하기 좋은 곳이라는 안내판이 놓인 장소에서 청와대의 본관을 정면으로 바라보며, 권력의 발밑에서 문화가

과거와 달리 청와대는 시민들에게 개방되었고, 청와대 앞길은 산책하기에 무척 좋다.

살아 숨 쉬고 있는 산책로를 잠시 돌아보자. 이 동네에서 여학교 시절을 보낸 시인 문정희는 이런 시를 남겼다.

효자동 낡은 중국집에 앉아
짜장면을 시켰다.
추억을 많이 갖고 사는 것이 부자라고
어느 시인은 말했지만
우리들의 옛 동네 효자동에 와서
짜장면을 시켜 놓고 다꾸앙에 춘장을 찍어 먹으며
모서리가 깨어진 가난한 추억을 꺼내 보았다.
삼일당에 걸렸던 이승만의 휘호는
4·19 때 성난 학생들에게 뽑혀 나갔고
탱크가 중앙청 앞에 버티어 선 후

청와대보다 낮게 낮게 지은 건물에서는
노오란 빗물이 새고 있었다.

칠궁 옆에 엄비가 세운 진명학교는 이제
앞서 간 불꽃 나혜석의 그림도
노천명의 슬픈 시도 없이
낯선 신시가지 찾아 떠나갔고
빈 운동장엔 수십대의 자동차가
그녀들의 추억 위에 음흉한 괴물들을
주차시키고 있을 뿐……
팅팅 불어터진 짜장면을 쑤시다가
도난당한 추억을 어디에다 신고해야 하나.
근처 청와대를 잠시 떠올려 보다가
우리들은 말없이
낡은 중국집을 나왔다.
　🍊문정희, 〈중국집의 추억〉

청와대 관람
관람 운영일 매주 화요일~금요일, 둘째·넷째주 토요일
신청 대상 초등학생 이상(미취학 자녀는 가족 동반 시 관람 가능)
관람 시간 오전 10시, 11시 / 오후 2시, 3시
집결 장소 경복궁 동편 주차장 내 만남의 장소(관람시간 30분 전까지, 신분증 지참)
신청 기한 관람희망일 6개월 전부터 20일 전까지 신청 가능
신청 방법 홈페이지 내 관람 창으로 신청, 사전 예약 필수
셔틀 버스 수시 운행. 개인 및 가족 단위 관람객에게 지원되며 단체 관람객은 만남의 장소에서 인원 점검 후 타고 온 차량을 이용해 바로 출발
관람 문의 02-730-5800

이제 경복궁에서 시작해 청와대 앞에서 끝나는 여행을 마칠 시간이다. 조선왕조에서 대한민국에 이르는 긴 시간 동안 가장 높은 권력의 시선 아래에서 가장 자유로운 삶을 꿈꾼 사람들의 시간을 기억하며.

문학 작품

- 서정주, 〈광화문〉, 《서정주 문학전집》, 민음사, 1992
- 심윤경, 《나의 아름다운 정원》, 한겨레출판사, 2002
- 서정주, 〈천지유정〉, 《서정주 문학전집3》, 민음사, 1992
- 윤후명, 《무지개를 오르는 발걸음》, 일송포켓북, 2005
- 이상, 〈오감도1〉, 《이상 문학전집1》, 문학사상사, 1991
- 노천명, 〈이름 없는 여인이 되어〉, 《나비》, 솔, 1997
- 김기진, 〈젊은 이상주의자의 사(死)〉, 《김팔봉 문학전집4》, 문학과지성사, 1989
- 윤동주, 〈쉽게 씌어진 시(詩)〉, 《하늘과 바람과 별과 시》, 연세대학교출판부, 2004
- 박목월, 〈효자동〉, 《박목월 시전집》, 민음사, 2003
- 신동엽, 〈아사녀〉, 《신동엽 전집》, 창비, 1975
- 이제하, 〈자매일기〉, 《기차, 기선, 바다, 하늘》, 문학동네, 2006
- 이청준, 〈가수(假睡)〉, 《별을 보여드립니다》, 책세상, 2008
- 문정희, 〈중국집의 추억〉, 《남자를 위하여》, 민음사, 1996

06 종로·인사동

젊음이 오래 머물러 있는 길을 걷는다

종로는 서울에서 가장 번화한 거리이고 혼잡한 길이라, 산책을 목적으로 이 길을 걷는다는 것은 좀처럼 상상하기 어려웠다. 그러나 종로는 서울을 대표하는 길인 만큼 많은 작가가 스쳐 간 장소이고, 그 기억들이 각각의 문학에 오롯이 남아 있다. 무엇보다도 인사동은 예부터 시인 묵객들이 밤을 새워 문학과 사랑과 삶을 이야기하던 공간이

산책 코스 | 2km

❶ 광화문 비각 ➜ ❷ 종로타워 ➜ ❸ 보신각 ➜
❹ 종각 젊음의 거리 ➜ ❺ 탑골공원 ➜
❻ 조선극장 터 ➜ ❼ 인사동길 ➜ ❽ '귀천' 카페

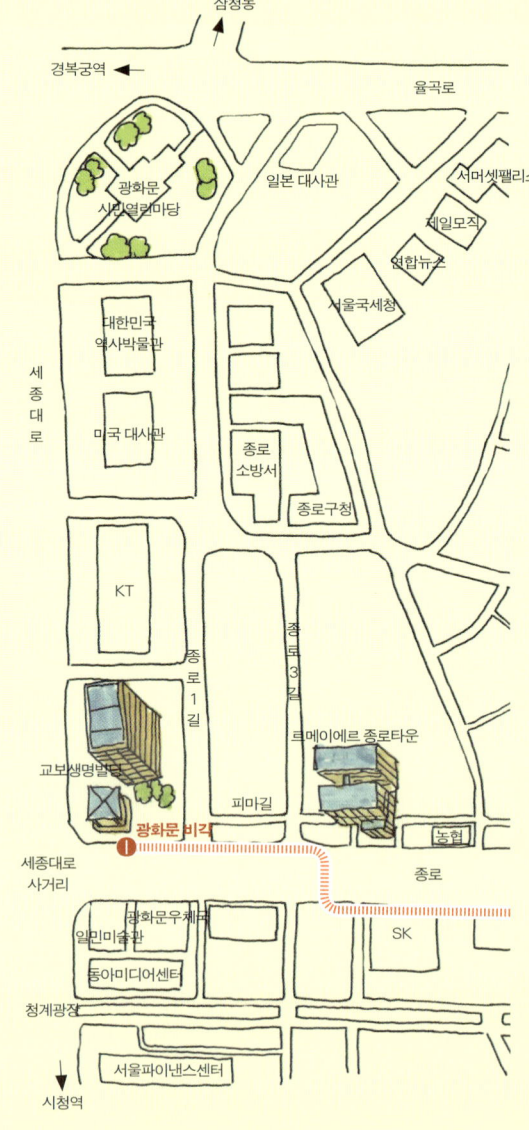

다. 그래서 이 길을 따라가다 보면 저절로 문학에 가까워진 것 같은 느낌을 지니게 될 수도 있다. 각박한 서울 생활 속에서 문화의 향기를 느낄 수 있는 장소가 바로 그 도심의 한가운데 자리 잡고 있다. 그 길을 따라나선다.

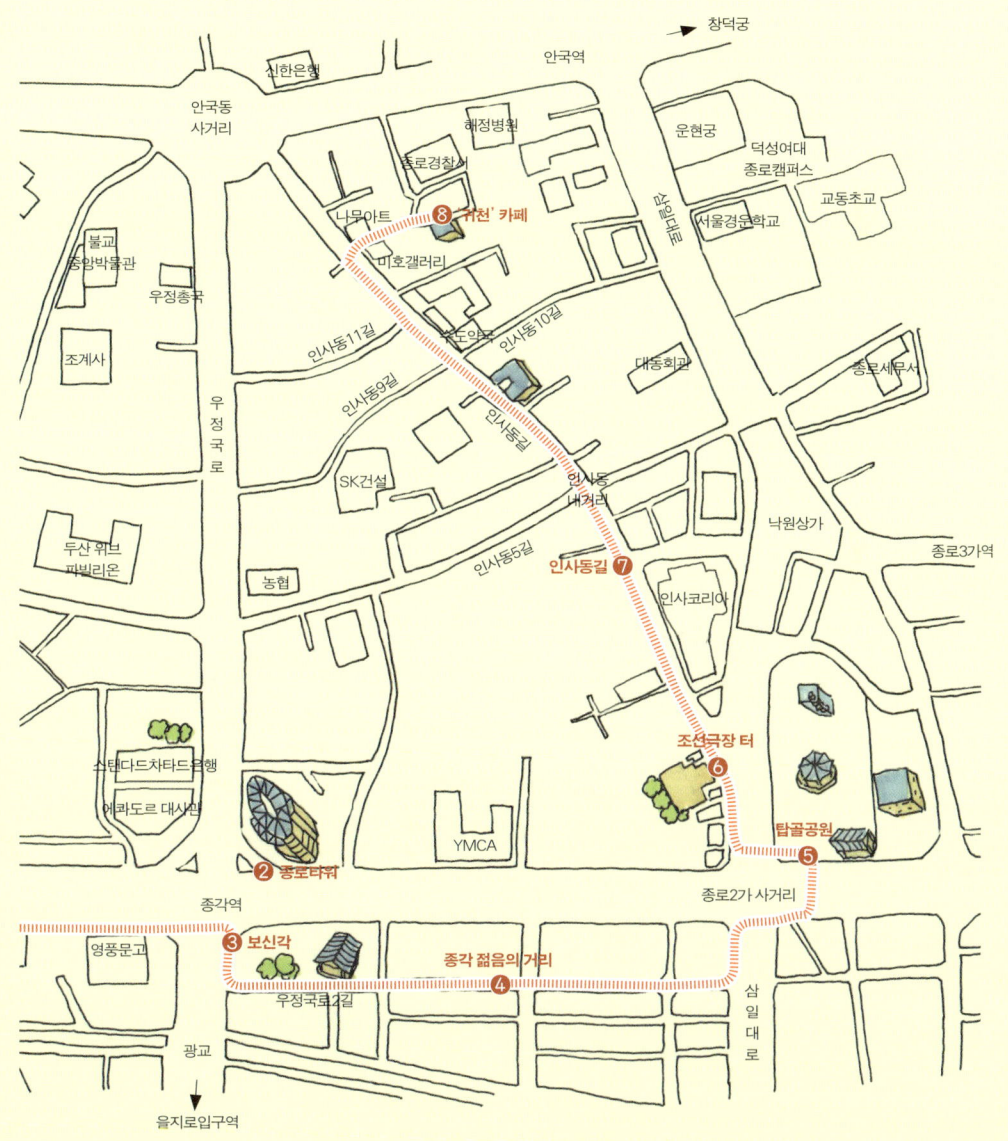

1 광화문 비각

종로, 인사동 탐방 코스의 출발점은 광화문 교보생명빌딩 앞의 비각이다. 언제나 지나가는 차들과 사람들로 붐비는 광화문 네거리 한 귀퉁이에서 사람들의 관심을 받지 못한 채 서 있는 이 비각은 우리 역사의 중요한 장면들을 증언하는 기념물이다. 사적 제171호로 지정된 이 비각 안에 서 있는 비석에는 대한제국대황제보령망육순어극사십년 칭경기념비 大韓帝國大皇帝寶齡望六旬御極四十年稱慶紀念碑 라고 적혀 있으며, 이 비碑의 전액篆額은 당시의 황태자인 순종이 쓴 것이라고 한다. 전액의 문구에서 알 수 있듯이 비는 1902년에 고종 황제의 즉위 40주년을 기념해 건립한 것이다. 비각의 난간 기둥에는 돌로 상서로운 짐승을 만들어서 앉히고, 남쪽 전면에는 홍예문을 세우고 그 가운데 '만세문萬歲門'이라는 이름을 새겨 넣었다.

그러나 대한제국의 번영과 황제의 건강을 기원하는 이 비각을 세운 지 얼마 되지 않아 을사늑약과 경술국치의 거센 풍랑을 맞아야 했다. 비각의 문은 철로 격자문을 해 달고 가운데에 태극 문양을 넣었다. 이 문은 일제 강점기에 어느 일본인이 떼어가서 자신의 집 대문으로 삼기도 했고, 6·25전쟁 중에 훼손된 것을 후에 다시 복원했다고 한다. 내력을 알고 보니 이 작은 기념물 안에 고스란히 담긴 우리 역사의 중요한 장면들이 훨씬 묵직한 의미로 다가온다.

비각 앞 잔디밭 안에는 거리 표시의 기점이 되는 도로원표가 있다. 서울에서 부산까지 477킬로미터라는 표시에서 보듯이, 서울을 중심으로 도시 간의 거리를 재는 기점이 바로 이 지점이다. 이 기점에서 흥인지문東大門 방면으로 뻗은 길이 바로 종로다. 조금 걷다 보면 고층의 르메이에르 종로타운을 만나게 된다. 종로의 오래된 거리 풍경은 찾아보기 어렵게 된 지 오래고, 이 건물의 1층에 붙어 있는 현판이 오랜 역사를 지닌 피맛골의 기억을 떠올리게 할 뿐이다. 피맛골은 조선 시대에 고관대작이 걷던 종로

교보생명빌딩 앞 한 귀퉁이에 있는 비각. 대부분 무심히 지나치지만 그 내력은 만만치 않다.

통 큰길을 피해서, 서민들이 몰려들던 조그만 골목길이다. 길을 가다가도 '높으신 분'이 행차하면 걸음을 멈추고 엎드려 있어야 했으니 바쁜 서민들에게는 여간 번거로운 일이 아니었을 것이다. 그렇게 고관들의 말을 피해[避馬] 다니던 데서 유래한 이름이 바로 피맛골이다.

서민들의 골목답게 해장국집들로 유명하던 청진동도 재개발로 옛 모습을 거의 잃었다. 재개발 사업으로 대형 빌딩 여섯 채가 들어서고, 1호선 종각역과 5호선 광화문역이 지하 아케이드로 연결되었다. 영풍문고 방향으로 길을 건너서 조금 더 발걸음을 옮겨 사거리에 이르면 맞은편으로 웅장한 자태를 보여 주는 한 건물을 만나게 된다. 옛 화신빌딩 자리에 들어선 종로타워다.

2 종로타워

종로타워 자리에 서 있던 화신빌딩에는 일제 강점기에 우리 자본으로 설립된 화신백화점이 있었다. 일제의 경제적 수탈 속에서 한국 자본과 한국인에 의해서 세워진 화신백화점은 한국인 손으로 건립한 최대의 건축물이라는 데 큰 의의가 있었다.

화신빌딩은 1935년 5월 5일에 기공하여 1937년 11월에 전관全館을 완공했다. 건물은 대지 1,074제곱미터에 지하 1층, 지상 6층 규모로 전체 면적 6,725제곱미터에 이르는, 당시로서는 꽤 크고 높은 건물이었다. 게다가 그 시절 여느 건물들보다 훨씬 세련되고 개방된 모습을 보여 주었는데, 특히 1층 외벽에 화강석을 두르고 현관 주위를 대리석으로 꾸며 웅장한 느낌을 살렸다고 한다.

화신백화점은 일본인들이 주로 거주하던 본정 지금의 명동, 충무로 일대의 미쓰코시나 조지아백화점에 대응하여 조선인 거주지이던 종로에서 대표적인 상업 중심지였다. 근대적 자본주의가 빠르게 전개되던 식민지 시기에 거리를 걷던 사람들은 백화점의 쇼윈도에 진열된 상품들을 보면서 물건을 구경하고 구매하는 소비자로 변해 갔다. 이 새로운 광경을 인상적으로 포착하고 있는 이가 식민지 시대의 대표적인 모더니스트 김기림이다.

> "花商(화신백화점)의 '쇼윈도우' 속에서 붉은 입술을 방긋이 벌이고 있고 彼女들의 푸른 치마폭은 아침의 '아스팔트' 위에서, 백화점의 층층계 위에서 깃발과 같이 발랄하게 팔락거리지 않는가."
>
> 김기림, 〈봄의 전령〉,《조선일보》, 1933년 2월 22일

백화점 쇼윈도를 지나가는 젊은 여인들의 모습을 묘사한 김기림의 글에서 보이듯, 쇼윈도는 무대가 되고 그곳을 지나는 군중은 관객이 된

옛날 화신백화점이 있던 자리에 들어선 종로타워.
예나 지금이나 주변 어느 건물보다 눈에 띄는 랜드마크와 같은 건물이다.

다. 쇼윈도는 행인들에게 시각적인 쾌락을 선사함과 동시에 자신의 시선을 통해 자기를 돌아보게 하는 새로운 경험을 안겨 준 곳이기도 했다.

> 그래도, 구보는, 약간 자신이 있는 듯싶은 걸음걸이로 전차 선로를 두 번 횡단하여 화신상회 앞으로 간다. 그리고 저도 모를 사이에 그의 발은 백화점 안으로 들어서기조차 하였다.
> 젊은 내외가, 너덧 살 되어 보이는 아이를 데리고 그곳에 가 승강기를 기다리고 있었다. 이제 그들은 식당으로 가서 그들의 오찬을 즐길 것이다. 흘낏 구보를 본 그들 내외의 눈에는 자기네들의 행복을 자랑하고 싶어하는 마음이 엿보였는지도 모른다. 구보는, 그들을 업신여겨 볼까 하다가, 문득 생각을 고쳐, 그들을 축복하여 주려 하였다. 사실, 4, 5년 이상을 같이 살아왔으면서도, 오히려 새로운 기쁨을 가져 이렇게 거리로 나온 젊은 부부는 구보에게 좀 다른 의미로서의 부러움을 느끼게 하였는지도 모른다. 그들은 분명히 가정을 가졌고, 그리고 그들은 그곳에서 당연히 그들의 행복을 찾을 게다.
>
> ※ 박태원, 〈소설가 구보 씨의 일일〉

박태원의 〈소설가 구보 씨의 일일〉에서 구보가 젊은 내외와 아이로 이루어진 행복한 가족을 만난 장소도 바로 이 화신백화점이다. '가정'을 갖지 못한 구보는 그들의 소시민적 행복을 깎아내리려는 자신의 예술가 취향을 자제하며 그들의 행복을 애써 빌어 준다. 그리고 자신만의 행복을 찾아 다시 서울의 거리로 나서며 산책을 계속한다.

종로 거리는 1960년대의 산업화 속에서도 서울의 중심부로서의 면모를 잃지 않고 건재했다. 김승옥의 동인문학상 수상작인 〈서울, 1964년 겨울〉에는 주인공들이 자신만의 사소한 기억을 도시의 공간 속에 각인해

넣는 장면들이 등장한다. 이를테면, 이런 식이다.

"……그리고 화신백화점 육층의 창들 중에서는 그중 세 개에서만 불빛이 나오고 있었습니다……"

그러자 이번엔 내가 어리둥절해질 사태가 벌어졌다. 안의 얼굴에 놀라운 기쁨이 빛나기 시작했기 때문이다.

그가 빠른 말씨로 얘기하기 시작했다.

"서대문 버스 정거장에는 사람이 서른두 명 있는데 그중 여자가 열일곱 명이었고, 어린애는 다섯 명, 젊은이는 스물한 명, 노인이 여섯 명입니다."

"그건 언제 일이지요?"

"오늘 저녁 일곱시 십오분 현재입니다."

🔖 김승옥, 〈서울, 1964년 겨울〉

젊은 주인공들의 의미 없는 대화는 '욕망의 집결지'인 서울에서 자기만의 생명을 유지하면서 살아가고자 하는 청춘의 안간힘으로 이해할 수 있다. 근대화되고 도시화된 1960년대 서울의 사람 살이 풍경을 다루고 있는 이 작품을 통해서 농촌 공동체를 떠나온 인물들의 도시 경험을 생생하게 느낄 수 있다.

현재 종로타워는 위축되어 가는 종로의 풍경을 압도할 만큼 웅장한 자태로, 주변 풍경과는 조금 어울리지 않게 네거리에 홀로 서 있다. 이 건물의 꼭대기 층에는 '탑클라우드'라는 레스토랑이 들어서 있는데, 이곳은 많은 소설에서 주인공들의 만남의 장소로 등장한다. 조경란의 장편《우리는 만난 적이 있다》에서 주인공들은 바로 이 종로타워의 스카이라운지인 탑클라우드에서 만나 과거로 향한 여행을 시작한다.

조경란의 장편 《우리는 만난 적이 있다》에는 주인공이 이 레스토랑 화장실에서 손을 씻고 바깥을 내다보는 장면이 있다. (사진 제공 신라호텔)

33층 스카이라운지의 화장실은 한 벽면 전체가 통유리로 되어 있었다. 나는 자동센서가 달린 커다랗고 둥근 세면대에서 손을 씻고 통유리 앞에 놓인 의자에 가 앉았다. 남산타워와 은밀한 도시의 요새처럼 환하게 붉을 밝힌 동대문 두산타워의 빽빽하게 밀집한 빌딩숲과 구불거리는 길에 수많은 골목을 숨긴 인사동 거리, 푸른빛의 간접조명을 받으며 성채처럼 우뚝 선 세종문화회관 건물…… 33층에서 바라보는 도심의 한밤은 셀 수 없이 많은 빛을 흩뿌려 놓은 듯 화려한 빛무리로 들끓고 있었다. 의자를 뒤로 젖힐 때마다 자동센서에서 저절로 물이 줄줄 흘러내렸다.

탑 클라우드. 높은 구름, 구름의 꼭대기. 나는 스카이라운지에 앉아 있는 게 아니라 유리로 만들어진 비행선을 타고 우주를 유람하다가 지나는 길에 잠깐 이곳을 비행하고 있는 거란 느낌에 휩싸이고 있었다.

🍊 조경란, 《우리는 만난 적이 있다》

가족을 잃고 홀로 살아가던 주인공 강운이 옛 애인 서휘경을 만나는 장면이다. 자신이 사랑하던 사람들을 모두 잃은 그는 '이른 저녁의 어둠 속에서 나는 홀연히 내가 누구인지 모른다는 사실을 발견한다. 아마도 그건 내 곁에 아무도 없기 때문일 것이다. 내 생의 한 시기를 함께했던 사람들이 사라졌기 때문에. 내가 누구인지 알기 위해서는 내 옆에 누가 있는지를 알아야 하는 법이기에. 그러나 우리는 영원히 헤어지지는 않을 것이다. 단지 잠시 사라진 것일 뿐. 지금은 잠시 헤어진 것일 뿐. 한번 인연을 맺은 영혼들은 거듭되는 생에서 다시 만날지니.'라고 독백하며 전생과 아득히 이어져 있는 존재들의 인연을 생각한다.

현기증 나는 스카이라운지를 밑에서 올려다보다 다시 눈높이를 맞추어 눈을 돌리면, 길 건너편에 단정한 기와지붕을 이고 있는 전각 한 채가 눈에 들어온다. 바로 보신각이다.

3 | 보신각

보신각은 매년 12월 31일 자정에 한 해를 보내고 새로운 해를 맞이하기 위해 종을 울리는 장소로 잘 알려져 있다. 이 보신각을 직접 소재로 삼은 문학 작품으로 가장 먼저 떠오르는 것은 식민지 시기의 시인 심훈의 작품이다.

> 그날이 오면 그날이 오며는
> 삼각산이 일어나 더덩실 춤이라도 추고
> 한강물이 뒤집혀 용솟음 칠 그날이,
> 이 목숨이 끊어지기 전에 와주기만 할 양이면,
> 나는 밤하늘에 나는 까마귀와 같이
> 종로의 인경을 머리로 들이받아 울리오리다,

두개골로 깨어져 산산조각이 나도
기뻐서 죽사오매 오히려 무슨 한이 남으오리까

그날이 와서 오오 그날이 와서
육조 앞 넓은 길을 울며 뛰며 뒹굴어도
그래도 넘치는 기쁨에 가슴이 미어질 듯하거늘
드는 칼로 이몸의 가죽이라도 벗겨서
커다란 북을 만들어 들쳐메고는
여러분의 행렬에 앞장을 서오리다.
우렁찬 그 소리를 한번이라도 듣기만 하면
그 자리에 꺼꾸러져서 눈을 감겠소이다.

🌿심훈, 〈그날이 오면〉

 심훈이 〈그날이 오면〉이라는 시에서 애타게 염원했던 광복을 맞이한 지도 이미 수십 년이 지나고, 우리는 조금 무심한 표정으로 보신각종 앞에 서 있다. 그리고 매년 12월 31일이 되면 서른세 번 울리는 타종 소리를 조금은 감상적인 느낌에 빠져서 듣는다. 하지만 오늘만큼은 이 보신각 앞에서 그 자유로운 종소리를 단 한 번이라도 듣고 싶어 하던 영혼이 있었음을 기억하자.
 이제 네거리를 건너 보신각 쪽으로 다가간다. 이 네거리에서 남산 쪽을 향해 청계천을 건너면 을지로와 명동 방향이다. 식민지 시기에 남촌의 을지로와 명동은 일본인들의 장소였다. 영화 〈장군의 아들〉 시리즈에서 김두한 일파가 하야시 일파와 싸움을 벌이기 위해 몰려가는 장소 또한 두 영역의 경계에 놓여 있던 청계천의 한 다리였다.
 종로에 사는 조선인의 내면이 어떠한 방식으로 일본인들의 명동을

보신각에서는 월요일을 제외한 매일 낮 12시 보신각종 상설 타종 행사가 열린다. 서울시 홈페이지를 통해 신청하면 직접 종을 쳐 볼 수도 있다.

바라보고 있었는가를 인상적으로 제시하는 작품이 채만식의 〈종로의 주민〉이다.

> 이야기에 팔려서, 오는 줄도 모르게 어느덧 종각 앞을 지나 광교를 건너고 있다. 화신 앞 네거리까지가 송영호 군에겐 거주지역이고, 게서부터는 남쪽으로 본정을 들어 명치정 골목을 돌아 내려오는 건, 이를테면 여행을 하는 셈이다.
>
> 👉 채만식, 〈종로의 주민〉

종로를 자신의 거주지로 삼고 있는 영화감독 송영호는 남쪽의 본정 충무로이나 명치정 명동으로 가는 것을 '여행을 하는 셈'이라고 말한다. 같은 서울 내에서도 일본과 식민지 조선의 경계가 뚜렷했음을 나타내는 표현이라 할 것이다.

밤이 늦도록 네온사인이 꺼지지 않는 젊음의 거리.
1980년대에는 특히 젊음의 해방구로 주목받던 장소였다.

4 | 종각 젊음의 거리

보신각을 돌아 종로의 뒷골목으로 접어든다. 우리는 종각 젊음의 거리로 들어서고 있다. 지금도 젊은이들이 몰려다니고 밤늦게까지 네온사인이 꺼지지 않는 이 거리는 1980년대에는 특히 젊음의 해방구로 주목받던 장소였다. 1980년대의 기억할 만한 베스트셀러인 강석경의 《숲속의 방》의 주인공 소양도 자신의 젊은 방황과 고뇌를 풀어 놓을 장소로 이 거리를 선택했다.

> 썸싱 장소를 묻다가 소양이가 종로2가에 자주 나간다는 것을 알게 되었다. 경옥의 말에 의하면 소양이도 여느 젊은 아이들처럼 재수할 때부터 종로통이었고, 자리마다 인터폰이 있어서 졸팅하는 재미로 젊은 애들이 많이 가는 썸싱에서 희중을 만나게 되었다.
>
> 🍂 강석경, 《숲속의 방》

소양은 종로2가에서 자신의 젊은 방황을 만끽한다. 인터폰을 통한 '졸팅'이라는 당시 젊은이들의 풍속을 엿보는 것 또한 새롭다. 그러면서도 그는 이 거리에 모여든 젊은이들에 대한 깊은 성찰의 시선을 보여 주고 있다. '하긴 노래 부를 곳이 없어서 이곳에 오는 것은 아니겠지. 젊음은 젊음끼리 모여 숲을 이루는 것이다. 숲속에서 위안을 받고 혼란도 확인한다.' 젊음의 숲은 여전히 푸르고 무성해서, 그 거리를 걷는 것만으로도 모종의 알 수 없는 위안을 받을 수 있을 듯하다.

이곳은 젊은이들의 방황의 장소만이 아니라, 자아 찾기와 사회화를 위한 모색의 장소이기도 했다. 유심히 살펴보면 몇 걸음만 걸어도 외국어 학원 간판을 발견할 수 있을 만큼 학원들이 몰려 있는 거리이기도 하다. 1980년대 당시에도 이 거리에는 많은 학원이 밀집해 있었던 듯하다.

일어 학원이 있는 종로 일대에는 일어 학원 말고도 학원이 무수히 많았다. 서울 아이들은 보통 학교를 두 군데 이상이나 다니나 보다. 영수 학원, 대입 학원, 고입 학원, 고시 학원, 예비고사반, 연합고사반, 모의고사반, 종합반, 정통영어반, 공통수학반, 서울대반, 연고대반, 이대반……이 무수한 학원으로 무거운 책가방을 든 학생들이 몰려 들어가고 쏟아져 나오고 했다.
　　박완서, 《부끄러움을 가르칩니다》

박완서는 이미 1980년대에 이곳을 점령했던 각종 외국어 학원들과 책가방을 들고 이곳으로 몰려드는 학생들의 무리를 보며 끝 간 줄 모르는 교육열을 비판적으로 바라보았다. 맹목적인 교육열과 야밤의 나이트클럽 호객꾼의 목소리가 동사同事하는 공간이 바로 이곳 젊음의 거리다.

5 | 탑골공원

　온갖 술집과 학원 들이 모순적으로 몰려 있는 거리를 지나 사거리를 건너면 탑골공원에 이른다. 3·1운동 당시 만세운동의 기점이었던 이 장소는 이제 인생의 황혼을 보내는 노인들이 주로 몰려드는 장소로 알려져 있다.

　함민복의 시 〈탑골공원에서〉는 이 공원에 몰려든 노인들의 지나온 삶의 이력과 현재의 노년을 쓸쓸하게 노래하고 있다.

　　나무가 되어 한껏 바람의 노래를 부르기도 했네
　　가축의 피가 되어 욕망을 으르렁거리기도 했네
　　정액이 되어 번식의 황홀경에 도취되기도 했네
　　눈물이 되어 타령으로 한세상 쓴 살이도 했네

자학의 세월 돌부리에 몸 부딪치며

계곡을 뒤흔들기도 했네

아으, 구름이 되어 한량처럼

한세상 두둥실 떠돌기도 했건만

이제 모든 소리를 탕진하고 늙어

침묵으로 흐르는 강물이 되고 말았네

저기 죽음의 바다가 넘실거리네

   🌺 함민복, 〈탑골공원에서〉

그러나 탑골공원이 노인들만의 장소라고 생각해서는 안 된다. 간혹 그곳에서 데이트하는 젊은 연인들의 모습을 발견할 수도 있으며, 때로는 초췌한 모습으로 행인들을 구경하며 하릴없이 앉아 있는 청년의 자화상을 발견할지도 모른다.

종로에 들렀다가 탑골공원으로 갔다. 갈비와 물김치가 못 견디게 먹고 싶었다. 하지만 이룰 수 없는 꿈이었다. 할 수 없이 다른 사람들이 먹다 남긴 음식을 몰래 주워먹었다. 그러고는 행인들을 구경하며 그들의 얘기를 엿들으며 하루를 보냈다. 아무도 그를 쳐다보지 않고 말 걸지 않았다.

   🌺 김영하, 〈어디에도 있고 어디에도 없는〉

청년들의 모습만이 아니다. 황지우는 〈거룩한 식사〉에서 자신이 목격한 한 사람에 관해 보고한다. 이 세상에서 혼자 밥 먹는 모든 사람과 노년의 쓸쓸한 시간을 생각하며 이 시를 읽어 보자.

나이든 남자가 혼자 밥 먹을 때

울컥, 하고 올라오는 것이 있다

큰 덩치로 분식집 메뉴표를 가리고서

등 돌리고 라면발을 건져올리고 있는 그에게,

양푼의 식은 밥을 놓고 동생과 눈흘기며 숟갈 싸움하던

그 어린 것이 올라와, 갑자기 목메게 한 것이다.

몸에 한세상 떠넣어주는

먹는 일의 거룩함이여

이 세상 모든 찬밥에 붙은 더운 목숨이여

이 세상에서 혼자 밥 먹는 자들

풀어진 뒷머리를 보라

파고다 공원 뒤편 순댓집에서

국밥을 숟가락 가득 떠넣으시는 노인의, 쩍 벌린 입이

나는 어찌 이리 눈물겨운가

  🔖 황지우, 〈거룩한 식사〉

  탑골공원의 한쪽 구석에는 3·1운동의 민족대표 중 한 사람이었던 만해 한용운 선사의 기념비가 숨은 듯이 서 있다. 그리 크지 않은 공원 내에서 이 기념비를 발견했다면, 그 뒤편에 있는 고시원 건물을 눈여겨보자. 이 건물은 예전에 파고다극장이 있던 곳으로, 우리는 1980년대의 마지막 해에 이 극장에서 홀로 영화를 보다가 쓸쓸하게 생을 마감한 한 시인을 여전히 추억하고 있다.

  때마침 진눈깨비 흩날린다

  코트 주머니 속에는 딱딱한 손이 들어 있다

탑골공원 한쪽 구석에 숨은 듯이 서 있는 만해 한용운 선사의 기념비.

옛 파고다극장이 있던 낡은 건물,
영원토록 젊은 시인을 추억하게
하는 곳.

저 눈발은 내가 모르는 거리를 저벅거리며
여태껏 내가 한번도 본 적이 없는
사내들과 건물들 사이를 헤맬 것이다
눈길 위로 사각의 서류 봉투가 떨어지나, 허리를 나는 굽히다 말고
생각한다, 대학을 졸업하면서 참 많은 각오를 했었다
내린다 진눈깨비, 놀랄 것 없다, 변덕이 심한 다리여
이런 귀가길은 어떤 소설에선가 읽은 적이 있다
구두 밑창으로 여러 번 불러낸 추억들이 밟히고
어두운 골목길엔 불켜진 빈 트럭이 정거해 있다
취한 사내들이 쓰러진다, 생각난다 진눈깨비 뿌리던 날
하루종일 버스를 탔던 어린 시절이 있었다
낡고 흰 담벼락 근처에 모여 사람들이 눈을 턴다
진눈깨비 쏟아진다, 갑자기 눈물이 흐른다, 나는 불행하다

이런 것은 아니었다. 나는 일생 몫의 경험을 다했다. 진눈깨비

🍂 기형도, 〈진눈깨비〉

기형도는 이곳 파고다극장에서 홀로 영화를 보다가 숨진 채 발견되었다. 사인은 뇌졸중이었고, 시인의 나이 스물아홉이었다. 시인이 죽은 지 두 달 후에 그의 첫 시집이자 유고 시집이 된《입속의 검은 잎》이 발간되었고, 이 시집은 1990년대 이후 문학을 지망한 청년들에게 가장 많은 영향을 준 시집의 하나가 되었다. 시집에 실려 있는 '시작詩作 메모'에서 기형도는 이렇게 말한다. "나는 한동안 무책임한 자연의 비유를 경계하느라 거리에서 시를 만들었다. 거리의 상상력은 고통이었고, 나는 그 고통을 사랑하였다." 시인들, 작가들이 고통을 감수하며 만들어 준 거리의 상상력 덕분에 우리의 산책은 깊고 넓어진다. 그들의 고통에 애도를 보내며 우리의 길을 계속 가야겠다.

6 | 조선극장 터

이제 탑골공원을 나와 인사동으로 접어든다. 인사동 초입에서 눈여겨볼 장소는 옛 조선극장 터이다. 조선극장은 1922년 11월에 조선 최초의 영화 전용관으로 문을 열었다. 식민지 시기의 풍속을 담고 있는 대표적인 대중 잡지인《별건곤》에서 이 조선극장에 대한 의미 있는 증언을 발견할 수 있다.

"이 시기 사람들은 '사랑의 모든 수단과 양식은 단성사, 조선극장의 스크린에서 취했다'고 말할 정도였으며 '성에 눈뜬 처녀들이 변사들의 달콤한 해설과 스크린에 빗기우는 사랑의 실연을 보고' 배웠다." 이서구, 〈경성의 짜스〉,《별건곤》, 1929.9.

작은 공원처럼 꾸며진 옛 조선극장 터. 이곳을 지나면 본격적으로 인사동에 들어서게 된다.

한수산은 어느 서커스단의 유랑 이야기를 다룬 《부초》에서 서커스 단원의 입을 통해 조선극장이 흥성했던 시절의 이야기를 들려준다.

> "진짜 호경기야 만주사변 지나서 아니겠습니까. 만주사변을 일으켜 놓자 그쪽에선 구경꾼을 잃어버린 왜놈들이 조선땅을 찾아들었던 거죠. 그쪽에선 그맘때 벌써 영화가 판을 쳤다지만 우리네야 명절 때면 모를까 어디 큰맘 먹지 않고는 우미관이나 조선극장 들어가기가 쉽지 않았으니까요."
> 준표의 눈이 가늘어진다. 서커스에서 몸담아 지나온 영욕의 시간들이 눈앞을 스쳐 가고 있었다.
>
> 🐌 한수산,《부초》

서커스에 몸담아 온 영욕의 시간만큼이나 한국의 연극과 영화를 개척하기 위해 애써 온 시간이 이곳 조선극장 터에도 간직되어 있을 것이다. 잠시 그 세월에 마음속으로 지지를 보내고 돌아선다. 조선극장 터를 지나면 본격적인 인사동 무대가 펼쳐진다. 그 거리 속으로 들어간다.

7 | 인사동길

전통의 거리로 알려진 인사동은 예부터 많은 시인 묵객들이 출몰하던 장소다. 식민지 시기에 이상이 카페 '쓰루'를 열었던 곳도 인사동이었고, 인사동을 무대로 삼은 시와 소설들은 대부분 문인들의 회합과 음주 이야기를 다루고 있다. 인사동에는 시대별로 시인과 작가들이 주로 출몰하는 유명한 다방과 주점들이 자리 잡고 있었다.

> 그들이 인사동에 있는 르네상스에 들어섰을 때, 아닌게 아니라 분위기는 무척 가라앉고 처져 있는 편이었다. 그러면서도 뭐랄까 조금은 느적지근하고 사람의 목덜미를 간지럽히는 고급스런 냄새가 났다. 함부로 막걸리 냄새를 풍긴다든가, 도나캐나 쇠똥말똥 밟은 흙발로 들어서서는 안 될 것 같은 가라앉은 치장으로 휩싸여 있었다. 우선 전후의 막돼먹은 다방과는 달리 디스코 플레이어를 따로 유리 박스에 가두어 두고 그 옆으로 차곡차곡 쟁여져 있는 작은 산더미 같은 레코드판이 그들의 기를 꺾어 놓았다. 어지간한 다방에 들어서면 공기부터가 텁텁하고 아무렇게나 지껄이는 소리들로 하여 쇠전이나 장바닥에 들어온 느낌이었는데 르네상스는 안 그랬다. 모두가 차분히 가라앉아 있고 박힐 것들이 제자리에 박혀 있는 느낌이었다.
>
> 🍂 최일남, 〈서울의 초상〉

최일남의 〈서울의 초상〉은 유명했던 인사동 '르네상스'의 분위기를 전하고 있다. 이 다방은 고전 음악을 들려주던 음악 감상실의 역할로 더 유명했다. 그 덕분에 당대의 많은 문인이 드나들었던 장소로 알려져 있다. 이후로 인사동의 이름을 대표하는 카페로 등장한 곳이 '평화 만들기'였다.

걸어서 인사동까지 온 윤지는 승찬이 평소 잘 들락거린다는 이 층 술집으로 들어갔다. 일어서면 머리끝이 천장에 닿았다.

"여기가 바로 그 쟁이들이 밤낮으로 죽치고 술 마시는 그 술집인가? 이름부터 좀 수상한데? 평화만들기라……"

"예, 괜찮은 집이에요. 선배도 앞으로 잘 애용해보세요."

🌱 김소진, 《양파》

요절한 작가 김소진의 장편 《양파》에 등장하는 술집 '평화 만들기'의 소개이다. 일어서면 머리가 천장에 닿았다는 그 술집은 원래 자리가 화랑으로 바뀌면서 수운회관 뒤편의 작은 골목으로 옮겨 갔다고 한다.

오늘은 인사동이 궁금하다

며칠 안 나가는 동안

눈에 번쩍 띄이는 벼루가 나왔다가

눈 밝은 사람에게 끌려가지 않았을까 하고

그래서 틈만 나면

인사동 거리를 기웃거리지만

— 그 벼루 조각 한 번 참!

은 만나지 못하고

찌든 먹 냄새만 가슴에 환하게 담고

목 부러진 백자주병처럼

고개 꺾고 돌아오는

🌱 이근배, 〈인사동 산책 – 벼루 읽기〉 부분

이근배 시인이 〈인사동 산책〉이라는 시에 쓴 것처럼 인사동에 들르면 가장 눈에 띄는 상점 중 하나는 각종 골동품점과 화방이다. 이렇듯 인

전통의 거리라는 인상이 강하던 인사동에도 변화의 바람이 불었다. 인사동 쌈지길 모습.

사동은 다양한 면모를 지니고서 방문객들을 맞이한다.

김형경의 장편《새들은 제 이름을 부르며 운다》에 나오는 한 인물은 인사동 거리에 대해 다음과 같은 논평을 남기고 있다.

> 시현은 인사동 거리를 걸으며 그곳이 바람든 여염집 여편네 같다고 생각한다. 체면과 탐욕이, 명분과 실리가 적절히 섞여 있는 그 모습이, 과거와 현재가, 예술과 상혼이, 그리고 온갖 딜레탕트적인 주변예술이 뒤섞여 이제는 노쇠와 퇴락밖에 남지 않은 비만한 중년부인을 닮아가고 있다.
>
> 🌸 김형경,《새들은 제 이름을 부르며 운다》

주인공 시현의 논평처럼 인사동 거리는 과거의 소박함을 잃고 변모 중이다. 여전히 주말에는 젊은이들이 많이 몰리고, 한국을 방문한 외국인들이 빼놓지 않고 찾아드는 명소이지만, 세월의 변화 앞에서 인사동 거리 또한 조금씩 표정을 바꾸어 가고 있다.

8 | '귀천' 카페

인사동의 찻집 중 빼놓지 말아야 할 곳으로 '귀천'을 들 수 있다. 이곳은 시인 천상병의 아내가 운영했던 곳으로 유명하다. 술과 담배, 친구를 좋아했던 천상병 시인은 결혼 후에도 생활을 해결하는 데 아무런 도움도 되지 못했고, 부인 목순옥 여사는 친구들의 도움을 받아 인사동 골목에 작은 찻집을 열었다. 이후 카페 '귀천'은 예술인, 작가, 언론인, 지식인들이 찾는 작은 명소가 되었다. 카페의 이름은 천상병 시인의 초기작이자 대표작 중 하나인 〈귀천歸天〉의 제목을 붙인 것이다.

나 하늘로 돌아가리라
새벽빛 와 닿으면 스러지는
이슬 더불어 손에 손을 잡고

나 하늘로 돌아가리라
노을빛 함께 단 둘이서
기슭에서 놀다가 구름 손짓 하면은
나 하늘로 돌아가리라
아름다운 이 세상 소풍 끝내는날
가서, 아름다웠더라고 말하리라
🌸 천상병, 〈귀천〉

천상병 시인은 생전에 이 카페를 소재한 시를 남기기도 했다.

내 아내가 경영하는 카페
그 이름은 '귀천(歸天)'이라 하고

천상병 시인의 아내가 운영하던 작은 카페, 귀천.
시인의 아내는 2010년에 이 세상을 떠나 하늘로 돌아갔다.

앉을 의자가 열다섯 석밖에 없는

세계에서도

제일 작은 카페

그런데도 하루에 손님이

평균 60여 명이 온다는

너무나 작은 카페

세계에서 제일 작은 카페의 분점이 생겼다. 이제 인사동에는 귀천 카페가 둘이다.

서울 인사동과 관훈동 접촉점에 있는

문화의 찻집이기도 하고

예술의 카페인 '귀천(歸天)'에 복 있으라.

🍊 천상병, 〈세계에서 제일 작은 카페〉

 세계에서 제일 작은 카페라고 시인이 노래한 귀천은 몇 해 전 분점을 내어 인사동에는 두 군데의 귀천이 있다. 본점이 좁은 골목 안쪽에 있어서 찾기가 쉽지 않다면, 새로 낸 분점은 수도약국 골목의 넓은 길에 자리하고 있어서 비교적 찾아가기 쉬울 듯하다. 본점이든 분점이든 귀천의 향기는 은은하게 울리고 있을 터이니, 카페 '귀천'에 들러 차라도 한잔 즐기며 문인들의 발자취를 상상해 보는 것으로 종로와 인사동 문학 기행을 마무리하자.

문학 작품

* 김기림, 〈봄의 전령〉, 《조선일보》, 1933년 2월 22일 자
* 박태원, 〈소설가 구보 씨의 일일〉, 《소설가 구보 씨의 일일》, 문학과지성사, 2005
* 김승옥, 〈서울, 1964년 겨울〉, 《무진기행》, 문학동네, 2004
* 조경란, 《우리는 만난 적이 있다》, 문학과지성사, 2001
* 심훈, 〈그날이 오면〉, 《그날이 오면》, 범우사, 2001.
* 채만식, 〈종로의 주민〉, 《채만식 전집8》, 창비, 2007
* 강석경, 《숲속의 방》, 민음사, 2005
* 박완서, 《부끄러움을 가르칩니다》, 문학동네, 2006
* 함민복, 〈탑골 공원에서〉, 《모든 경계에는 꽃이 핀다》, 창비, 1996
* 김영하, 〈어디에도 있고 어디에도 없는〉, 《엘리베이터에 낀 그 남자는 어떻게 되었나》, 문학과지성사, 1999
* 황지우, 〈거룩한 식사〉, 《어느 날 나는 흐린 주점에 앉아 있을 거다》, 문학과지성사, 1998
* 기형도, 〈진눈깨비〉, 《입속의 검은 잎》, 문학과지성사, 1991
* 한수산, 《부초》, 민음사, 2005
* 최일남, 〈서울의 초상〉, 《누님의 겨울》, 정음사, 1984
* 김소진, 《양파》, 세계사, 1996
* 이근배, 〈인사동 산책-벼루 읽기〉, 《사람들이 새가 되고 싶은 까닭을 안다》, 문학세계사, 2004
* 김형경, 《새들은 제 이름을 부르며 운다》, 푸른숲, 2005
* 천상병, 〈귀천〉, 〈세계에서 제일 작은 카페〉, 《천상병 전집1》, 평민사, 2007

07 북촌길
궁궐 옆 마을 길을 걸었네

삼청동은 번화하지만, 서울 시내의 여느 번화가와는 다르다. 한옥을 포함한 나지막한 집들로 이어지는 길을 지나노라면 골목골목 자리 잡은 맛집, 찻집, 상점, 미술관, 박물관, 고택 들을 만날 수 있다. 경복궁과 창덕궁 사이에 앉은 삼청동, 가회동, 재동, 계동, 원서동 길은 꼬불꼬불한 골목들로 이어져 호기심 많은 이들의 산책로로 제격이다. 많은 인파가 모이는 곳이라서 호젓한 정취나 옛 모습 그대로를 기대할 수는 없지만 그래도 궁궐 옆 마을의 독특한 풍취는 느낄 수 있다. 용기를 내서 인파 덜한 골목을 골라 무작정 걸어 봐도 좋다. 운이 좋으면 한옥들이 빼곡한 진풍경을 엿볼 수 있는 골목을 찾을 수도 있다. 이번 산책로에는 포함되어 있지 않지만, 골목이야말로 한옥마을 구경의 가장 큰 묘미다. 자, 이제 우리는 그 근방을 거닐던 문학 속의 인물들을 만나, 그 길들이 품고 있는 이야기를 들어 보자. 아무래도 가회동 출신 작가 유진오나 중앙고보 출신 작가 채만식 등 이 지역을 거닐던 작가들의 이야기를 자주 마주치게 될 것이다.

산책 코스 | 2km
❶ 경복궁 건춘문 ➡ ❷ 북촌로5길 ➡ ❸ 헌법재판소 ➡ ❹ 계동길 ➡
❺ 중앙고등학교 ➡ ❻ 창덕궁길

1 | 경복궁 건춘문

우리의 산책과 이야기는 우선 경복궁의 건춘문建春門에서부터 시작한다. 동십자각을 뒤로하고 경복궁을 왼편에 끼고 삼청동을 향해 걸어가자. 가회동 중앙고보를 다녔던 작가 채만식은 〈레디 메이드 인생〉에 이 길을 지나는 주인공 P를 그렸다.

> 광화문 큰 거리를 총독부 쪽으로 어슬어슬 걸어가노라니 그의 그림자가 짤막하게 앞에 누워 간다. P는 그 자기 그림자를 콱 밟고 싶었다. 그러나 발을 내어 디디면 그림자도 그만큼 앞으로 더 나가곤 한다. 이 그림자와 자기 자신에서, 그리고 그림자를 밟으려는 자기 자신과 앞으로 달아나는 그림자에서 P는 자기의 이중인격의 모순상(相)을 발견하였다.
>
> (중략)
>
> 물론 그는 지금이라도 누가 한 달에 삼십 원만 줄 테니 와서 일을 해달라면 마치 주린 개가 고기를 보고 덤비듯이 덮어놓고 덤벼들 것이다. 그러나 속으로는 그와 딴판으로 배포를 부리고 있는 것이다.
> P가 삼청동으로 올라가느라고 건춘문 앞까지 이르렀을 때 저편에서 말쑥하게 몸치장을 한 여자 하나가 마주 내려왔다.
> 역시 삼청동 근처에 사는 여자인지 P와는 가끔 마주치는 여자다.
> P는 그 여자와 만날 때마다 일부러 눈여겨보지 않는 체하면서도 실상은 고비살살 관찰을 하였고, 그리고 속으로는 연애라도 좀 했으면 하던 터였었다. 무엇보다도 동그스름한 얼굴에 이목구비가 모두 모지지 아니하고 얼굴의 윤곽이 둥글듯이 모가 나지 아니한 것, 그래서 맘자리도 그렇게 둥글려니 하는 것이 P의 마음을 끈 것이다.
>
> (중략)
>
> 삼청동 꼭대기에 있는 집—집이 아니라 사글세로 든 행랑방—에 돌아왔다.

건춘문은 경복궁의 동문(東門)이다.
키 큰 가로수들이 안내하는 길을 따라 오늘 산책을 시작한다.

객지에 혼자 있으니 웬만하면 하숙에 있을 것이로되 방값이 밀리고 그것에 졸릴 것이 무서워 P는 방을 얻어 가지고 있던 것이다.

　채만식, 〈레디 메이드 인생〉, 《신동아》, 1934

P는 신문사 구직에 실패하고 빈 주머니로 삼청동 꼭대기 사글셋방으로 올라간다. 발걸음도 가볍게 시작한 산책로 첫머리부터 고학력 무직자의 무거운 발걸음을 느끼자니 기분이 가라앉을지도 모르겠다. 하지만 그것이 1934년 이 길을 지나간 조선 청년의 발자국 중 하나였고, 역사적 조건이야 다르지만 지금도 볼 수 있는 발자국임은 부인할 수 없다.

유진오는 1906년, 1회 관비 유학생 출신인 유치형의 아들로 이 동네에서 태어났다. 그의 출생지는 당시 '한성부 북부 가회방 제동계 맹현 12통 12반'이라는 주소로 불리었다. 그로부터 30여 년 후 그는 이 근방을 떠돈 고학력 무직자 조선 청년들의 발자취를 기록한다.

불안과 초조와 희망이 섞인 사흘이 겨우 지났다. 나흘 되는 날 아침 일찍이 찬구는 P의 집에를 가보았다. 그러나 기다리던 통지는 오지 않은 것이었다. 너무 일러 그런 게지 하고 도로 나와 창덕궁 앞으로 나서서 단성사 앞을 지나 종로를 한 바퀴 휘돌아 또 들러 보았으나 그래도 아무 편지도 안 왔다 한다. 이번에는 북으로 돌아 원동 계동 재동 삼청동 일대를 돌아 오정 때나 되어 세 번째 들러 보았으나 그래도 아무 소식도 없었다. 혹시 또 채용이 못 되는 것인가 생각하니 기가 탁 막힌다. 그러나 자기가 너무 조급하게 구는 것이라 돌려 생각하고 아주 멀리 장충단공원으로 가서 잔디밭에서 낮잠을 잤다. 따뜻한 햇살에 몸은 노곤히 풀리면서도 깊은 잠은 들지 않는다. 그래도 언뜻 눈을 뜨고 보니 꽤 잠을 잔 모양으로 가로 길게 비낀 나무 그림자가 오후도 퍽 늦어진 것을 가리키고 있었다. 찬구는 분주하게 툭툭 털고 일어나 P의 집으로 걸음을 빨리하였다.

🍂 유진오, 〈오월의 구직자〉

    허나 이 지역은 무직 청년들만 드나들던 곳은 아니었다. 유진오의 또 다른 작품 〈김강사와 T교수〉에서 삼청동은 권세가의 집이 있는 곳이다. 구직이 어려운 시절, 삼청동 H과장 집에 인사차 들렀던 김강사는 착잡한 마음으로 T교수와 함께 이 길을 내려온다. 권세 있는 이들의 주거지 역시 삼청동, 가회동에 있었던 것이다.

    본디 삼청동이란 세 개의 청(淸), 즉 대청, 상청, 옥청 등 삼위의 제사를 지내던 곳이어서 귀한 장소로 통했다. 따라서 주민 대부분이 조정의 문무대신들 그리고 양반이었다. 그런데 1920년대 후반부터 약 1만5천 제곱미터에 이르던 가회동 31번지〈계동4길〉일대는 약 150~300제곱미터 단위의 작은 필지들로 분할되었고, 약 9천 제곱미터의 가회동 26번지〈창덕궁5길〉일대 역시 약 150제곱미터 내외의 필지들로 잘게 쪼개졌다. 1930년대에 이르면 고관대작들의 저택은 중소 규모의 한옥으로 바뀌고, 당시 건설회사인 건양사, 경성목재점 등의 주택경영회사에 의해 한옥 주거단지가 조성되었다. 1930년대 전후를 배경으로 한 이들 작품은 이러한 북촌의 변화 속에서 쓰인 것이다.

2 | 북촌로5길

    건춘문을 지나 걷다가 오른편 건널목을 만나면 길을 건넌다. 우리는 길 건너의 북촌로5길로 들어설 것이다. 이 길을 걷다 보면 왼편에 한옥 대문으로 된 정독도서관 입구가 보인다. 그 안쪽으로 분수가 그리고 그 뒤로 1920~30년대에 지어진 건물 세 동이 줄지어 서 있다. 예전에 이곳

여고와 남고가 모여 있던 동네에 자리 잡은 정독도서관.

에 사육신의 대표 격인 성삼문과 조선 말 갑신정변을 일으킨 김옥균이 살았다고 한다. 정독도서관은 여느 도서관들처럼 어린이 도서관도 있고, 전시회와 영화 상영도 하는데 족보실이 따로 마련되어 있는 것이 특징이다.

1960~70년대에 강남 개발 사업으로 경기고, 휘문고가 강남으로 이전하고, 1980년대에 창덕여고가 이사하기 전까지 이 일대는 중앙고등학교, 풍문여고, 덕성여고 등이 어우러져 함께 '학교길'을 이루었다. 지금도 북촌로5길을 걷다 보면 오른편으로 뻗어 들어가는 골목길에서 학교 주변에 필연적으로 발달하게 마련인 유명 떡볶이집, 라면집 등을 쉽게 만날 수 있다.

이렇게 여고와 남고가 있는 곳에는 첫사랑이 움트는 법, 정독도서관 앞에서 우리는 첫사랑을 기다리는 소년을 만날 수 있다. 2008년, 청소년 문학으로 재출판된 최인호의 《머저리 클럽》의 한 대목이다.

도서관에 다다랐을 때엔 마침 때 이른 첫눈이 내리기 시작했다. 좋은 징조라고 영민이가 킁킁거렸다.

우리는 거리에 서서 도서관 문 닫는 시간을 기다렸다. 하늘엔 가득가득 눈이 내리고 있었는데 첫눈 치고는 폭설에 가까웠다. 날이 더운 탓에 눈은 쌓이질 않고 땅 위에 떨어지자마자 녹았다. 그러나 좀 후에는 쌓이기 시작했다. 가방을 어깨에 멘 채 벽에 기대서 우리는 오랫동안 기다리고 서 있었다. 우리는 입을 벌려 눈을 받아먹었다.

그때였다. 도서관 시간이 끝났는지 학생들이 꾸역꾸역 나오기 시작했다. 우리는 전신주 뒤에 몸을 숨기고 사람들이 나올 때마다 그녀인지 아닌지 구별하려고 기웃거렸다.

소녀가 맨 나중에 나오고 있었다.

🍑 최인호, 《머저리 클럽》

이 대목은 '눈 오는 날 가로등 밑에서 주인공 김동순이 첫사랑 김소림을 기다린다'는 작품에 대한 사전 지식이 없는 독자에게도 어딘지 예스러운 연애 분위기를 풍기면서 학창 시절의 추억을 떠올리게 할 것이다. 실제로 이 작품은 1973년 《우리들의 시대》로 출간되었던 것을 개작하여

> **정독도서관**
> 옛 경기고등학교 자리에 1977년 1월에 개관한 서울시립공공도서관이다. 옛날 학교 건물을 도서관으로 이용하고 있어 곳곳에서 당시의 모습을 엿볼 수 있다.
> **운영 시간** 07:00(동절기 08:00)~20:00
> **정기 휴관일** 매월 첫째, 셋째 주 수요일과 법정 공휴일
>
> **북촌한옥마을**
> 북촌한옥마을 홈페이지에 들어가면 북촌문화센터 및 북촌한옥마을에 관한 자세한 정보를 얻을 수 있다. 북촌을 가장 잘 감상할 수 있는 지점 '북촌 8경'에 대한 정보도 있으니 한번 확인해 보고 출발하는 것도 좋다.

재출간한 것이다.

계속해서 북촌로5길을 따라 걷는다. 재동초등학교 앞 삼거리가 나오면 여기서 오른쪽으로 틀어 조금만 걸어 보자. 옛 창덕여고 자리에 들어선 헌법재판소가 보인다. 이곳에서 우리는 백송을 만날 것이다. 박규수 집, 제중원, 경기여고, 창덕여고, 헌법재판소로 변모한 그 터의 변화를 굽어보는 동안 허리가 굽어 버린 백송은 담장 밖에서도 보인다.

3 | 헌법재판소

재동 헌법재판소 구내 뒤편에는 600년도 더 된 천연기념물 제8호 재동 백송이 있다. 큰길에서 보면 저 멀리 안쪽으로 떨어져 있는데도 나무줄기가 희게 빛난다. 지금은 백송이 홀로 뜬금없이 서 있지만, 고종 때 이 나무는 구한말 개화파의 산실 박규수의 집 옆에 있었다고 한다.

이 나무가 잘 보이는 큰길에는 담이 둘러쳐져 있으므로 빙 둘러 헌법재판소 정문을 통과해서 들어가야 가까이 볼 수 있다. 재미있는 것은 헌법재판소 정문에는 '백송 관람 방명록'이 따로 있어 이곳에 신분을 기록한 후에야 나무를 보러 들어갈 수 있다는 사실이다. 백송을 보러 가는 과정이 다소 성가시다. 그래서인지 일단 들어가면 좀 더 오래 백송 근처에 머물게 된다.

작가 김연수는 〈쉽게 끝나지 않을 것 같은, 농담〉에서 600년을 살아온 백송에 수많은 물음표를 달아 주었다.

갑신정변이 실패하고 홍영식이 비참하게 죽은 뒤, 민영익의 도움을
받은 알렌은 흉가가 된 홍영식의 집에다 최초의 서양식 병원인 제중원을
설립했다. 제중원의 뜰에는 나무 한 그루가 서 있었다. 박지원의 집 앞에

헌법재판소의 백송. 버팀기둥에 몸을 의지해야 할 만큼 오랜 세월을 살아 왔다.

있었던 나무. 홍영식의 집 앞에 있었던 나무. 그날 길 잃은 아이들처럼 그녀와 함께 걸어다녔던 그 골목길들, 그 가운데 서 있던 나무. 그 나무 한 그루 말이다.

(중략)

둥치에서부터 나누어진 두 개의 가지는 저마다 아픈 사람들처럼 철제 버팀기둥에 기대고 있었다. 그것만으로도 부족했는지 두 가지 사이로는 가느다란 쇠줄이 연결돼 있었다. 그 통에 서로가 서로를 끌어주면서 버티는 꼴이 되어버렸다. 쇠줄을 자르고 버팀기둥을 없애버리면 금방이라도 두 개의 가지는 땅으로 쓰러질 것 같았다. 얼굴로 떨어지는 비를 고스란히 맞으며 서서 나는 혼자 중얼거렸다. 왜 쓰러지도록 내버려두지 않는 것인가? 나는 울타리를 넘어 잔디를 밟으며 백송을 향해 몇 걸음 더 걸어갔다. 천연기념물 제8호 재동 백송이 내 머리 위로 그 젖은 잎을 드리웠다. 비가 쏟아지는데도 여전히 나는 고개를 치켜들고 계속 따져 묻기로 했다. 왜 그냥 쓰러지도록 내버려두지 않는가? 철제 버팀기둥과 쇠줄로 지탱되는 육백 살이라니? 다른 나무들은 다 죽어버렸는데, 오래 살아남기만 하면 천연기념물이 된다니 그것도 일종의 농담인가? 백송이여, 그런 것도 농담인가? 오랜 시간이 흐르고 하면 지금의 우연한 일들도 모두 필연이 된다는 뜻인가? 어린 백송도 천연기념물이 될 수 있다는 뜻인가?

🍀 김연수, 〈쉽게 끝나지 않을 것 같은, 농담〉

이 소설에서 '나'는 헤어진 전 처와 재회하여 안국동에서 재동, 계동, 가회동 일대를 걷는다. 이후 그는 그녀를 따라 뱅글뱅글 돌던 길들을 되짚어 홀로 걸으며 인연의 실타래를 풀어 보지만 길은 마구 엉킨다. 그러면서 마주하게 되는 길은 역사라는 이름으로 다가온다. 인연에서 역사로, 그 역사의 우연과 필연으로, 다소 무거운 화두로 옮아간 그는 헌법재판소에 서 있는 '백송'과 '지구의'를 중심으로 이를 풀어 간다.

마치 저 굉장한 보물이 크고 아름답고 기이하고 빼어나나……이 구절을 읽을 때면 나는 늘 늦가을 아침 유언을 남기고 죽은 박지원의 재동 집 벽장에 들어 있었다는 지구의를 떠올린다. 그 지구의에 대한 얘기를 처음 꺼낸 사람은 단재 신채호였다. 신채호는 박지원이 중국에서 돌아오는 길에 그 지구의를 가져왔다고 쓴 바 있다. 박지원이 손수 지은 재동 집 사랑채 앞에는 그가 태어나기 오래 전 중국에서 들여온 것이 또 하나 있었다. 아니, 사실대로 말하자면 원래는 숲을 이룰 만큼 많았겠지만, 지금은 하나만 남아 있다. 바로 그날, 우리의 행로 한가운데에 서 있던 바로 그 나무 한 그루다. 박지원은 〈열하일기〉를 비롯한 수많은 책을 남겼으며 조선 후기의 개화파들에게 큰 영향을 끼쳤다. 그건 우리가 다 아는 사실이다. 아울러 박지원의 벽장 속의 지구의와 뜰 앞에 나무 한 그루도 남겼다. 그건 우리가 잘 모르는 사실이다. 나는 역사라는 이름의 위험천만한 폭약을 단숨에 폭파시키는 뇌관은 〈열하일기〉나 실학사상 같은 게 아니라 벽장 속의 지구의나 뜰 앞의 한 그루처럼 사소하고 하잘것없고 우연의 소산으로만 보이는 것들이라고 생각한다. 시작과 끝, 원인과 결과만을 두고 본다면 세상의 모든 일은 인과관계에 따라 움직인다. 하지만 그 사이의 행로는 때로 매우 우연적이고 사소한 것들로 채워지곤 한다.

 🍀 김연수, 〈쉽게 끝나지 않을 것 같은, 농담〉

 백송이 있던 집, 그 집 벽장에 있었다는 지구의. 세계에 대한 인식 변화는 새로운 사물을 발명해 내기도 하지만, 역으로 새로운 사물이 새로운 세계관을 낳기도 한다. 화자는 조선 말기 개화, 근대화의 점화가 일상 속에서의 체험과 그로 인한 감각, 인식의 변화로 촉발된 것이 아닐까 질문한다. 수많은 우연을 두고 우리는 필연을 추려 낸다. '쉽게 끝나지 않을 것 같은, 농담'은 우연이 필연이 되고 마는 우리 삶일 수도 역사일 수도 있을 것이다. 사연을 몰랐다면 한 번 눈길 주고 지나쳐도 그만이었을 노송 앞에서 우리는 나무에 주렁주렁 달린 수많은 물음표 열매를 맛보았다.

 노송 곁에서 발을 쉬었다면 이제 다시 북촌로5길로 나와 계동길과 겹쳐지는 쪽으로 가자. 재동초등학교를 왼편으로 두고 지나가 사거리를 만나면 오른편에 북촌문화센터가 있다. 조선 말기 세도가 민재무관댁 터인 그곳도 감상하고, 각종 문화 체험의 현장도 구경하고, 잘 정리된 지도와 정보지를 얻어 나오면 된다. 이 지역의 건축, 역사, 문화에 관한 유용한 정보를 얻는 데 도움이 된다. 사실 북촌의 박물관, 체험관, 문화원, 고궁 등을 일일이 들러 보고자 한다면 하루도 부족하다. 욕심을 부리지 말고 포기할 것은 과감히 포기해야 한다. 아쉽다면 다음 기회에 다시 찾아오는 것도 좋겠다.

인촌 김성수의 저택을 그대로 보존한 인촌 고택.

4 | 계동길

이제 계동길 중앙고등학교 골목으로 들어서자. 이 길에는 외국인을 위한 한옥 게스트하우스와 전통 공예 체험장 등을 제법 볼 수 있다. 작은 한옥들이 옹기종기 이어 붙은 골목의 중간 오른편에 인촌 고택이 있다. 중앙고등학교 전신 중앙고보의 주인이자 경성방직, 동아일보, 고려대학교를 세운 인촌 김성수가 살던 저택의 모습을 그대로 보존하고 있다고 한다. 그 유명한 《태평천하》의 윤직원도 이 근방 그럴싸한 대문을 단 한옥에 살았을 것이다. 채만식의 《태평천하》는 바로 이곳 계동에서 시작하지 않는가.

> 추석을 지나 이윽고, 짙어 가는 가을 해가 저물기 쉬운 어느 날 석양.
> 저 계동(桂洞)의 이름 난 장자(長者)〔富者〕윤직원(尹直員) 영감이 마침 어디 출입을 했다가 방금 인력거를 처억 잡숫고 돌아와, 마악 댁의 대문 앞에서 내리는 참입니다.

채만식의 업적을 기리는 채만식 문학비. 중앙고등학교 내에 있다.

(중략)

구경을 아주 원만히 마치고 난 윤직원 영감은, 춘심이는 제 집이 청진동이니까 걸어가라고 보내고, 자기 혼자만 전차 정류장까지 나왔습니다. 그러나 술해 몰려 나온 구경꾼들과 같이서 전차를 탈 일이며, 또 버스를 탈 일이며, 그뿐 아니라 재동서 내려 경사진 계동길을 걸어올라가자면 숨이 찰 일이며 모두 생각만 해도 대견했습니다. 십 원짜리를 가지고 하면 또 공차를 탈 수도 있을 테지만, 에라 내가 돈을 아껴서는 무얼 하겠느냐고 실로 하늘이 알까 무서운 변심을 먹고, 마침 지나가는 인력거를 불러 탔던 것이고, 결과는 돈 오 전을 가외에 더 뺏겼고, 해서 정히 역정이 났었고, 그리고 또 대문이 말입니다.

대문은 언제든지 꽉 잠가 두거니와, 옆으로 난 쪽문도 안으로 잠겼어야 할 것이거늘 그것이 훤하게 열려 있었던 것입니다.

윤직원 영감은 큰대문을 열어 놓고 있노라면 어쩐지 집안엣것이 형적 없이 자꾸만 대문으로 해서 빠져나가는 것만 같고, 그 대신 상서롭지 못한 것이 자꾸만 술술 들어오는 것만 같고 하여, 간혹 장작바리나 큰짐이 들어올 때가 아니면 큰대문은 결단코 열어 놓는 법이 없습니다. 이것은 아주 이 집의 엄한 가헌입니다.

　🍎 채만식, 《태평천하》

경사진 길을 오르며 숨이 찰 때쯤 문을 꼭꼭 닫아 걸고 있는 그럴싸한 한옥 대문이 눈앞에 보인다면 그쯤이 윤직원 같은 인물이 살았을 법한 곳이다.

5 중앙고등학교

좌우로 늘어선 한옥들과 아기자기한 학교 앞 가게들을 구경하며 골목을 올라가다 보면 경사진 언덕길 전면에 중앙고등학교 교문이 보인다. 현상윤, 채만식, 변영로, 서정주, 염상섭, 이상 등이 거쳐 간 이곳은 학교 건물 자체도 내력이 깊고, 3·1운동을 배태한 숙직실을 당시 모습대로 복원해 놓은 볼거리도 있다. 하지만 평일에는 학습 환경 조성을 위해 출입을 통제해서 관람이 쉽지 않다. 방문을 원한다면 휴일이나 학생들 하교 후 시간을 이용하자.

배용준이 주인공으로, 한때 일본에서 유명했던 드라마 〈겨울연가〉의 촬영지로 유명세를 날리기도 한 중앙고등학교는 드라마가 막을 내린 뒤에도 여전히 일본인 여성 관광객들의 발길이 이어지고 있다. 학교 앞에는 〈겨울연가〉의 인기를 증명하듯 출연 배우들의 사진과 기념품을 파는 가게가 있다.

교문을 들어서서 오른편 담을 따라 걸어가면 이상화 시비가 먼저 보인다.

중앙고등학교에 있는 이상화 시비. 〈빼앗긴 들에도 봄은 오는가〉를 새겨 놓았다.

지금은 남의 땅 빼앗긴 들에도 봄은 오는가

나는 온 몸에 햇살을 받고

푸른 하늘 푸른 들이 맞붙은 그 곳으로

가르마 같은 논길을 따라 꿈속을 가듯 걸어만 간다

입술을 다문 하늘아, 들아

내 맘에는 내 혼자 온 것 같지를 않구나

네가 끌었느냐 누가 부르더냐 답답워라 말을 해 다오

바람은 내 귀에 속삭이며

한 자욱도 섰지 마라 옷자락을 흔들고

종다리는 울타리 너머 아씨같이 구름 뒤에서 반갑다 웃네

고맙게 잘 자란 보리밭아,

간밤 자정이 넘어 내리던 고운 비로

너는 삼단 같은 머리털을 감았구나 내 머리조차 가뿐하다

혼자라도 가쁘게 나가자

마른 논을 안고 도는 착한 도랑이

젖먹이 달래는 노래를 하고 제 혼자 어깨춤만 추고 가네

나비 제비야 깝치지 마라

맨드라미 들마꽃에도 인사를 해야지

아주까리 기름을 바른 이가 지심 매던 그 들이라 다 보고 싶다

내 손에 호미를 쥐어 다오

살진 젖가슴과 같은 부드러운 이 흙을

발목이 시도록 밟아도 보고 좋은 땀조차 흘리고 싶다

강가에 나온 아해 같이

짬도 모르고 끝도 없이 닫는 내 혼아

무엇을 찾느냐 어디로 가느냐 웃어웁다 답을 하려무나

나는 온 몸에 풋내를 띠고

푸른 웃음 푸른 설움이 어우러진 사이로

다리를 절며 하루를 걷는다 아마도 봄 신령이 지폈나보다

그러나 지금은 들을 빼앗겨 봄조차 빼앗기겠네.

🍃 이상화, 〈빼앗긴 들에도 봄은 오는가〉

    시비란 대체로 무심히 서 있다. 눈여겨보는 사람도 없다. 혹시 지나가는 학생이 있다면 "서정주 시비가 어디 있어요?" 하고 물어보자. 학생은 고개를 갸우뚱할지도 모른다. 시비가 공원에 있었어도 사정은 마찬가지일 것이다. 우리의 오감을 자극하고 영혼으로 들어오는 시가 돌에 새겨진 순간, 시의 묘비墓碑가 되고 마는 기이한 현상을 체험한다.

    학교 건물을 두세 채 지나 운동장까지 걸어가면 운동장을 마주한 채 만식 문학비와 서정주 시비를 볼 수 있다.

〈국화 옆에서〉를 새겨 놓은 서정주 시비.

한 송이의 국화꽃을 피우기 위해

봄부터 소쩍새는

그렇게 울었나 보다.

한 송이의 국화꽃을 피우기 위해

천둥은 먹구름 속에서

또 그렇게 울었나 보다.

그립고 아쉬움에 가슴 조이던

머언 먼 젊음의 뒤안길에서

인제는 돌아와 거울 앞에 선

내 누님같이 생긴 꽃이여.

노오란 네 꽃잎이 피려고

간밤엔 무서리가 저리 내리고

내게는 잠도 오지 않았나 보다.

🌼 서정주, 〈국화 옆에서〉

이상화의 시는 봄을, 서정주의 시는 가을을 노래한다. 어느 계절이어도 학생들이 깃든 공간은 싱그러우리라. 학교를 졸업한 이들이라면 학창 시절에 외우면서 배웠던 시들을 실제 학교라는 공간 속에서 다시 보니 감회가 새로울 것이다.

6 창덕궁길

중앙고등학교 정문으로 나와 왼편으로 꺾으면 원서동 주민들의 터전이 살갑게 느껴지는 골목이 나온다. 화분들이 때로는 정성스럽게 들여져 있고 때로는 아무렇게나 비어져 나와 있는 그 길을 따라 언덕을 오르내리면 털털거리는 방앗간, 미용실 등을 지나 창덕궁과 만나게 된다. 창덕궁 담장을 따라 오른편으로 돌아 내려가면 원불교에서 마련한 은덕문화원이라는 공간 한편에 시인 김지하가 차린 '싸롱 마고'라는 찻집이 보인다. 이곳에서 간혹 시인을 볼 수 있다고 한다. 기획한 문화 행사들을 카페 앞에 써 놓고 붙여 놓고 했으니 한번 기웃거려 보자.

이쯤에서 김지하의 대표작 〈타는 목마름으로〉를 잠시 감상해 보자. 1982년, 〈타는 목마름으로〉는 민주화 운동 한복판에 놓인 청춘들을 뜨겁게 달구었다.

신새벽 뒷골목에

네 이름을 쓴다 민주주의여

내 머리는 너를 잊은 지 오래

내 발길은 너를 잊은 지 너무도 너무도 오래

오직 한 가닥 있어

타는 가슴속 목마름의 기억이

네 이름을 남몰래 쓴다 민주주의여.

아직 톰트지 않은 뒷골목의 어딘가

발자국 소리 호르락 소리 문 두드리는 소리

외마디 길고 긴 누군가의 비명 소리

신음 소리 통곡 소리 탄식 소리 그 속에 내 가슴팍 속에

깊이깊이 새겨지는 네 이름 위에

네 이름의 외로운 눈부심 위에

살아오는 삶의 아픔

살아오는 저 푸르른 자유의 추억

되살아오는 끌려가던 벗들의 피 묻은 얼굴

떨리는 손 떨리는 가슴

떨리는 치떨리는 노여움으로 나무판자에

백묵으로 서툰 솜씨로

쓴다.

숨죽여 흐느끼며

네 이름을 남몰래 쓴다.

타는 목마름으로

타는 목마름으로

민주주의여 만세.

🌱 김지하, 〈타는 목마름으로〉

싸롱 마고 옆 주차장 공터 안쪽 오른쪽 집에는 〈목마와 숙녀〉로 우리에게 잘 알려진 시인 박인환이 살았다고 한다. 현재 거주자들이 있어 집을 구경하기는 쉽지 않다.

한 잔의 술을 마시고
우리는 버지니아 울프의 생애와
목마를 타고 떠난 숙녀의 옷자락을 이야기한다
목마는 주인을 버리고 거저방을 소리만 울리며
가을 속으로 떠났다 술병에 별이 떨어진다
상심한 별은 내 가슴에 가볍게 부숴진다
그러한 잠시 내가 알던 소녀는
정원의 초목 옆에서 자라고
문학이 죽고 인생이 죽고
사랑의 진리마저 애증의 그림자를 버릴 때
목마를 탄 사랑의 사람은 보이지 않는다

(후략)

🌱 박인환, 〈목마와 숙녀〉

이제 산책이 끝나 간다. 마지막으로 박범신의 소설 《외등》을 이야기하며 북촌 산책을 마무리하자. 종군 위안부의 딸이자 그림 그리는 소녀 한혜주가 나중에 대기업 총수가 되는 부잣집 아들 노상규의 끈질긴 구애를 보기 좋게 거절하던 빵집이 바로 창덕궁 옆 이 근방에 있었다. 가회동

김지하 시인의 찻집 싸롱 마고에서는 이런저런 문화 행사들이 열린다

과 삼청동에서 시작된 이들의 질긴 애증의 인연은 목련이 가득 핀 네모난 가회동 한옥을 중심으로 펼쳐진다.

> 어머니를 따라서 살게 된 가회동집은 한옥으로서 굳이 말하자면 튼 ㅁ자형이었다. 대문을 열면 좌우에 사랑방과 창고가 들여져 있었고, 곧 뜰로 이어졌다. 곱은자형의 안채에는 안방과 윗방이 있었으며, 대청을 사이에 두고 건넌방이 있었다.
> 뜰은 나무들이 울창했다.
> 인위적으로 가꿨다기보다 절로 잡목들이 우거져 있는 것 같은 분위기였다. 기와를 얹은 동편 담장을 따라 오동나무가 한 그루 서 있었고, 라일락과 단풍나무와 사철나무가 있었으며, 백목련 자목련이 짝을 맞춰 자라고 있었다. 특히 마당의 중앙에 서 있는 백목련은 아주 나이 많은 나무여서 기둥이 한 아름은 충분히 될 정도였다.
>
> 🍊 박범신,《외등》

백목련, 자목련이 짝을 맞춰 피는 소설 속 한옥집은 어디쯤 있을까?

　작가는 일제 강점기와 독재정권 시대, 그리고 1990년대를 넘나들며 가회동 일대의 변화를 기록한다. 그곳에 사람이 나고 들고, 백목련이 잘리고 옮겨지고, 집이 개조되고 허물어지고 하는 동안 10대의 주인공들은 중년이 되고 세상의 판도는 바뀐다. 그 가운데 네 인물이 있다. 서영우는 독재정권 시절 빨갱이 자식이라는 벗어날 수 없는 굴레를 써야 했고, 민혜주는 위안부 출신 엄마의 발작과 함께 살아야 했다. 그리고 친일파의 후손으로 대재벌의 후계자가 되는 노상규는 민혜주를 탐한다. 영우의 이복동생 이재희가 그들의 얽히고설킨 사랑을 지켜보며 이야기가 전개된다. 줄거리만 요약하고 보면 현대판 이수일과 심순애로 읽힐지도 모르겠다. 허나 소설을 읽다 보면 그 긴박감 넘치는 서사와 감각적 묘사, 그리고 그것 안에 상징적으로 담긴 근현대사가 단순히 요약될 수 없는 여운을 남긴다. 《외등》은 TV문학관 드라마로도 방영된 적이 있는데 그 강렬한 이야기를 기억하는 이들이 적지 않다.

북촌의 문학 산책로는 창덕궁길에서 끝난다. 한 시간 정도 문학 작품을 중심으로 걸었으나 북촌을 전부 훑지는 못했다. 아직 기운이 남아 있다면 미련이 남은 곳으로 발길을 이어 보자. 북촌문화센터에서 얻은 자료를 보면 박물관과 문화 체험장, 고택 등 짧은 산책로에서 미처 들르지 못한 북촌의 명소가 수두룩이 소개되어 있을 것이다. 다음을 기약하고 싶다면 계동길을 따라 중앙고등학교 반대편으로 내려가자. 안국역이 나온다.

문학 작품

- 채만식, 〈레디 메이드 인생〉,《레디 메이드 인생》, 문학과지성사, 2008
- 채만식,《태평천하》, 문학과지성사, 2006
- 유진오, 〈김강사와 T교수〉,《김강사와 T교수》, 범우사, 2006
- 최인호, 〈머저리 클럽〉, 랜덤하우스코리아, 2008
- 김연수, 〈쉽게 끝나지 않을 것 같은, 농담〉,《나는 유령작가입니다》, 창비, 2005
- 이상화, 〈빼앗긴 들에도 봄은 오는가〉,《빼앗긴 들에도 봄은 오는가》, 문학과현실사, 2009
- 서정주, 〈국화 옆에서〉,《국화 옆에서》, 민음사, 1997
- 김지하, 〈타는 목마름으로〉,《타는 목마름으로》 창비, 1993
- 박인환, 〈목마와 숙녀〉,《목마와 숙녀》, 문학과현실사, 2009
- 박범신,《외등》, 이룸, 2001

08 **부암동 · 홍지동 · 평창동**
산중에 숨어 살며 문학에 헌신한 사람들

부암동 일대는 데이트 코스와 시민들의 산책로로 한창 주가가 높은 서울의 명소다. 한적한 교외로 나온 듯한 기분을 느끼며 거리를 걷다 보면, 곳곳에 숨어 있는 맛집이나 명소들을 발견하는 가외의 기쁨을 누릴 수도 있다. 이번 산책 코스는 이동 거리가 꽤 긴 편이다. 특히 코스 후반에 찾아가는 홍지동 이광수 가옥에서 평창동까지는 20여 분을 걸어야 하는데, 다리가 아프거나 그냥 걷기가 지루하다면 마을버스를 타고 이동하는 것도 좋다. 평창동에는 이 책에 미처 소개하지 못한 미술관들이 많으니, 미리 확인하고 찾아가 보아도 좋겠다.

산책 코스 | 4km
❶ 창의문 ➡ ❷ 현진건 집터 ➡ ❸ 흥선대원군 별서(서울미술관) ➡
❹ 홍지동 이광수 가옥 ➡ ❺ 박종화 고택 ➡ ❻ 영인문학관

중간 이동
상명대 입구에서 종로13 마을버스를 타고
평창동 국민은행(평창동 주민센터)에서 내린다.

1 | 창의문

부암동 산책 코스의 시작 지점은 창의문彰義門이다. 지하철 3호선 경복궁역 3번 출구로 나와서 마을버스를 타고 자하문고개 정류장에서 내려 언덕을 조금 올라가면, 바로 창의문이 보인다. 버스 정류장 이름에 들어 있는 '자하문'은 창의동에 있는 조선 시대 성문인 창의문의 별칭이다. 공식 명칭인 창의문보다 자하문이라는 이름이 더 익숙한 것은 많은 시민, 작가들이 이 아름다운 이름을 더 선호한 까닭일 터.

이곳은 서울의 한복판 종로구라는 것이 믿기지 않을 만큼 신선한 공기와 아름다운 산세를 느낄 수 있는 동네다. 시인 김관식이 이곳의 자연을 노래했다.

> 나는 아직도 청청이 어우러진 수풀이나 바라보며 병을 다스리고 살 수밖엔 없다. 혼란한 꾀꼴새의 매끄러운 울음 끝에 구슬 목청을 메아리가 도로 받아 얼른 또 넘겨 빽빽한 가지 틈을 요리조리 휘돌아 구을러 흐르듯 살아가면 앞길은 열리기로 마련이다.
>
> 사람이 사는 길은 물이 흘러가는 길.
> 산마루 어느 집 물항아리에 나는 물이 되어 고여 있다가 바람에 출렁거려 한줄기 가느다란 시냇물처럼 여기에 흘러왔을 따름인 것이다. (후략)
>
> 김관식, 〈자하문 밖〉 부분

창의문 밖의 정경은 김관식의 절창 속에서 보이는 것처럼, '청청이 어우러진 수풀'을 바라보며 조용히 명상할 수 있는 공간을 제공한다. 이 동네를 천천히 거닐다 보면 세월이 많이 흐른 지금도 그러한 삶의 여유를 느끼기에 부족함이 없음을 알 수 있다.

성문 현판에는 분명 창의문이라 쓰여 있지만
사람들은 지하문이란 이름을 더 좋아하는가 보다.

김춘수는 〈강화백〉이라는 작품에서 부암동의 정경을 이렇게 전한다.

樺榴나무에 연둣빛 기류가 감돌게 되면 봄은 벌써 와 있다고 해야 한다. 해는 차츰 길어지고 낮달이 유난히 눈을 끈다. 저녁에는 사철나무 키 작은 어깨가 달싹인다. 저희끼리 뭔가 표정을 나누고 있다. 이럴 때 서울의 부암동 산꼭대기 그 누옥, 술 때문인지 온종일 입에서 떼지 않는 파이프 때문인지 강화백의 한쪽 눈이 젖어 있다. 지금도 아마 그 큰 눈의 어느 한 쪽은 젖어 있으리. 고지새가 한 마리 거실 맞은 편 뜰에 내려와 집주인의 눈을 먼발치서 가만히 바라본다.
　김춘수, 〈강화백〉

부암동 산꼭대기의 누옥에 사는 어느 화백의 거실에 날아온 새 한 마리에 관한 김춘수의 시를 읽자니, 좀 더 산길을 오르고 싶은 충동이 일기도 한다. 창의문 바깥에는 서울성곽을 오를 수 있는 산책로가 마련되어 있어서, 주말이면 많은 사람이 등산복 차림으로 찾아온다. 그러나 이곳에서는 굳이 산을 오르지 않아도 계절의 변화를 느끼기에 부족함이 없다. 창의문에서 환기미술관 방향으로 조금 올라가다 보면 어느 시골 읍내에나 있을 법한 방앗간이 낡은 자태를 간직한 채 여전히 남아 있다. 이런 부암동의 정경을 신경숙은 《엄마를 부탁해》에서 작중에 등장하는 엄마의 목소리를 통해 조용히 드러내 보여 준다.

여기가 어디다냐? 서울시 종로구 부암동…… 여기가 종로구란 말이냐?
(중략)
작년에 네 가족들이 삼 년 남짓한 외국생활을 마치고 다시 서울로 돌아왔을 때 가지고 있는 돈으로는 예전에 살던 아파트 전세도 얻지 못하게 되었다고

동양방앗간 푯말이 있는 건물에서 왼편으로 길을 내려가면 환기미술관에 닿는다.

실망하더니 이런 마을을 찾아낸 모양이로구나. 여긴 완전히 시골마을이여. 커피집도 있고 미술관도 있긴 하나 방앗간도 있더구나. 방앗간에선 흰 가래떡을 뽑고 있더구나. 옛날 생각이 나서 한참 구경을 했구나. 설이 다가오는가. 방앗간에서 흰떡을 뽑는 사람들이 꽤 있던걸. 아직도 설이라고 흰떡을 뽑는 그런 마을이 이 도시에도 있구나.

🍡 신경숙, 《엄마를 부탁해》

작중 인물의 감탄처럼 '완전 시골 마을'이 아직 서울에 남아 있다는 것을 누구나 느낄 수 있는 동네가 이곳 부암동이다. 동양방앗간 푯말이 있는 건물에서 왼편으로 길을 내려가면 환기미술관이 나온다. 환기미술관은 수화 김환기의 미술 세계를 조망하기 위해 그의 부인 김향안이 설립한 미술관으로, 김환기의 작품 300여 점을 소장, 전시하고 있다.

> **환기미술관**
> **관람시간** 10:00~18:00, 매주 월요일과 설날 및 추석 연휴 휴관
> **문의** 02-391-7701

2 | 현진건 집터

환기미술관을 둘러보고, 다시 큰길로 나와서 조금 내려가면 부암동 주민센터에 이른다. 부암동 주민센터에서 오른쪽 골목으로 조금 더 직진하면 '무계정사 터'로 갈 수 있다. '창의문로5길'이라고 적힌 푯말을 보고 따라 올라가 보자. 무계정사 터 아래 빈 땅에 소설가 현진건 집터가 있다. 좁은 골목 입구 담장 아래 '현진건 집터'를 알리는 비석이 있다.

1936년 베를린 올림픽 마라톤에서 손기정이 우승했을 때, 시상식 단상에 오른 그의 유니폼에서 일장기를 지우고 보도한 유명한 일장기 말소 사건을 주도한 것이 당시 동아일보 기자로 재직 중이던 현진건이었다. 그는 이 사건으로 1년간 복역했다. 이후 현진건은 창의문 밖에 생계를 위해 집을 짓고 양계를 하며 창작 활동을 했는데, 바로 그 집의 흔적이 이곳이다. 안타깝게도 그는 이곳에서 양계에 실패하고 불우한 만년을 보냈다.

"흥, 그렇구마. 무너지다가 담만 즐비하게 남았즈마. 우리 살던 집도 터야 안 남았겠는기오."

하고 그의 짜는 듯한 목은 높아졌다.

"썩어 넘어진 서까래, 뚤뚤 구르는 주추는! 꼭 무덤을 파서 해골을 헐어 젖혀 놓은 것 같더마. 세상에 이런 일도 있는기오? 백여 호 살던 동리가 십 년이 못되어 통 없어지는 수도 있는기오, 후!"

하고 그는 한숨을 쉬며 그때의 광경을 눈앞에 그리는 듯이 멀거니 먼 산을 보다가 내가 따라 준 술을 꿀꺽 들이켜고,

"참! 가슴이 터지드마, 가슴이 터져."

하자마자 굵직한 눈물 두 방울이 뚝뚝 떨어진다.

나는 그 눈물 가운데 음산하고 비참한 조선의 얼굴을 똑똑히 본 듯싶었다.

🌶 현진건, 〈고향〉

좁은 골목 입구 담 아래 현진건의 집터를 알려 주는 작은 비석이 있다.

단편 〈고향〉에서 현진건이 전하는 식민지 시기의 음산하고 비참한 조선의 얼굴은 당대에 그 자신이 경험해야 했던 자화상과도 같았을 것이다. 소설의 결말에서 주인공이 "볏섬이나 나는 전토는 신작로가 되고요 / 말마디나 하는 친구는 감옥으로 가고요"라는 당대의 유행가를 술에 취해 읊조리는 장면은 식민지 시기 한국인의 삶을 생생하게 보여 준다. 지금 폐허가 된 그의 집터를 둘러보는 우리의 마음에도 그 당시 현진건의 비통한 마음이 전해져 오는 듯하다.

3 | 흥선대원군 별서

현진건 집터에서 큰길로 나와서, 홍지동 방면으로 길을 따라 내려가다 보면, 길 왼편으로 서울미술관이 보이고, 그 안쪽 언덕에 근사한 한옥이 자리 잡고 있다. '석파정'이라는 이름으로 알려진 이곳은 흥선대원군의 별서였다. 조선 말의 세도가 김흥근이 소유하고 있던 집을 대원군이 빼앗아 자신의 별서로 삼았다고 한다. 본래 일곱 채의 건물로 구성되어 있던 흥선대원군 별서는 오늘날 안채, 사랑채, 별채와 같은 살림채와 중국풍 정자 등 네 채만 남아 있다. 대원군 별서를 지칭하는 석파정이라는 이름은 바로 이 중국풍 정자의 이름이다.

이태준은 자신의 한 수필에서 대원군 별서를 구경한 일화를 아래와 같이 소개하고 있다.

> 지난 봄에 창의문 밖에 있는 전 대원군의 별장을 구경한 일이 있다. 워낙은 김 모라는 당시 재상이 지은 것인데 뒤에 대원군이 가진 것이라는데 첫째 이상한 것은 그렇게 좋은 재목으로 그렇게 아끼는 것이 없이 짓는 집을 왜 요즘 집 장수들의 집처럼 간사를 좁게 지었나 하는 것이었다. 알고 보니 그 까닭은

인왕산 기슭에 자리 잡은 흥선대원군 별서.

그때 사람들이라고 키가 더 작았던 것도 아니요, 재목을 아꼈음도 아니요, 다만 이만하면 되었다 하는 겸양에서 나온 것이었다.

🌸 이태준, 〈집 이야기〉

    석파정은 서울미술관을 통해서만 가 볼 수 있다. 이태준이 직접 보고 전해 주는 석파정의 모습은 비교적 소박한 풍모를 간직한 것이지만, 미술관의 일부가 된 석파정에서는 수려한 건축미가 느껴진다. 여기에 빼어난 산수와 계곡이 어우러져 있어 서울에서는 좀처럼 만나기 어려운 풍채 좋은 한옥의 기운을 느낄 수 있다.
    김성동의 장편 소설 《길》에도 석파정을 둘러싼 세검정의 풍경이 등장한다.

느릿느릿 흘러내리던 인왕산(仁旺山) 자락이 세검정 시냇물을 만나 문득 걸음을 멈추면서 불끈 또아리를 튼 이곳은 풍광이 좋아 예로부터 별장이 많던 것이었다. 세검정 개울 건너 산비탈에 자리 잡은 것은 춘원(春園)의 별장이었다고 하는데 내가 서 있는 곳에서 위쪽으로 둘러쳐진 철조망 너머 숲 사이로 살짝 보이는 기와지붕은 대원군의 별장이었다는 석파정이었고 발아래로 내려다보이는 현대식 삼층건물은 무슨 재벌동아리 회장의 별장이었다.

🔖 김성동, 《길》

대원군의 별서와 재벌 회장의 현대식 건물을 대비하는 시선은 서울의 외곽인 세검정이 변화해 가는 속도를 정직하게 기록하고 있다는 점에서 눈여겨볼 만하다.

서울미술관

서울미술관은 '모든 것이 예술이다'라는 이념 아래 우리 삶에 녹아 있는 다양한 가치를 조망하는 전시를 선보인다. 특히 감상자가 미술관과 전문가들의 권위에 눌려 주어진 정보를 수동적으로 수용하는 미술관이 아니라, 스스로 감상의 주체가 되어 창조적으로 감상하는 미술관을 지향한다. 서울미술관을 운영하는 석파문화원은 1997년 흥선대원군 별서를 인수하고, 2012년에 서울미술관을 개관했다. 미술관의 한 부분으로 자리 잡은 흥선대원군 별서는 초입 암반에 새겨진 '물을 품고 구름이 발을 치는 집(巢水雲簾菴, 소수운렴암)'이라는 글처럼 빼어난 산수와 계곡을 배경으로 아름다운 경관과 건축미를 자랑한다. 흥선대원군 별서는 1974년 서울특별시 유형문화재 제26호로 지정되었다.

관람시간 미술관 11:00~19:00 흥선대원군 별서 11:00~18:00, 미술관과 석파정 모두 월요일에 휴관하며, 겨울철에는 30분 일찍 열고 30분 일찍 닫는다. 미술관 사정에 따라 석파정 관람이 제한될 수 있다.

문의 02-395-0100

4 | 홍지동 이광수 가옥

석파정을 지나 다시 홍지동 방면으로 내려간다. 상명대학교가 자리 잡고 있는 언덕 아래까지 와서, 세검정 검문소 앞 상명교를 건너서 왼쪽 골목으로 50미터쯤 오르다 보면 춘원 이광수의 생가를 만날 수 있다. 한국 근대 문학의 기념비적 작품인 《무정》을 포함하여 수없이 많은 걸작을 남긴 이광수는 문학 외적인 문제로도 항상 논란이 되는 작가다. 그는 흥사단의 국내 비밀단체였던 '수양동우회' 사건으로 일제에 검거되어 징역을 살다 나온 후, 홍지동의 산장에 은거하며 중요한 작품들을 남겼다. 그러나 이후 그가 친일을 한 것은 잘 알려져 있다. 이광수는 자신의 소설 〈육장기〉에서 세검정의 풍경을 다음과 같이 전하고 있다.

> 세검정 빨래란 자고로 유명하다고 하오. 날이나 밝은 아침이면, 밥솥과 장작과 빨래 보퉁이와 빨래 삶을 양철통과를 사내가 걸머지고, 여편네는 잔뜩 한 임 이고 코 흘리는 아이를 데리고 자하문으로 주렁주렁 넘어오는 것이 봄부터 가을에 걸쳐서 이 고장의 한 풍경이오. 그들은 개천가 빨래하기 좋은 목에다가 진을 치고 점심을 지어 먹어 가며 빨래질을 하는 것이오. 저 보시오. 개천가에는 홑이불, 웃잇, 치마, 모두 널어 말리고 있소.
>
> 🍂 이광수, 〈육장기〉

이광수의 홍지동 산장이 자리하고 있는 언덕의 바로 아래에 세검정의 계곡이 자리 잡고 있어, 과거 이곳을 빨래터로 삼았던 정경을 떠올릴 수 있을 듯하다. 지금이야 계곡에서 빨래하는 사람이 없지만, 그러려고 해도 물이 말라 좀처럼 쉽지 않을 듯하다. 홍지동 산장이 있는 산자락을 더 올라가면 상명대학교가 자리 잡고 있다.

박영준의 소설 《고속도로》에 가파른 산 중턱 위에 위태롭게 자리 잡

가파른 언덕 위에 자리 잡은 상명대학교 건물은 큰길에서 바로 보인다.

은 상명대학교에 관한 이야기가 등장한다.

"저기는 세검정인가요?"

초희는 까마득히 내려다보이는 곳을 가리키며 물었다. "그렇지." "저 큰 집은 뭐지요?" 전에는 집 한 채 없던 세검정 골짜기에 그득 서 있는 집들, 그중에서도 산 중턱에 새로 지은 큰 건물이 눈에 띄었다.

"저건 학교가 부지요?"

"상명여자사범대학이야"

"저기다 어떻게 집을 지었을까?"

🍊 박영준, 《고속도로》

"저기다 어떻게 집을 지었을까"라고 말하는 등장인물의 독백은 언덕 위에 자리한 상명대학교를 직접 바라본 사람이라면 누구나 떠올릴 법한 의문일 것이다. 실제로 상명대학교의 교정은 서울 시내에 자리한 대학 중에서 가장 경사가 심한 것으로 명성이 자자하다.

구효서의 장편《낯선 여름》에서 주인공은 이곳에서 버스를 내려서 산길로 접어든다.

> 집 앞에서 135번 버스를 타고 자하문 터널인지를 지나, 상명여대 입구에서 내린다. 홍은동 쪽으로 걸어 내려가다 보면 오른쪽으로는 제법 맑은 계곡물이 흐르고, 왼쪽으로는 몇 개의 작은 산길이 나 있다. 그중 하나의 산길로 접어드는 것이다.
> 그곳에는 누구나 상상할 수 있는 나무들과 바위와 바람이 있다. 비라도 내린 날이면 물 흐르는 소리도 들린다. 봄과 여름에는 야생화도 핀다.
> 🍃 구효서,《낯선 여름》

부암동에서부터 홍지동에 이르는 이곳 세검정 부근은 예부터 서울에서 드물게 자연을 만날 수 있는 장소로 이름이 높았던 듯하다. 나무들과 바위와 바람을 만나고 물소리를 듣고 싶은 사람이라면 주저 없이 이곳 세검정을 찾으면 될 것이다. 세검정 일대를 무대로 삼은 중요한 작품으로 윤후명의《돈황의 사랑》을 빼놓을 수 없다.

> 내가 자하문고개를 넘어 세검정을 찾았던 것은 1964년 늦가을의 일이었다. 그때 나는 고등학교 졸업반의 학생이었고 게다가 세검정은 초행이었다. 그때만 해도 그곳은 서울에서는 꽤 외딴 동네에 들었다. 그날은 가랑비가 하루 종일 안개처럼 흐르다 멈췄다 하는 날씨였는데, 그렇다고 음산하지는 않았다. 그곳 분지는 안개비에 몽롱하게 가라앉아 있었다. 나중에 어디선가 배운 대로 표현하자면 이른바 산수운연(山水雲煙)의 경계를 몽롱하고 침중하게 나타낸다는 선염법(渲染法)에 의한 한 폭의 동양화처럼 보였다. 집에서 나와 그곳에 틀어박힌다는 상상이 실제의 일처럼 내 앞에 다가와

나는 망연자실, 남모르는 환희에 몸이 떨렸던 것도 같다. 버스가 자하문을 오른쪽으로 바라보며 고갯마루에 올라서자, 아마도 느티나무인가, 황록색에 붉은빛을 띤 가을 잎사귀들이 무리져 날리는, 어쩌면 비현실의 세계 같기도 한 마을이 한눈에 들어왔던 것이다. 내 머릿속에 세검정이라는 동네가 두고두고 특별한 의미가 있는 것처럼 인식된 까닭이 바로 이때의 느낌 때문임을 부인할 길이 없다. 마을의 깊고 가라앉은 분위기에도 불구하고 마을을 감싸고 있는 산들이 저 도끼로 찍어 놓은 준(皴)처럼 주름져 보이는 것도 인상이 깊었다.

🍂 윤후명, 《돈황의 사랑》

    산수운연의 경계를 몽롱하고 침중하게 나타내는 한 폭의 동양화 같은 풍경이 나타났다는 것은 전혀 과장이 아닐 것 같다. 가랑비가 내리는 날 이곳 세검정을 찾는다면 문득 그러한 화폭 속으로 자신이 걸어 들어와 있는 것을 느낄 수도 있을 것 같다. 《돈황의 사랑》에서도 어김없이 언급되는 세검정의 자연이 전해 주는 이 '비현실의 세계 같기도 한 마을'을 천천히 걸으며 그 특별한 의미를 되새겨 보자.

5 | 박종화 고택

    홍지동 산장을 둘러보고 내려와서 찾아갈 곳은 박종화의 고택이 있는 평창동이다. 홍지동에서 걸어가면 20여 분 걸리는 거리이지만, 갈 길이 바쁜 사람들은 길 건너편에서 버스를 타고 평창동 주민센터 앞에서 내리면 된다.

    버스에서 내리면 길을 건너 평창11길로 올라가자. 평창동의 높은 담장들 사이로 난 너른 길을 올라가다 보면 무언가 위압감을 느끼게 되기도 한다. 이런 감정을 느끼는 것은 문학 작품에 나오는 주인공들도 마찬가지인 듯하다.

> 터벅터벅 걸음을 옮기면 옮길수록 주위는 점점 낯설어졌다. 길 가는 사람을 까닭 없이 멸시하는 듯한, 거드름 섞인 높고 도도한 담장들 사이의 삭막한 길. 모든 것이 나로부터 철저하게 무관했다. 그런데 나는 방금 이런 세상을 두려워하여 거짓된 말의 방패 뒤에 비열하게 몸을 숨겼던 것이다.
>
> 🔖 서영은,《그녀의 여자》

바로 앞에서 걸었던 부암동, 홍지동이 자연과 접하는 소박한 정경을 품고 있었다면, 이곳 평창동의 골목은 주변을 호위하고 있는 듯한 으리으리한 담장들 때문에 조금 삭막한 느낌이 든다.

커다란 주택과 빌라들이 늘어선 길로 10여 분쯤 오르면, 멀리 한옥이 보인다. 월탄 박종화의 고택이다. 박종화는 생전에 한 대담에서 작가 이호철이 충신동 댁에서 뵙고 월탄 선생 댁을 찾은 것은 처음이라고 말하자, "그 집이 그만 아깝게 헐려 버렸지요. 잘 아시겠지만, 그 집은 한옥이에요. 다시 구할 수 없는 재료들이구요. 그래서 서재만은 뽑아서 저 평창동 팔백 미터를 올라가는 산속에 옮겨 놓았어요." 이호철,《산 울리는 소리》라고 답한다.

박종화는 우리 근대 문학을 개척한 작가 중 한 사람으로, 특히 역사 소설의 거장으로 잘 알려져 있다. 〈백조〉 동인으로 문학 활동을 시작한 그는 이후 《금삼의 피》,《다정불심》,《임진왜란》 등의 장편 역사 소설을 통해 자신의 뚜렷한 문학적 세계를 구축했다. 그의 많은 작품이 드라마나 영화로 제작되었는데, 특히 《여인천하》는 드라마로 많은 인기를 얻었던 작품이다.

부귀영화를 빼앗아 만년이나 누릴 듯, 후세의 비평을 듣는 단종의 삼촌 세조도 겨우 열세 해 만에 호화로운 꿈도 한 줌의 흙을 보태었을 뿐이오, 그의 원자(元子) 덕종(德宗)은 세조 생전에 참혹한 꼴을 본 것이매, 손도 꼽지 않으려니와, 둘째이신 예종(睿宗)이 또한 겨우 왕위에 오르신 지 일년에 이 세상을 버리시니, 나이 겨우 스무 살이신 예종이 장남한 왕사(王嗣)를 두실 리 없다. 세조 비 정희 왕후(貞熹王后)의 명을 받들어 덕종의 둘째 아들이신 자산군(者山君)을 왕위에 모시니 곧 성종(成宗)이시며, 임금 노릇 하신 지 스물다섯 해, 춘추 서른여덟에 승하하시니 원자 연산(燕山)이 왕위에 올랐다. 때는 바야흐로 태평성대, 영특한 임금, 갸륵한 어른으로 존숭을 받으시는 성종으로도 호색이 빌미가 되어 비빈 사이에 질투의 불길이 일어나고, 나중에 세자의 어머님이요 곤전마마이신 막중한 왕비를 폐위시키고 또 사약을 내리니, 백성의 집인들 어찌 이러한 흉변이 있으랴. 한 지어미 원한을 품으매 오 월에도 서리가 내린다거늘, 막중한 왕비어니 종묘 사직이 어찌 위태치 아니하랴.

  🕮 박종화,《금삼의 피》

  박종화의 첫 장편인《금삼의 피》는 조선의 폭군으로 알려진 연산군이 자기의 생모인 윤씨를 복위시키고자 일으킨 갑자사화甲子士禍를 다룬 작품이다. 작가는 폭군 연산의 삶을 회상하면서 '지금에 이르러서는 그 모두가 한바탕 꿈자리에 지나지 않음'을 전달한다.

  박종화 고택을 나와 계속 산 쪽으로 올라간다. 부촌임을 알리는 높은 담장들이 계속 이어진다. 박범신의 장편《죽음보다 깊은 잠》에도 평창동의 부촌이 그려져 있다.

  차가 도심지를 뒤를 밀어내면서 자하문 고개로 넘어가고 있었다. 눈발은

그만 헐려 버린 송신동 한옥이 너무 아까워
서재만 뽑아서 평창동 산속에 옮겨 놓았다는 박종화 고택.

구불구불 이어지는 널찍한 골목을 돌아 계속 걸어가도
평창동 높은 담장들의 행렬은 끝이 없다.

어느덧 굵어져 있었다. 눈발 너머의 숲은 새댁처럼 음전했으나, 음모자 같은 구석도 있어 봤다. 숲 사이로 그림엽서에서나 봤음직한 아름다운 2층 3층 양옥들이 나타났다. 먼 이역의 딴 세계였다.

(중략)

그들은 집 안으로 들어갔다.

2층인 줄 알았는데 안으로 들어가서 보자 3층집이었다. 눈이 너른 정원에 하얗게 쌓여 있었다. 집채만 한 암석이 그의 품에 키는 낮고 나이는 많은 노송 한 그루를 품고, 정원 끝에서 그를 내려다 봤다.

🍊 박범신, 《죽음보다 깊은 잠》

세검정의 길에서 몽롱한 비현실의 풍경을 만날 수 있었던 것처럼, 평창동의 담장 높은 양옥들 사이를 지나며 마치 먼 이역의 다른 세계에 온 것 같은 감각을 느끼는 사람들도 많지 않을까. 구불구불 이어지는 널찍한 골목을 돌아 계속 걸어가도 높은 담장의 행렬은 끝이 없다.

이문열의 《호모 엑세쿠탄스》에 등장하는 인물 또한 이곳 평창동 저택의 호화로움을 말해 준다.

> 마리가 다시 뾰족한 목소리로 받았다. 그때 그에게 퍼뜩 떠오르는 곳이 있었다. 며칠 전 재혁이 전화에서 자랑한 곳이었다.
> "나 요즘 사는 집 하나는 팔자 늘어졌다. 건평만 백 평 단독주택 나 혼자 쓴다는 거 아니냐? 그것도 평창동 그윽한 곳에. 집주인들 식구대로 해외 나갈 일이 있는데, 그게 겨우 다섯 달이라 세를 줄 수도 없고 두둑한 관리비까지 주며 좀 봐달라고 사정하는데 어떻게 하냐? 거기다 잘나가는 교회 당회장님 부탁이니."
>
> 이문열, 《호모 엑세쿠탄스》

6 | 영인문학관

평창동의 부촌을 걸어 다다른 산책의 마지막 지점은 '영인문학관'이다. 영인문학관은 문화부 장관을 지낸 문학평론가 이어령 선생과 그의 부인인 문학평론가 강인숙 선생이 운영하는 사설 문학관이다.

작가 호영송은 《죽은 소설가의 사회》에 영인문학관을 등장시켰다.

> 문득, 새소리가 울려댔다. 그를 부르는 휴대전화의 울림이었다.
> Y문학박물관에서 그에게 오는 오후 시간 중에 방문해달라고 했다. 며칠 전 전화에서, 그쪽의 용건은 문인들의 라이프마스크를 떠서 전시회를 준비하고, 보존도 해두고 싶다는 것이었다. 남준은 머리를 식힐 겸 평창동의 그 문학박물관에 갔다. 관장은 문학평론가이기도 한 K여사. 노년에 접어들면서 한국문학과 창작가들의 자료와 자취들을 폭넓게 많이 수집 보관해오고

햇살 환하게 들어오는 영인문학관 내부.

있었는데, 한국에서는 많지 않은 문학박물관의 기능을 확대하려 노력하고 있었다. 노년에 편안한 시간을 즐길 수 있는데, 왜 그렇게 극성이냐는 주변 사람들의 핀잔에도 "그럼 나라도 이런 걸 안하면 누구 하우?" 하는 K여사의 주름진 얼굴이 남준의 가슴을 가만히 흔들었다. 문학을 위해 헌신하는 일중엔 이런 일도 있구나……

🐋 호영송, 《죽은 소설가의 사회》

호영송의 소설 《죽은 소설가의 사회》는 재미없는 소설을 썼다는 이유로 정체를 알 수 없는 사람들에게 납치되어 린치를 당하는 한 소설가의 초상을 통해 오늘날 문학이 처한 위기를 그려 내고 있다. 우리 문학이 놓인 현실을 풍자하고 있는 이 작품에서 그나마 문학을 지켜 내는 것은 영인문학관의 주인들처럼 문학을 위해 헌신하는 사람들이 있기 때문이라는 전언을 들을 수 있다. 생각해 보면, 부암동과 평창동 산책 코스에서 떠올린 작가들은 모두 자신의 방식으로 문학에 헌신하는 삶을 살았던 이들이다. 그런 헌신에 감사하는 마음을 가지며 오늘 산책을 마무리한다.

문학 작품

* 김관식, 〈자하문 밖〉, 신경림 편, 《갈대는 속으로 조용히 울고 있었다》, 글로세움, 2008
* 김춘수, 〈강화백〉, 《한국대표시인 101인선집-김춘수》, 문학사상사, 2007
* 신경숙, 《엄마를 부탁해》, 창비, 2008
* 현진건, 〈고향〉, 《현진건 단편 전집》, 가람기획, 2005
* 이태준, 〈집 이야기〉, 《무서록》, 깊은샘, 2007
* 김성동, 《길》, 푸른숲, 1991
* 이광수, 〈육장기〉, 《삼봉이네 집》, 범우사, 2005
* 박영준, 《고속도로》, 동연, 2006
* 구효서, 《낯선 여름》, 일송포켓북, 2005
* 윤후명, 《돈황의 사랑》, 문학과지성사, 1983
* 서영은, 《그녀의 여자》, 문학사상사, 2000
* 이호철, 《산울리는 소리》, 정우사, 1994
* 박종화, 《금삼의 피》, 동아출판사, 1995
* 박범신, 《죽음보다 깊은 잠》, 푸른숲, 1995
* 이문열, 《호모 엑세쿠탄스》, 민음사, 2007
* 호영송, 《죽은 소설가의 사회》, 책세상, 2007

영인문학관

이어령 선생이 《문학사상》 지를 창간하여 주간으로 활동하는 동안 자연스럽게 모인 100여 점의 문인 초상화와 자필 원고 등을 부인 강인숙 선생이 정리해 문학관을 열었다. 주로 1970년대 대표 작가들에 관한 자료를 살펴볼 수 있다.

관람시간 10:30~17:00(전시 기간인 4~5월과 9~10월에는 월요일 휴관, 그 외 기간에는 토, 일요일 휴관)
문의 02-379-3182

09 **대학로**

어느덧 중년이 되어 버린 시인의 거리

혜화역 2번 출구 앞에 서면 앞뒤로 마로니에공원과 혜화동 로터리로 향하는 대학로 큰길이 펼쳐진다. 대학로에는 100여 개가 넘는 크고 작은 문화 공간이 모여 있다. 그래서인지 대체로 사람들로 북적거린다. 이를 피하고 싶다면 아침 시간을 택하면 되겠지만, 대학로의 살아 있는 얼굴을 있는 그대로 보는 것도 나쁘지 않다. 과거에는 연극이나 영화관이 주를 이루었지만, 지금은 뮤지컬 공연장이 많아졌다. 이런 대학로 거리를 문학 작품을 음미하며 걷는다니 다소 낯선 경험일 것이다. 이미 대학로에 가 본 이들에게도 그 길이란 공연장이나 약속 장소를 찾아가는 길목에 불과했거나 호객 행위를 보지 않고는 걸을 수 없는 상업화된 거리에 불과했을지도 모른다. 이제 그곳에 숨어 있는, 그곳을 기록한 문학을 만나 보자.

산책 코스 | 1.5km

❶ 대학로 ➔ ❷ 샘터사 ➔ ❸ 김광균 시비 ➔ ❹ 학림다방 ➔ ❺ 카페 마리안느 ➔
❻ 혜화동 로터리 ➔ ❼ 한무숙문학관

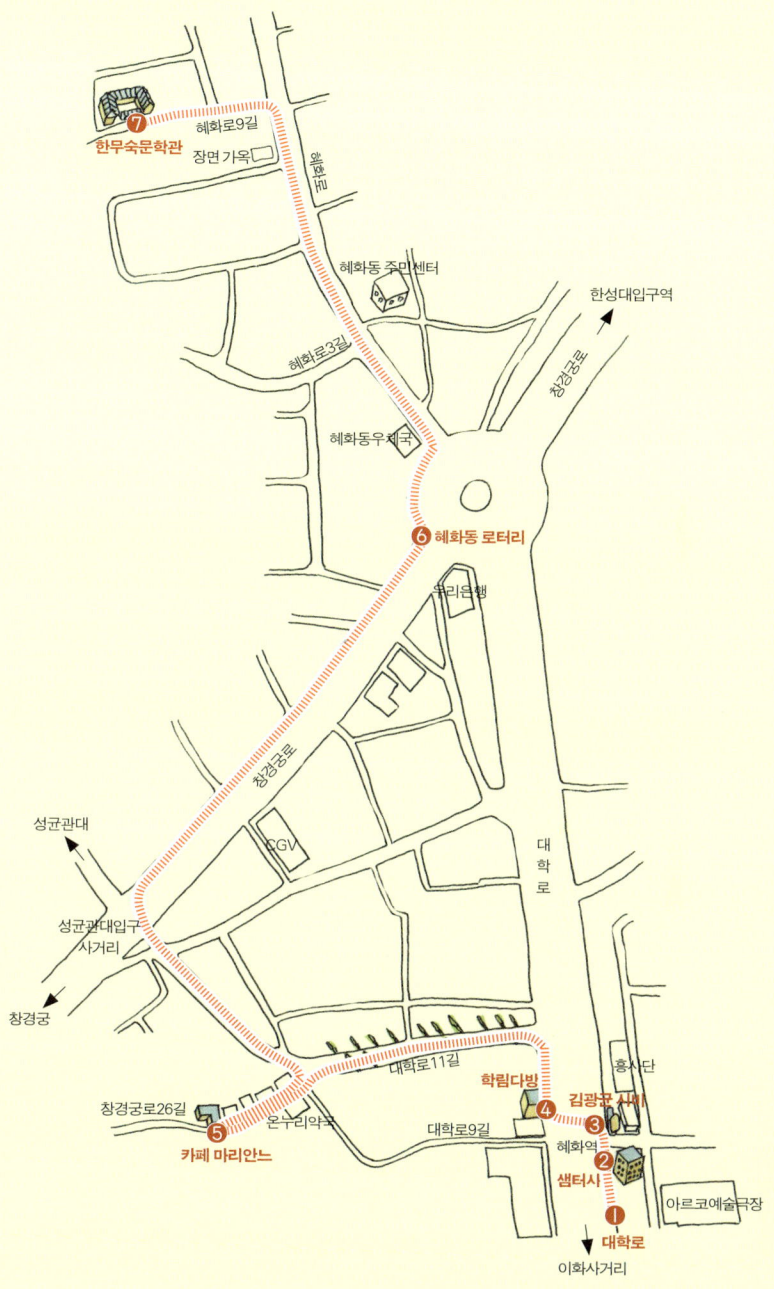

1 | 대학로

조성기의 소설 중, 1991년 이상문학상 수상작에 1980년대 대학로의 풍경을 잘 그려 낸 구절이 있다. 이를 시작으로 대학로 산책길의 발걸음을 떼어 본다.

대학가와 대학로의 차이는 엄청난 것이었다. 대학로를 소리나는 대로 적으면 대항노, 아니면 대항로가 될 것인데, 그 때문인지 그 거리는 그야말로 대항의 신작로로 변하여 시국 규탄대회가 열려 최루탄이 난무하기 일쑤이고, 기성세대에 대항하는 젊은이들이 몰려져 와서 마음껏 북 두드리고 꽹과리 치고 기타 치고 춤추고 악을 쓰다가 술에 취해 쓰러져 자기 일쑤였다. 새벽 두세 시에도 젊은이들이 집단적으로 고래고래 고함치며 부르는 노랫소리가 만우 씨의 고막을 얼얼하게 만든 것은 다반사로 있는 일이었다. 그래서 만우 씨는 그 거리에 빽빽하게 들어선 무슨무슨 레스토랑의 간판을 무슨무슨 레지스탕스로 읽곤 할 정도였다. 레스토랑이든 레지스탕스이든 저런 것들이 한 거리에 저렇게 많이 있을 필요가 있는 건지 만우씨로서는 알다가도 모를 일이었다.
그러나 한편, 연극이나 영화 같은 것을 구경하고 싶을 때는 편리한 점도 있긴 했다. 그 거리에 꽤 많은 연극 공연 극장들이 모여 있고, 제법 쓸 만한 영화관도 자리잡고 있기 때문이었다. 유명한 재즈 카페도 있고, 심지어 낭만적인 시절에나 있을 법한 고전음악 감상실까지 들어서 있었다. 그리고 만우 씨는 이 동네에서 10년도 더 넘게 살아 오고 있고 지금도 이 동리를 떠날 엄두를 내지 못하고 있는 자로서, 이 동리에 머무름으로써 얻게 되는 그럴듯한 이익들을 어떻게서든지 찾아내 보려는 버릇이 있기도 했다. 젊은이들이 모여드는 거리의 활달함 같은 것도 창작생활에 보탬이 될 거라는 식으로 말이다. 무엇보다 만우 씨가 술을 마실 만한 적당한 공간이 지천으로

다양한 공연 포스터가 거리를 장식하고 있는 대학로.

널려 있다는 사실이 가장 유리한 점으로 작용한다고도 할 수 있었다.

　🔖 조성기, 〈우리 시대의 소설가〉

'우리 시대의 소설가'인 만우 씨는 대학로에 산다. 그의 말마따나 대학로를 소리 나는 대로 적으면 '대항로'고, 그 발음처럼 대학로는 한때 젊은이들의 대항 장소로 이용되었다. 그런데 그 레지스탕스들의 집합지에 레스토랑들이 빼곡히 들어차기 시작했다. 작가는 '대학로'와 '대항로' 그리고 '레지스탕스'와 '레스토랑' 사이를 오가는 언어유희를 통해 이곳 대학로의 변화를 풀어 나간다. 비록 한때나마 대학로에 서울대학교가 있었지만, 이제는 대학로에서 대학의 향취를 찾기가 불가능할 정도로 소비 향락의 거리가 되어 버린 것이 사실이다. 그나마 각종 문화예술 공연장과 관련 단체들이 남아 있어 다른 상업지구와 차별화된다.

대학로 터줏대감인 소설가 주인공인 〈우리 시대의 소설가〉는 소설책이 자본주의 속의 다른 상품들처럼 취급받는 상황을 이야기한다. 소설가의 책이 불량 상품임을 주장하며 환불을 요구하는 독자가 등장한 것이다. '이제는 책에 대한 관념을 바꿀 때가 되었다'며 이제 '독자가 책을 읽고 마음에 들지 않는 구석이 있'으면 '저자에게 따져' 볼 권리를 챙겨야 한다고 집요하게 따지고 드는 독자 앞에서 소설가는 땀을 뻘뻘 흘리며 상대하지만 역부족이다. 당돌하지만 밉지만은 않은 독자와 쩔쩔매지만 우습지만은 않은 소설가가 연출하는 광경이 흥미롭다.

그런데 소설가 만우 씨가 진땀을 흘리고 있는 1990년대에서 조금 거슬러 올라가 1980년대에 이르면 저자와 독자의 풍경은 사뭇 달라진다. 1980년대 수필집 유행의 선봉에 섰던 출판사 샘터사가 바로 옆에 있으니 발길을 옮겨 보자.

세상이 변하는 속도만큼 대학로도 빠르게 변한다. 하지만 오래도록 변치 않는 것도 있다. 벽돌 건물이 인상적인 샘터 파랑새극장

2 | 샘터사

혜화역 2번 출구에는 벽돌 건물 샘터사가 있다. 피천득, 정채봉, 법정 스님, 이해인 수녀 등 우리가 잘 아는 필자들이 샘터사에서 수필집을 냈다. 수필집이 선물로 곧잘 팔리던 시절, 필통 한 귀퉁이, 수첩 한 면에 좋은 글귀 몇 구절을 적어 붙이고 다닌 이들이 있었으니, 이들 책장에는 샘터사의 수필집 한두 권은 놓여 있었을 것이다.

당시 많은 독자가 법정 스님의 《홀로 사는 즐거움》이 보여 준 무소유의 담박한 미에 취했고, 정채봉의 그림을 곁들인 짤막한 이야기들에 마음을 적셨다. 성북동의 으리번쩍한 요릿집 주인은 법정 스님의 책에 감화받아 그 집을 스님에게 시주해 지금의 길상사가 되었다는 이야기도 있다. 독자의 감성을 자극해 삶을 변화시키던 힘이 그 시대 수필집에 있었다. 각종 '자기 계발서'들이 그 자리를 차지해 버린 오늘의 현실이 씁쓸하다.

샘터사 건물 1층 입구 유리창에는 피천득 수필집 《인연》에 실린 〈오월〉의 문장이 발췌되어 있다.

샘터사 건물 입구 유리문에 낯익은 수필가의 이름이 많다.

오월은 금방 찬물로 세수를 한 스물한 살 청신한 얼굴이다.
내 나이를 세어 무엇하리. 나는 지금 오월 속에 있다.

🍂 피천득, 〈오월〉

피천득의 수필은 교과서에도 실렸었다. 그의 〈수필〉이란 글이 '수필이란 무엇인가' 단원쯤에 나왔을 게다. 이왕 수필집의 유행을 이야기하고 있으니 이 글도 잠시 되새겨 보자.

수필은 청자 연적이다. 수필은 난이요, 학이요, 청초하고 몸맵시 날렵한 여인이다. 수필은 그 여인이 걸어가는 숲속으로 난 평탄하고 고요한 길이다. 수필은 가로수 늘어진 페이브먼트가 될 수도 있다. 그러나, 그 길은 깨끗하고 사람이 적게 다니는 주택가에 있다.
수필은 청춘의 글은 아니요. 서른여섯 살 중년 고개를 넘어선 사람의 글이며, 정열이나 심오한 지성을 내포한 문학이 아니요, 그저 수필가가 쓴 단순한 글이다.
수필은 흥미는 주지마는 읽는 사람을 흥분시키지는 아니한다. 수필은 마음의 산책이다. 그 속에서 인생의 향취와 여운이 숨어 있는 것이다.

(후략)

🍂 피천득, 〈수필〉

정채봉의 《생각하는 동화》도 인기가 좋았다.

향원정이라는 정자가 있었다.
마음이 청정한 사람이면 누구든 이곳에서 아름다운 향기를 대할 수 있다는 말이 전해져 오는 정자였다. 어느 날 임금께서 길을 가다가 이 정자에서 쉬게 되었다. 이때 미풍에 얹혀 슬쩍 지나가는 향기가 있었다. 기가 막힌 향기였다. 임금은 수행 신하들을 불러서 부근에 피어 있는 여러 꽃을 꺾어 오도록 했다.

신하들은 뿔뿔이 흩어져서 향기가 좋기로 소문난 꽃들을 한 가지씩 가지고 왔다. 모란, 난초, 양귀비……그러나 임금은 꽃을 하나하나 코에 대어 보고는 고개를 저었다.

(중략)

이때였다. 먼 하늘 깊은 곳에 있는 별빛인지, 가늘고 맑은 바람이 한줄기 흘러왔다. 그러자 보라, 풀섶 사이에서 작은 꽃이 갸우뚱 고개를 내밀다가 들킨 향기를. 바로 그 황홀한 향기가 아닌가.

향감별사는 임금 앞에 돌아가서 아뢰었다. "그 향기는 화관이 크고 아름다운 꽃들의 것이 아니었습니다. 그리고 또 멀고 귀한 곳에 있는 것도 아니었습니다. 어떠한 역경 속에서도 굳세게 살고 자기 빛을 잃지 않은 작은 풀꽃이 지니고 있는 것이었습니다. 다만 그 향기는 보는 이의 마음이 청정할 때만이 제대로 깃들 수 있기 때문에 좀체로 만나기가 어려울 뿐입니다."

▶ 정채봉, 〈멀리 가는 향기〉

수필가와 독자의 관계는 어딘지 서정적인 데가 있어서, 앞서 〈우리 시대의 소설가〉에 나왔던 소설가와 독자의 관계와는 사뭇 다르다. 이들은 비판이 아닌 공명의 울림으로 맺어져 있다. 이러한 수필 문학, '서른여섯 살 중년의 고개를 넘어선 사람의 글'이 붐을 이루던 시절은 지나갔지만, 오늘날 인터넷 세대 역시 그들만의 수필을 생산하고 있다. 누구나 개인 블로그를 갖추고 자유롭게 글을 쓰고 공유할 수 있게 되자 새로운 버전의 쉽고 감각적인 글들이 제2의 전성기를 맞고 있는 것이다.

조금은 뜬금없지만 어쨌든 반가운
김광균의 시비.

3 | 김광균 시비

    샘터사 옆 KFC 건물 앞에는 김광균 시비가 있다. 어떤 이유로 이곳에 김광균의 1938년도 〈조선일보〉 신춘문예 당선작이 서 있는지는 모르나 시비라니 반가운 일이다. 잠시 음미해 보자.

어느 머언 곳의
그리운 소식이기에
이 한밤 소리없이 흩날리느뇨.

처마 끝에 호롱불 여위어 가며
서글픈 옛 자췬 양 흰 눈이 나려

하이얀 입김 절로 가슴이 메어
마음 허공에 등불을 켜고

내 홀로 밤 깊어 뜰에 나리면

머언 곳에 여인의 옷 벗는 소리.

희미한 눈발
이는 어느 잃어진 추억의 조각이기에
싸늘한 추회를 이리 가쁘게 설레이느뇨.

한줄기 빛도 향기도 없이
호올로 차단한 의상을 하고
흰 눈은 나려 나려서 쌓여
내 슬픔 그 우에 고이 서리다.

🌱 김광균, 〈설야〉

대체로 돌을 깎아 세운 시비들은 어딘지 삭막하다. 차디찬 돌 위에 검은 글씨로 새겨진 시에 기운을 불어넣는 것은 그 앞에 머무는 사람의 입김일 것이다. 오가는 사람들 속에 잠시 머물러 본다.

4 | 학림다방

김광균 시비 앞 건널목을 건너면 약국 건물 2층에 학림다방이 있다. 나무 계단을 올라가면 음악과 커피 향이 흘러나온다. 1956년부터 이곳에 자리를 튼 학림다방은 서울대학교가 대학로에 있던 시절, 문리대 제25 강의실로 불릴 정도로 대학생들의 아지트였다. 1973년, 이곳을 드나들던 어느 시인의 젊은 시절 초상이 있어 잠시 들여다본다.

옛날에는 청춘들의 아지트, 지금은 추억을 지켜 주는 고마운 공간, 학림다방.

(전략)

1973년: 동숭동 개나리꽃 소주병에 꽂고 우리의 緯度 위로
봄이 후딱 지나간 것을 추도하다. 가정교사 때려치우다.
이집 저집 떠돌아다니다. 여자를 만났다 헤어지고, 그때
홍표·성복이·석희·도연이·정환이·철이·형준이·성인이와 놀다.
그들과 함께, 스메타나, 〈몰다우江〉 쏟아지는 學林다방, 木계단에 오줌을
갈기거나, 지나가는 버스 세워놓고 욕지거리, 감자 먹이기 등 發狂을 한다.
發精期, 그 긴 여름이 가다. 어디선가 머리카락 타는 냄새가 나고, 어디선가
바람이 다가오는 듯, 예감의 공기를 인 마로니에, 은행나무숲 위로 새들이
먼저 아우성치며 파닥거리다. 그때 生을 어떤 사건, 어떤 우연, 어떤 소음에
떠맡기다. 그 활엽수 아래로 生이, 그 개 같은 生이, 최루탄과 화염병이
강림하던 순간, 그 계절의 城 떠나다. 친구들 〈아침 이슬〉, 〈애국가〉 부르며
차에 올라타다. 황금빛 잎들이 마저 평지에 지다. (후략)

🍂 황지우, 〈활엽수림에서〉

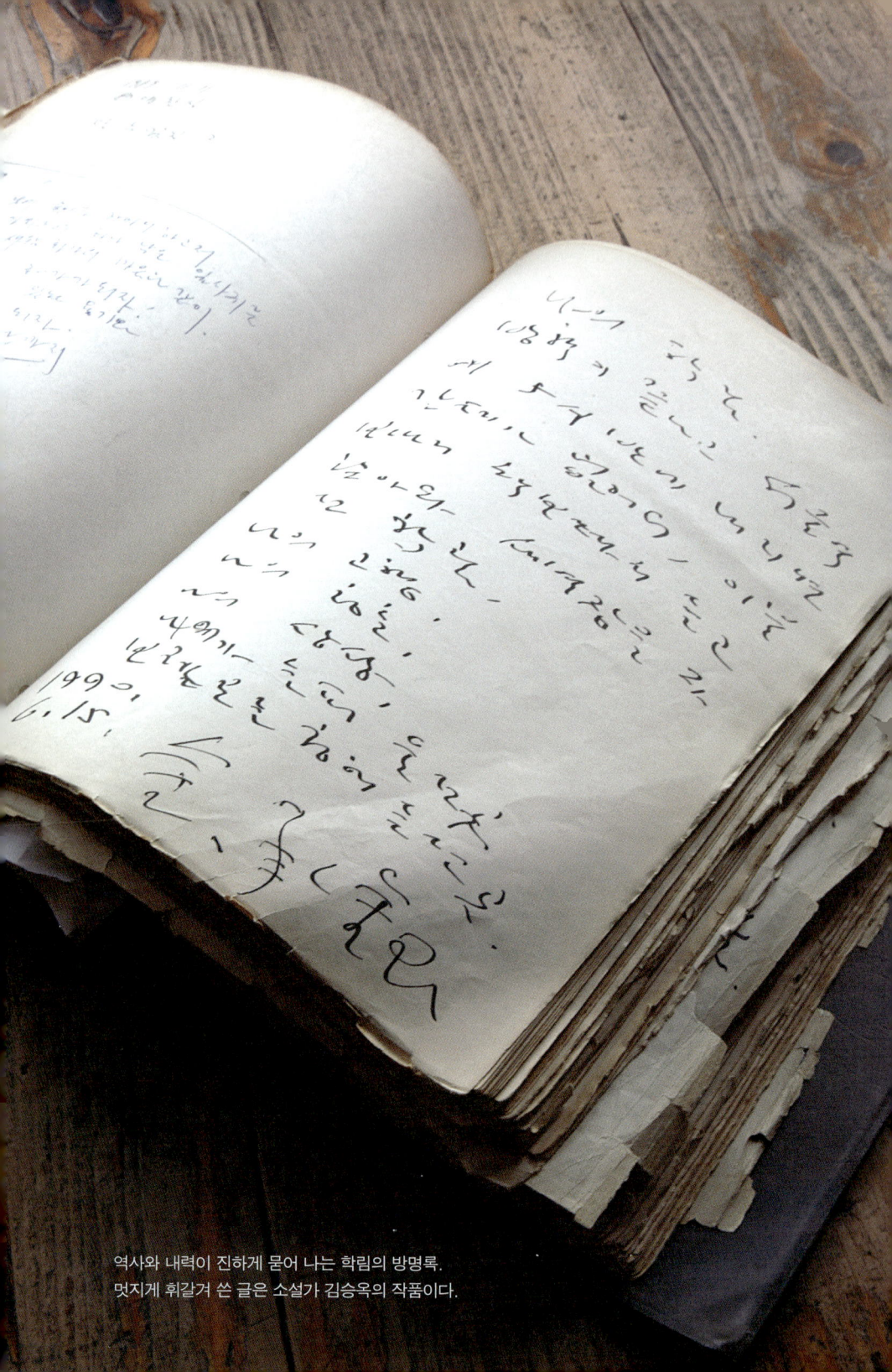

역사와 내력이 진하게 묻어 나는 학림의 방명록.
멋지게 휘갈겨 쓴 글은 소설가 김승옥의 작품이다.

젊은 객기와 혈기와 울분을 어쩌지 못하는 젊은이가 방황하던 이곳은 이후 당시 청춘이던 이들이 추억 삼아 머물다 가는 곳이 되었다. 학림다방의 두툼한 방명록을 볼 기회를 얻는다면 알 만한 인물들의 기록을 어렵지 않게 발견할 수 있을 것이다. 문인들의 것 중 일부를 소개한다.

나의 학림. 방학이 끝나고 서울역에 5시 반에 내리면 갈 데가 없어서, 이불보따리 책보따리 들고 찾아와 새벽잠을 자던 학림. 나의 고향. 나의 청춘. 나의 상실. 내가 슬피 울던 곳. 보첼로를 청해 듣던 곳. 1990.6.15. 김승옥.

달빛 밝은 밤이면 수만 리가 한 마을입니다. 2004. 정월. 황석영

희미한 옛사랑이 머물었던 곳 〈학림다방〉에 4·19세대 한 사람이 34년 만에 다녀가다. 1994.5.2. 김광규

4·19세대가 34년 만에 다녀갈 때, 세월의 격차만큼 공간의 변화도 컸으리라. 정찬의 작품에는 그 변화가 잘 담겨 있다.

(전략)

L선배가 학림을 다시 찾은 것은 1985년 가을이었다. 세월이 흘렀으나 가파른 나무 계단은 여전했다. 추억에 이끌려 안으로 들어갔다. 하지만 그녀가 본 것은 옛날의 아늑한 공간이 아니었다. 그곳은 상업적인 냄새가 물씬 풍기는 레스토랑으로 변해 있었다. 과거의 시간이 훼손되어버린 듯한 느낌은 통렬한 아픔을 몰고 와 그곳을 찾은 것을 두고두고 후회했다고 한다. 사연을 듣고 나니 호기심이 일었다. 어떻게 변해 있길래 저러는가 싶어 잠시만 기다리라고 말한 후 혼자 학림으로 올라갔다. 문을 열고 실내를

훑어본 나는 고개를 갸웃거렸다. 나무 탁자와 빛 바랜 소형 소파, 벽에 걸린 흑백 사진, 어두우면서도 편안한 조명, 은은히 흐르는 클래식 음악. 그녀의 이야기가 연상시킨 천박함은 어디에도 보이지 않았다.

(중략)

학림이 수많은 젊은이들에게 추억을 남긴 채 문을 닫은 것은 1983년이었다. 주인이 미국으로 이민을 가버린 것. 새 주인은 대학로라는 새로운 소비 문화 거리의 고객 취향과 맞지 않은 학림의 1960년대 분위기를 털어냈다. L선배가 망연자실한 것은 당연했다. 학림의 분위기가 다시 바뀐 것은 1987년 K가 학림을 인수하고부터였다. 그는 과거의 정취를 살리는 데에 골몰했다. 내부 단장을 새롭게 하는 한편, 학림의 추억을 안고 찾아오는 '늙은 손님'들을 반갑게 만났다. 방명록도 만들었는데, 그들이 남긴 글들은 빛 바랜 흑백 사진처럼 정감을 불러일으켰다.

(후략)

🍃 정찬, 〈베니스에서 죽다〉

소설의 K사장이 지금의 주인이다. 그러고 보면 학림다방은 참으로 행복한 다방이다. 김정환 시인의 〈학림다방〉이란 시도 있다니, 대한민국에서 시, 소설, 방명록까지 가진 다방이 어디 찾기 쉽겠는가? 전혜린이 죽기 전날 간 곳도, 《나는 빠리의 택시운전사》의 저자 홍세화가 파리에서 돌아와 가장 먼저 간 곳도 학림다방이라고 한다. 방명록에서 그를 찾을 수 있다. "그 사람 이름은 잊었지만 학림 이름은 안 잊었노라. 1999.6.14. 서울 학림에서. 홍세화"

5 | 카페 마리안느

학림다방을 나와 혜화동 로터리 방면으로 조금만 걸으면 왼편으로 소나무들이 늘어선 길이 나온다. 예전에는 이름도 '소나무길'이었는데, 도로명 주소가 개편되고서 '대학로11길'로 바뀌었다. 그 길로 들어서서 걷다가 작은 사거리가 나오면 직진한다. 오른편에 소설가 이제하가 운영하는 카페 '마리안느'가 있다.

이제하는 〈나그네는 길에서도 쉬지 않는다〉로 1985년 9회 이상문학상을 수상했다. 안으로 들어가면 더욱 허술한, 그래서 정겨운 이 카페는 어딘지 박태원의 〈방란장 주인〉을 떠오르게 한다.

(전략)

그야 주인의 직업이 직업이라 결코 팔리지 않는 유화(油畵) 나부랭이는 제법 넉넉하게 사면 벽에 가 걸려 있어도, 소위 실내장식이라고는 오직 그뿐으로, 원래가 삼백 원 남짓한 돈을 가지고 시작한 장사라, 무어 찻집답게 꾸며 보려야 꾸며질 턱도 없이, 다탁과 의자와 그러한 다방에서의 필수품들까지도 전혀 소박한 것을 취지로, 축음기는 자작(子爵)이 기부한 포터블을 사용하기로 하는 등 모든 것이 그러하였으므로, 물론 그러한 간략한 장치로 무어 어떻게 한밑천 잡아 보겠다든지 하는 그러한 엉뚱한 생각은 꿈에도 먹어 본 일 없었고, 한 동리에 사는 같은 불우한 예술가들에게도, 장사로 하느니보다는 오히려 우리들의 구락부와 같이 이용하고 싶다고 그러한 말을 하여, 그들을 감격시켜 주었던 것이요. 그렇기에 자작은 자기가 수삼 년간 애용하여 온 수제형 축음기와 이십여 매의 흑반 레코드를 자진하여 이 다방에 기부하였던 것이요, 만성(晚成)이는 또 만성이대로 어디서 어떻게 수집하여 두었던 것인지 대소 칠팔 개의 재떨이를 들고 왔던 것이요, 또 한편 수경(水鏡) 선생은 아직도 이 다방의 옥호가 결정되지 않았을 때, 그의 조그만 정원에서 한 분의 난초를 손수 운반하여 가지고 와서 다방의 이름은 방란장(芳蘭莊)이라든 그러한 것이 좋을 것 같다고 제의하여 주는 등, 이 다방의 탄생에는 그 이면에 이러한 유의 가화미담이 적지 않으나, 그러한 것이야 어떻든, 미술가는 별로 이 장사에 아무러한 자신도 있을 턱 없이, 그저 차 한 잔 팔아 담배 한 갑 사먹고 술 한 잔 팔아 쌀 한 되 사먹고 어떻게 그렇게라도 지낼 수 있었으면 하고, 일종 비장한 생각으로 개업을 하였던 것이 . (후략)

박태원, 〈방란장 주인〉

이미 눈치챘겠지만 이 소설은 문장이 절대 끝나지 않는다. 소설은 원고지 40장 길이가 전부 한 문장으로 이어져 마지막에 이르러서야 마침표가 찍힌다. 이 글의 호흡은 마치 숨이 끊어질 듯 끊어질 듯하면서도 간신히 생계를 이어가는 예술가 주인장의 긴장감 없이 늘어질 대로 늘어진 생활과 같다. 누군가의 집에 있다가 흘러들어온 듯한 방란장의 축음기, 레코드, 재떨이, 화분, 그림, 그런 것들이 마리안느에도 고스란히 담겨 있다.

이 카페 주인장의 외동딸은 2007년에 《셋을 위한 왈츠》를 펴낸 소설가 윤이형이다. 2005년에 등단한 윤이형은 아버지 세대의 소설에 작별을 고하려는 듯이 실험적인 소설들을 내놓았다. 게임 속 가상 현실을 이야기하는 〈피의 일요일〉 역시 그러하다.

밖으로 나가야 한다. 정언명법으로 된 명제가 머릿속을 가득 채웠다. 콧속으로 무언가 썩는 냄새가 밀려들었다. 밖으로 나가야 한다. 그것은 보랏빛 명조체로 힘차게 타이핑된 폰트 18호기의 명제였다. 폰트 18, 이라는 단어를 떠올리다가 나는 잠시 아찔한 현기증을 느꼈다. 오른손이 미세하게 떨리고 있었다. 문득 어떻게 해서 '밖으로 나가야 한다' 라는 문장이 마치

카페 마리안느, 이제하 시인, 시인의 작고 낡은 빨간 차

눈앞에 있고 만질 수도 있는 실체처럼 여겨질 수 있는가, 어떻게 해서 그 글자체며 폰트까지 하나의 개념으로 머릿속에 들어오는 것인가 하는 짧은 궁금증이 스쳐갔다.

🍊 윤이형, 〈피의 일요일〉

주인공은 게임 속 캐릭터인 '피의 일요일'이다. 그는 전투 게임 게이머의 지령을 받아 삶과 죽음을 오간다. 그런 그에게 외부의 명령은 '입력 문장'으로 전달된다. 그 명령의 실체와 전달 방식을 의심하기 시작하면서 그는 자신의 정체성에 대해 질문한다.

게임의 한복판에서 진행되는 소설은 다소 낯설다. 하지만 컴퓨터와 인터넷 국민 보급률이 세계 최상위에 속하는 대한민국에 사는 신세대들은 이미 화면 속 가상 현실을 실제 현실보다 익숙하게 여기고 있다. 이런 세계를 이야기하지 않는다는 것이 오히려 이상한 일일 것이다. 새로운 대지의 한복판에 선 작가 윤이형이 보여 줄 다음 시도가 기대된다.

6 | 혜화동 로터리

다시 대학로11길로 나와 이 길 중간 작은 사거리에서 왼편으로 꺾어 창경궁로로 향한다. 대학로를 걷고 싶다면 학림다방이 있던 길까지 나가도 좋다. 다음 목적지는 혜화동 로터리이고, 창경궁로와 대학로는 이곳에서 만나므로 어느 길이든 상관없다. 혜화동 로터리를 향해 걸으며 아까 학림다방 방명록에 글을 남겼던 김광규의 시를 읊조려 본다.

4·19가 나던 해 세밑
우리는 오후 다섯 시에 만나
반갑게 악수를 나누고
불도 없이 차가운 방에 앉아
하얀 입김 뿜으며
열띤 토론을 벌였다.
어리석게도 우리는 무엇인가를
정치와는 전혀 관계 없는 무엇인가를
위해서 살리라 믿었던 것이다.
결론 없는 모임을 끝낸 밤
혜화동 로우터리에서 대포를 마시며
사랑과 아르바이트와 병역 문제 때문에
우리는 때묻지 않은 고민을 했고
아무도 귀 기울이지 않는 노래를
누구도 흉내낼 수 없는 노래를
저마다 목청껏 불렀다.
돈을 받지 않고 부르는 노래는
겨울밤 하늘로 올라가

혜화동 로터리를 돌아 지나가는 자동차들이 바쁘다. 아니, 자동차를 탄 사람들이 바쁘다.

별똥별이 되어 떨어졌다.
그로부터 18년 오랜만에
우리는 모두 무엇인가 되어
혁명이 두려운 기성 세대가 되어
넥타이를 매고 다시 모였다.
회비를 만 원씩 걷고
처자식들의 안부를 나누고
월급이 얼마인가 서로 물었다.
치솟는 물가를 걱정하며
즐겁게 세상을 개탄하고
익숙하게 목소리를 낮추어
떠도는 이야기를 주고받았다.
모두가 살기 위해 살고 있었다.
아무도 이젠 노래를 부르지 않았다.
적잖은 술과 비싼 안주를 남긴 채

우리는 달라진 전화번호를 적고 헤어졌다.

몇이서는 포우커를 하러 갔고

몇이서는 춤을 추러 갔고

몇이서는 허전하게 동숭동 길을 걸었다.

돌돌 말은 달력을 소중하게 옆에 끼고

오랜 방황 끝에 되돌아온 곳

우리의 옛사랑이 피 흘린 곳에

낯선 건물들 수상하게 들어섰고

플라타너스 가로수들은 여전히 제자리에 서서

아직도 남아 있는 몇 개의 마른 잎 흔들며

우리의 고개를 떨구게 했다.

부끄럽지 않은가

부끄럽지 않은가

바람의 속삭임 귓전으로 흘리며

우리는 짐짓 중년기의 건강을 이야기했고

또 한 발짝 깊숙이 늪으로 발을 옮겼다.

(4.19혁명 18년 뒤 쓰여짐)

🔖 김광규, 〈희미한 옛사랑의 그림자〉

혁명을 피로 경험했던 세대이든 역사로 학습한 세대이든, 이 시에서 '혁명'이라는 이름만 뺀다면 청년에서 중년으로 가는 길목의 쓸쓸함, 먹먹함 정도는 공통으로 느낄 수 있을 것이다. 우리를 규정하는 조건들에 더는 저항을 느끼지 않게 되어 버린 젊음이 넘치는 오늘날 이 거리에서는 '부끄럽지 않은가 부끄럽지 않은가' 하는 '바람의 속삭임'마저 소비를 부추기는 거리의 확성기 소리에 묻혀 들리지 않는 듯하다.

한무숙문학관은 돌담에 나무 대문 그리고 기와 지붕을 한 100여 년 된 한옥이다.

7 | 한무숙문학관

로터리 저 너머에 오늘의 마지막 코스인 한무숙문학관이 있다. 혜화동 로터리에서 혜화초등학교 방면 길로 건너가자. 대학로 쪽에서 가다 보면 왼편으로 휘어진 직진이요, 창경궁로 쪽에서 가면 좌회전이다. 길 이름은 '혜화로'다. 중간에 오른편으로 '한옥 동사무소'로 유명해진 혜화동 주민센터가 보인다면 멀지 않았다. 이정표를 살펴 혜화로9길로 들어서서 100미터 정도 올라가면 오른쪽에 나무 대문이 있는 돌담 집이 보인다. 100여 년 된 한옥인 이 집 한편에는 현재 한무숙 작가의 가족이 거주하고 있어서 항시 개관하지는 않으므로 반드시 방문 전에 전화나 이메일로 사전 예약을 해야 한다.

한무숙은 〈등불 드는 여인〉으로 데뷔했으며 대표작으로는 장편 소설 《역사는 흐른다》 등이 있다. 황진이에게 빠진 남편을 기다리는 여인의 마음이 담긴 작품인 〈이사종 李士宗의 아내〉는 옛 언어를 재현해 낸 드문 작품으로 평가받는다. 어린 나이에 시집와 서른이 된 나이에 친정 외할머니에게 보내는 편지에는 황진이의 그늘에 묻혀 있던 한 여인의 아내로서의 삶이 절절히 펼쳐진다.

> 현숙하다는 칭송을 듣기까지의 심중의 고초는 한마님께옵서 익히 아오시는 몸부림이오며 아내가 깊고 깊은 절망을 겪은 후에야 갖출 수 있는 거동에 대한 보답이오이다. 겉이 평정하옵다고 안이 잔잔할 수는 결코 없나이다. 송도집 진이의 자질은 투기하옵기엔 너무나 뛰어났사오며 시새워하기엔 위인이 지나치게 사리 밝고 민첩 체체하옵고 설부요안은 천품이오니 천수를 부러워할까 겨눌 기력은 없사옵니다.
> 사가(士家)에 태어나서 부도 여공을 익히고 배운 바는 이름 석 자 문안문, 겨우 언문 익혀 쓰고, 열녀전 때면 학문은 족하다 하셨나이다. 아녀자가 학문하면 기구해진다 하오셨는데 학문 익히지 못한 몸 시앗보고 공규(空閨)를 지킨 지 하 오래이오니 선인들 말씀은 거짓이오잇가.
> 송도집 진이의 높은 학식을 잡기라 할지라도 자즈러진 가무 현악 하오며 찌르는 듯한 재치를 따라가지 못하오니 지아비 마음을 그와 어찌 겨누어 차지할 수 있겠사오리잇가. 마음을 암담하게 아프게 던져 버리오니 남이 현숙하다 하더이다.
>
> 🍊 한무숙, 〈이사종의 아내〉

1950~70년대에 활동한 그녀는 소설가이면서 다섯 아이의 어머니였기에 가사와 육아 업무가 끝난 밤에 주로 집필을 했다고 한다. 학예사에

한무숙문학관
전통 한옥과 3층 양옥이 혼합된 건물로, 작가가 40년간 살았던 고택을 전시 공간으로 꾸몄다.
운영시간 월~토요일 10:00~17:00(12:00~13:00 점심시간 제외), 법정 공휴일 휴관
문의 02-762-3093

한무숙문학관 내부 응접실에는 작가가
생전에 쓰던 가구들이 보존되어 있다.

게 부탁하면 안채를 지나 올라가게 되어 있는 2층 집필실을 구경할 수 있다. 좁고 가파른 나선형 계단을 올라가면 집필실이 나오는데 벽면을 가득 채운 작가의 소장 책들과 옆방에 있는 작가와 그 가족들에 관한 자료들도 볼거리다.

문학관에는 국내외 유명 문인들과 교류했던 편지나 사진, 육필 원고, 저서 등을 전시한 전시실이 있다. 1961년 펄 벅이 한국을 방문했을 때 한무숙 집에서 묵었다고 하는데, 이후 그들이 주고받은 편지가 이곳에 전시되어 있다. 그 오른편에는 국내외 문학 사랑방으로 기능했던 응접실이 있다. 응접실에는 작가가 생전에 쓰던 문갑, 화장대, 장롱, 액자를 그대로 보존했다. 각종 단체의 임원직을 지내기도 했던 작가는 자신의 집을 문인들의 사랑방으로 기꺼이 제공했다고 한다.

이 시대의 석학 유종호 선생은 이 집의 풍경을 이렇게 회고한다.

이제는 아득하게만 생각되는 50년대 말 아직 학교에 다닐 때 혜화동에 있는 한무숙 여사댁을 방문한 적이 있다. 시인 송영택 형의 제의에 의해서였다.

1964년의 장왕록 영문학 교수, 노벨상 수상자 펄 벅, 한무숙 여사.(사진 제공 한무숙문학관)

(중략) 한무숙 여사는 물론 몇 안 되는 당대 유수한 여류 작가였고,《역사는 흐른다》의 작가로서 명성이 높았었다. (중략) 우리가 찾아갔을 때 한무숙 여사는 듣던 바대로 깨끗하고 단아한 모습으로 맞아 주었는데 미당이 얘기했다던 '마담 델리카'란 말을 실감시켜 주었다. (중략) 한 여사는 가슴을 앓던 시절에 읽은 체호프를 얘기하고 투르게네프를 얘기하였다. 〈첫사랑〉, 〈아버지와 아들〉,〈처녀지〉,〈연기〉,〈귀족의 집〉,〈그 전날 밤〉등등, 투르게네프의 표제 자체가 그대로 시가 되는 탓도 있지만 부지중에 어떤 정서적 감염을 경험하였다. 한 여사는 또 토마스 만을 얘기하였다.〈토니오 크뢰거〉-그러자 퍼뜩 머리에 스치는 것이 있었다. 50년대 말 명륜동댁의 서가에 꽂힌 책에서 유난히 눈에 뜨이는 책이 있었다. 일본의 이와나미 서점에서 나온 토마스 만이 쓴〈파우스트 박사〉의 일역판이다. 그것은 몇 권으로 되어 있었는데 인상에 남아 있었던 것은 당시 신간이었다는 것과 내 자신이 몹시 읽고 싶었던 책이었다는 것과 연관된 것이라 생각된다.

☞ 〈작품 해설-삶의 진실과 슬픔〉,《한무숙 문학전집 6-감정이 있는 심연》

우리나라에서 한 작가의 집, 방, 소장 책이 이렇게 잘 보관된 예를 찾기는 쉽지 않을 것이다. 그동안 수많은 작가의 집이 헐리고 소장품이 매각되고 어디론가 사라져 갔다. 따라서 작가들의 향취를 더듬어 찾아가도 보고 느낄 것이 마땅치 않았다. 최남선과 현진건의 집도 몇 해 전 헐렸다. 그런 점에서 한무숙문학관은 작가인 어머니를 자랑스러워하는 후손의 노력이 돋보이는 곳이다.

사실 이번 산책 코스인 대학로는 변화무쌍한 곳이다. 작년까지 레코드 가게였던 곳이 올해는 설렁탕집이 되고 내년에는 커피집으로 바뀔지도 모르는 그런 곳이다. 영업 이익에 따라 끊임없이 간판이 바뀌는 이곳을 변함없이 지키는 이는 몇 되지 않는다. 오늘 우리가 들렀던 지표인 샘터사, 학림다방, 마리안느, 한무숙문학관은 김광균 시비나 혜화동 로터리처럼 세월의 변화에도 묵묵히 자리를 지켜 왔다. 문득, 산책을 시작하면서 소개했던 '우리 시대의 소설가'인 만우 씨가 아직 여기 사는지 궁금해진다.

문학 작품

❖ 조성기, 〈우리 시대의 소설가〉, 《이상문학상 수상 작품집15》, 문학사상사, 1991
❖ 피천득, 〈오월〉, 《인연》, 샘터, 2002
❖ 정채봉, 《생각하는 동화-멀리 가는 향기》, 샘터, 1987
❖ 법정, 《홀로 사는 즐거움》, 샘터, 2004
❖ 김광균, 〈설야〉, 《김광균 전집》, 국학자료원, 2002
❖ 황지우, 〈활엽수림에서〉, 《새들도 세상을 뜨는구나》, 문학과지성사, 1993
❖ 정찬, 〈베니스에서 죽다〉, 《베니스에서 죽다》, 문학과 지성사, 2003
❖ 이제하, 〈나그네는 길에서도 쉬지 않는다〉, 《나그네는 길에서도 쉬지 않는다》, 문학동네, 1999
❖ 윤이형, 〈피의 일요일〉, 《2006 현장비평가가 뽑은 올해의 좋은 소설》, 현대문학, 2006
❖ 박태원, 〈방란장 주인〉, 《박태원 단편선》, 문학과지성사, 2005
❖ 김광규, 〈희미한 옛사랑의 그림자〉, 《희미한 옛사랑의 그림자》, 문학과비평사, 1988
❖ 한무숙, 〈이사종의 아내〉, 《한무숙 문학전집-감정이 있는 심연》, 을유문화사, 1992

10 성북동

숨어 있는 시와 사랑의 길에서 무엇이 보일까

성북동은 빠르게 변하고 있으면서도 변하지 않는 무언가를 간직한 느낌을 주는 동네다. 산책 코스를 걸으며 옛 작품들을 읽으면, 과거와 비교해 훨씬 더 도심화된 성북동의 모습을 발견할 수 있다. 동시에 산책로 중간중간에 종로나 서울역에서는 느낄 수 없는 청량한 공기가 우리 옆을 스쳐 지나가는 것을 경험할 수도 있다. 이 코스는 성북동을 무엇보다도 유명하게 해 준 시 한 편을 만나러 가는 길이며, 한국 현대 문학사에서 가장 유명한 사랑의 이야기를 들으러 가는 길이기도 하다. 그곳에 숨어 있는 시와 사랑의 이야기를 만나러 길을 나선다.

산책 코스 | 2.5km

❶ 이태준 옛집(수연산방) ➡ ❷ 만해 한용운 심우장 ➡
❸ 성북동 이재준가 ➡ ❹ 선잠로 ➡ ❺ 길상사

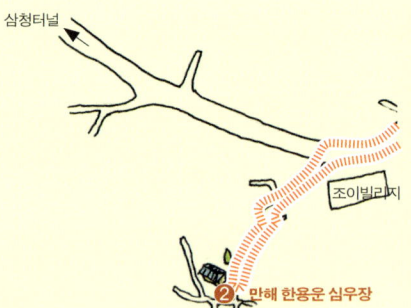

1 이태준 옛집(수연산방)

　성북동城北洞이란 서울성곽의 북쪽에 있는 동네라 하여 붙여진 이름이다. 시내에서 차로 10여 분밖에 걸리지 않는 동네지만, 성북동에 도착하면 도심의 혼잡함을 벗어난 한적한 정취를 쉽게 느낄 수 있다. 지하철 4호선 한성대입구역에서 마을버스를 타고 올라와 성북동 주민센터 별관 앞에 내리면 길 왼편으로 차분하게 자리 잡은 한옥이 보인다. 전통찻집으로 손님을 맞고 있는 '수연산방'이다.

　성북동 산책의 기점인 이곳 수연산방은 식민지 시기의 작가 이태준이 살던 집이다. 이태준은 한국 근대 소설에서 세련된 단편 양식을 확립하는 데 지대한 공을 세운 것으로 평가받는 작가다. 그가 직접 집을 짓고 살면서 수많은 명작을 집필한 작품의 산실이 바로 이곳 수연산방이다. 작가가 살던 시기의 가옥 형태를 그대로 보존하여 전통 찻집을 열었기에 많은 사람이 즐겨 찾는다.

　이태준의 단편 〈달밤〉에는 작가가 성북동으로 처음 이사 와서 만나게 된 순박한 사람들을 통해서 '시골의 정취'를 체험하는 장면이 등장한다.

성북동(城北洞)으로 이사 나와서 한 대엿새 되었을까, 그날 밤 나는 보던 신문을 머리맡에 밀어 던지고 누워 새삼스럽게,
"여기도 정말 시골이로군!"
하였다.
무어 바깥이 컴컴한 걸 처음 보고 시냇물 소리와 쏴— 하는 솔바람 소리를 처음 들어서가 아니라 황수건이라는 사람을 이날 저녁에 처음 보았기 때문이다.
그는 말 몇 마디 사귀지 않아서 곧 못난이란 것이 드러났다. 이 못난이는

수연산방 안마당에 성북동 골짜기의 맑은 기운이 가득하다.

작가 이태준이 살면서 수많은 명작을 집필한 곳, 수연산방.

> 성북동의 산들보다 물들보다, 조그만 지름길들보다 더 나에게 성북동이 시골이란 느낌을 풍겨 주었다.
>
> 🍂 이태준, 〈달밤〉

사회의 변두리로 밀려나 살아가는 순박한 하층민들의 비애를 다루는 것은 이태준 단편의 주요한 주제이기도 하다. 〈달밤〉에서 성북동을 무대로 펼쳐지는 작가의 시선이 머무는 곳 역시 황수건을 비롯한 인물들의 '못난' 삶의 정경이다. 그들의 삶에 묻어 있는 소박함과 누추함은 산골에 처박혀 있는 어떤 장소들보다 성북동을 더 시골스럽게 느끼도록 한다.

이태준은 명문장가로서 많은 수필을 남겼는데, 그중 〈고목〉이라는 수필에 자신이 거주하던 성북동에 대한 생각을 표현한 대목이 있다. '아무커나 우리 성북동의 봄은 순동양적·순조선적 봄이어서 좋다. 요즘 꼴 같잖은 양관들을 짓고 을리지도 않는 사꾸라를 심어 놓는, 그래서 성북동의 순수성을 더럽히는 딱한 친구들이 생기는 것은 약간치 않은 비애이긴 하다만'이라는 표현이 그것이다. 아무래도 이태준이 살던 식민지 시기 성북동의 이미지는 순수함과 순박함으로 대표되었던 듯하다.

이태준의 후배 작가로 해방 이후에도 많은 걸작을 남긴 김동리의 소설 〈청자〉에도 성북동에 사는 주민들이 주인공으로 등장한다.

> 성북동 안골짜기라면 물 맑고 공기 좋고 여름엔 나무 그늘 푸지고 겨울엔
> 솔바람 소리 그윽하고 살면 살수록 정이 드는데다 거기 또한 이웃까지 좋고
> 볼 양이면 따로 낙지(樂地)를 구할 생각조차 날 리 없다.
> 석운과 나는 이와 같은, 낙지 부럽지 않은 행복한 지대에 십 년 동안을
> 이웃하고 살았다. 재 직업이 비록 A출판사의 편집원이라고는 하나, 성미가
> 본시 조용한 것을 좋아하는데다 학교 적에는 미학을 전공했고, 취미가 또한
> 서예에 있는 지라 사의 일만 끝나면, 한시바삐 시내의 혼탁한 공기와 착잡한
> 소음을 벗어나야겠다는 듯이 이내 집으로 돌아오는 버릇이었다. 그만큼 나는
> 나의 집을, 나의 집이라기보다는 나의 집이 있는 성북동의 깨끗한 자연과
> 석운이 있는 나의 이웃을 사랑하고 있었다.
>
> 🦋 김동리, 〈청자〉

시내의 혼탁한 공기와 착잡한 소음을 벗어나 돌아오는 깨끗한 자연과 이웃이 있는 장소가 이곳 성북동이라는 인식은 김동리의 소설 〈청자〉에서도 발견할 수 있다. 수연산방에서 과거의 자취가 남아 있는 성북동의 거리를 완상하며 향이 좋은 차를 마시는 것은 여전히 혼탁한 도심의 피로를 잊게 해 주는 경험이 될 것이다.

2 | 만해 한용운 심우장

　수연산방에서 길을 따라 올라가다 보면 길 왼편으로 만해 한용운이 거처하던 심우장 가는 길을 알리는 안내판을 만난다. 안내판이 있는 좁은 골목을 따라 올라가면 심우장 입구를 발견할 수 있다. 서울시 기념물 제7호로 지정된 이곳 심우장은 만해 스님을 위해 벽산 스님이 집터를 기증하고 방응모, 박광 등의 성금으로 마련한 고택이다. 광화문에 자리 잡은 조선총독부가 보기 싫다고 하여 일부러 북향으로 집을 지었다는 만해의 이야기는 유명하다. 만해가 남긴 시편 중에는 이 심우장을 표제로 삼은 시편들이 있다.

　　　티끌 세상을 떠나면
　　　모든 것을 잊는다 하기에
　　　산을 깎아 집을 짓고
　　　돌을 뚫어 새암을 팠다.
　　　구름은 손인 양하여
　　　스스로 왔다 스스로 가고
　　　달은 파수꾼도 아니건만
　　　밤을 새워 문을 지킨다.
　　　새소리를 노래라 하고
　　　솔바람을 거문고라 하는 것은
　　　옛사람의 두고 쓰는 말이다.

　　　님 그리워 잠 못 이루는
　　　오고 가지 않는 근심은
　　　오직 작은 베개가 알 뿐이다.

심우장은 조그만 집이지만, 만해의 높은 기상이 서린, 결코 작지 않은 집이다.

조선총독부가 보기 싫어 일부러 북향으로 지었다는 만해 한용운 심우장.

공산(空山)의 적막(寂寞)이여
어디서 한가한 근심을 가져오는가.
차라리 두견성(杜鵑聲)도 없이
고요히 근심을 가져오는
오오 공산(空山)의 적막(寂寞)이여.

🌸 한용운, 심우장 산시1 〈山居〉

만해는 승려로서 당대의 불교를 대표하는 위치에 있었지만, 독립을 위해 애쓴 일화들이 더 많이 알려져 있다. 만해의 일대기를 엮은 정찬주의 장편 《만행卍行》에는 만해 생전의 재미있는 사건이 소개되어 있다.

소설가 춘원 이광수도 만해 앞에서는 꼬리를 내렸다. 만해는 원래 춘원의 재주를 높이 평가하여 좋아하였는데, 그도 역시 창씨개명을 하자 몹시

실망하여 심우장에 발을 들여놓지 못하게 하였다. 명륜동에서 소설을 쓰다가 불교에 대한 것을 묻기 위해 고개를 하나 넘어 성북동 심우장으로 찾아온 것인데, 만해는 그를 보자마자 노발대발하여, "네 이놈! 보기 싫다. 다시는 내 눈앞에 나타나지 말아라!"하고 문전박대를 한 것이었다.

🍊 정찬주,《만행》

당대의 대작가 춘원에게 호통을 치는 만해의 서릿발 같은 기상이 이곳 심우장의 마당 어딘가에 아직도 살아 숨 쉬고 있는 듯하다.

3 | 성북동 이재준가

심우장을 나와 다시 수연산방 쪽으로 내려간다. 수연산방 맞은편에 자리 잡은 큰 건물이 덕수교회이다. 덕수교회 건물 안쪽으로 난 언덕길을 오르면 숲이 우거진 야산을 등지고 이재준가가 자리하고 있다. 이 집은 원래 마포에서 젓갈 장사로 부자가 된 이종상이라는 사람의 별장이었는데, 후일 이재준이라는 사람이 집을 사들여 살았기에 이재준가라고 불린다고 한다.

잘 보존된 한옥의 대청 옆 누마루에는 '일관정'이라는 현판이 붙어 있고 추녀에는 풍경이 걸려 있으며, 회색 벽돌로 집을 둘러 담을 쌓았다. 당시 대상大商들의 생활상을 살펴볼 수 있는 집으로 서울시 민속자료 제 10호로 지정되어 있다. 이재준가는 서울시의 문화유적이지만 지금은 덕수교회가 사들여서 관리하는 까닭에 아무나 방문할 수 없다.

인터넷으로 성북동의 이재준가를 검색하면 대부분의 정보에 이종상의 별장을 소설가 이재준이 사들여 살았던 집이라고 나오는데, 이는 건너편에 살던 소설가 이태준의 이름을 착각한 잘못된 정보일 가능성이 크다.

굳게 닫힌 대문 대신 벽돌담 구멍을 통해서 옛 사람의 정취를 살짝 들여다볼 수 있다.

1960년 12월에 기업인 이재준이 이 집을 취득했고, 1985년에 덕수교회로 소유권이 이전되었다고 한다.

문학과 직접 관련 있는 인물은 아닐지라도, 이재준가는 성북동 산책에서 빼놓을 수 없는 중요한 문화유산이다. 일각대문은 굳게 닫혀 있어 들어가 볼 수 없지만, 바깥마당에 놓인 우물가에 서서 옛사람들의 삶의 정취를 가만히 바라보자.

조지훈은 수필 〈돌의 미학〉에서 성북동의 미학을 이렇게 논했다.

성북동은 어느 방향으로나 5분만 가면 바위와 숲이 있어서 좋다. 요즘 낙목한천(落木寒天)의 암석미(巖石美)를 맘껏 완상할 수 있는 나의 산보로는 번화의 가태(假態)를 벗고 미지의 진면목을 드러낸 풍성한 상념의 길이다. 나는 이 길에서 지나간 세월을 살피며 돌의 미학, 바위의 사상사에 침잠한다. 내가 성북동 사람이 된 지 스물세 해, 그것도 같은 자리 같은 집에서고 보니

잘 보존된 한옥은 멀리서도 눈길을 붙드는데, 직접 들어가 보지 못하는 것이 못내 아쉽다.

나도 암석의 생리를 닮은 모양이다. 전석불생태(轉石不生苔)라고, 구르는 돌에는 이끼가 앉지 않는다는 것이 암석미의 제1장이다.

조지훈, 〈돌의 미학〉

'어느 방향으로나 5분만 가면 바위와 숲이' 있는 정경은 시인 조지훈이 들려주는 성북동의 정서이다. 이러한 암석미가 있는 자연이 성북동을 대표하는 것이었다는 점은 소설가 구보 씨의 산책을 따라가 보아도 알 수 있다.

장충단으로, 청량리로, 혹은 성북동으로…… 그러나 요사이 구보는 교외(郊外)를 즐기지 않는다. 그곳에는, 하여튼 자연이 있었고, 한적(閒寂)이 있었다. 그리고 고독조차 그곳에는, 준비되어 있었다. 요사이, 구보는 고독을 두려워한다.

박태원, 〈소설가 구보 씨의 일일〉

박태원과 조지훈이 살던 시절에는 암석미가 있고 자연이 있는 한적한 교외였지만, 산업화 과정을 거치면서 성북동의 정서는 많이 변모했을 것이다. 그러한 점은 산업화 시기 개발되어 가는 성북동을 노래한 한 편의 시를 통해 살펴볼 수 있다. 그 시의 무대를 만나기 위해 계속 길을 걸어 보자.

4 | 선잠로

이재준가를 나와서 한성대 입구 방면으로 내려간다. 가는 길의 왼편으로는 간송미술관 02-762-0442 을 알리는 표지도 보인다. 식민지 시기에 사라져 가는 우리 문화유산을 수집하기 위해서 간송 전형필이 전 재산을 털어 사들인 귀한 유물들이 전시된 곳이다. 그러나 1년에 정해진 시기에만 문을 열기에 미리 개관일을 확인하고 가야 한다.

길을 조금 더 내려가면 선잠단지 先蠶壇址 가 나온다. 선잠단지는 누에 치기를 처음 했다는 중국 상고 황제의 황후 서릉씨를 신으로 모신 곳이다. 조선 시대에는 왕비들이 이곳에서 제사를 지냈다. 선잠단지에서 왼편으로 길을 꺾어 올라간다. 도로의 이름이 '선잠로'다. 도로명 주소가 개편되기 전에는 길 이름이 '비둘기길'이었다. 듣기만 해도 성북동을 노래한 대표적인 작품인 김광섭의 〈성북동 비둘기〉가 떠오르는 이름이다.

성북동 산에 번지가 새로 생기면서
본래 살던 성북동 비둘기만이 번지가 없어졌다.

새벽부터 돌 깨는 산울림에 떨다가
가슴에 금이 갔다.

그래도 성북동 비둘기는
하느님의 광장 같은 새파란 아침 하늘에
성북동 주민에게 축복의 메시지나 전하듯
성북동 하늘을 한 바퀴 휘 돈다.

성북동 메마른 골짜기에는
조용히 앉아 콩알 하나 찍어 먹을
널찍한 마당은커녕 가는 데마다
채석장 포성이 메아리쳐서

피난하듯 지붕에 올라앉아
아침 구공탄 굴뚝 연기에서 향수를 느끼다가
산1번지 채석장에 도로 가서
금방 따낸 돌 온기(溫氣)에 입을 닦는다.

예전에는 사람을 성자(聖者)처럼 보고
사람 가까이
사람과 같이 사랑하고
사람과 같이 평화를 즐기던
사랑과 평화의 새 비둘기는

이제 산도 잃고 사람도 잃고
사랑과 평화의 사상까지
낳지 못하는 쫓기는 새가 되었다.
  김광섭, 〈성북동 비둘기〉

비둘기길이 지금은 선잠로로 바뀌었다.

〈성북동 비둘기〉는 김광섭 시인이 1968년에 발표한 시로 그의 대표작으로 널리 알려져 있다. 산업화되어 옛 정취를 잃어 가는 성북동에는 더 이상 사랑과 평화를 노래하는 비둘기가 깃들 장소가 마련되지 않는다는 것이 이 시의 간명한 증언이다. 도심지의 혼탁함에 견주자면 지금도 성북동의 공기는 맑디맑은 것이지만, 그 또한 개발과 부동산 투기의 바람 앞에 위태로운 것임을 모든 이는 체험하고 있을 것이다.

최인훈의 단편 〈느릅나무가 있는 풍경〉에는 주인공 구보 씨가 한 출판 기념회에 참석하기 위하여 성북동을 방문하는 장면이 나온다.

> 구보 씨는 다섯시 반에 성북동에 있는 '유정'이라는 술집에 닿았다. 거기가 《성남동 까치》 출판 기념회 자리였다. 여느 술집과 마찬가지로, 가로가 긴 아크릴 간판을 단 한옥이었다.
>
> (중략)
>
> 구보는 이런 얘기를 했다.

– 김광섭 선생의 《성남동 까치》는 60년대의 끝에 와서 문득 우리 문학의 하늘에 울린 질한 소리였습니다. 우리는 한국 시가 어디로 가는 것인지 알지 못합니다. (중략) 《성남동 까치》는 시에게 위엄과 점잖음의 옷을 되찾아 주었습니다. 그러나 그 옷은 번쩍거리지도 절그럭거리지도 않는 — 목숨처럼 자유무애하고 자유인답게 점잖은 그런 옷입니다.

  🍊 최인훈, 〈느릅나무가 있는 풍경〉

'성북동 비둘기'를 '성남동 까치'로 옮겨 놓은 작가의 기지가 유쾌하다. 그러면서도 김광섭 시인의 시 세계에 대한 존중의 뜻이 한없이 묻어 나오고 있는 것을 독자들은 느낄 수 있을 것이다. 정현종 시인 또한 김광섭의 출판 기념회에 참석한 이야기를 들려준다.

나는 참을 수 없이 그 분들이 내 할아버지라는 느낌이다. 그 분들의 핏줄과 내 핏줄이 하나여서 어쩔 줄을 모르겠다. 일테면 1970년 5월 29일 저녁, 노인들이 환장하게 보고 싶어서 성북동 비둘기를 기념하는 詩祭에 갔다가 들은 김광섭 선생의 답사 "나는 사람들과 같이 어떻게 하면 잘살 수 있을까 해서 시를 씁니다"는 즉시 하늘로 올라가 김광섭의 별이 되어 빛나기 시작했고 내 머리에는 뜨끈한 물이 넘쳤다. 오오, 노시인들이란 늙기까지 시를 쓰는 사람들, 늙기까지 시를 쓰다니! 늙도록 시를 쓰다니! 대한민국 만세(!)

  🍊 정현종, 〈老詩人들, 그리고 뮤즈인 어머니의 말씀〉

"나는 사람들과 같이 어떻게 하면 잘 살 수 있을까 해서 시를 씁니다"라는 시인의 고백은 절절하게 심중을 울리는 힘을 지닌 언어다. 그러한 진실 어린 마음의 언어가 〈성북동 비둘기〉 같은 시를 탄생하게 했을 것이다. 김광섭 시인은 1974년 8월에 《심상》지에 발표한 〈작가의 말〉에서 시 창작의 경위에 대해서 이렇게 밝히고 있다.

> 나는 뇌출혈로 메디칼센터에 입원하여 오랜 혼수 상태를 겪으면서 사경을
> 헤맸어요. 그 후 성북동 나의 집 마당에 자리를 펴고 앉았는데, 따스한 훈풍이
> 불고 꽃이 피어 있었어요. 뇌일혈이란 말을 듣고 내 시적 생명은 끝났다는
> 절망감을 안고 있었지요. 그 때, 하늘을 바라보다가 아침마다 하늘을
> 휘익 돌아 나는 비둘기떼를 보게 되었어요. 〈성북동 비둘기〉의 착상은
> 거기에서였지요. 돌 깨는 소리가 채석장에서 울리면 놀라서 날아오르는
> 새들, 그러나 저것들이 우리에게 평화의 메시지를 전해 줄 것인가. 돌 깨는
> 산에서는 다이너마이트가 터지고 집들은 모두 시멘트로 지어서 마음 놓고
> 내릴 장소도 없는 저것들이란 데 생각이 머물렀어요.

뇌출혈로 쓰러져 사경을 헤매다가 문득 바라본 하늘의 비둘기떼로부터 생명과 평화의 메시지를 전해 받고 그것을 독자에게 전달하는 시인의 마음이 경건한 울림으로 다가온다.

한편, 서정주는 아내의 병상을 지킬 때 떠오른 상념을 시로 남겼다.

> 병든 아내가 잠들어 있는
> 병원 5층의 유리창으로
> 내다보이는 거리의 전등불들의 행렬은
> 아주 딴 세상의 하모니카 구멍들만 같다.
> 5십 5년 전의 달밤 성북동에서
> 소년시인 함형수(咸亨洙)가 불고 가던
> 하모니카의 도리고의 세레나데 소리를 내고 있다.

죽은 함형수가

지금은 딴 세상에서 불고 있는

꼭 그 하모니카 소리만 같다.

   🌸 서정주, 〈노처(老妻)의 병상(病床) 옆에서〉 부분

  시인은 과거에 자신과 〈시인부락〉이라는 동인을 함께한 시인 함형수의 기억을 떠올리고 있다. 성북동의 달밤은 삶과 죽음의 경계를 겸허하게 되돌아보게 하는 무언의 힘을 지닌 듯하다.

  길을 계속 오른다. 높은 담과 저택들이 즐비한 거리를 걷고 있다.

흙냄새 나무냄새 맡으며 핥으며 땅을 기어가는 바람이 성북동을 찾아 산으로
통하는 길을 따라 올라간다 사장님들과 외국대사님들과 외국인 부사장님과
사장님보다 더 높은 사람들이 숲속에 모여 사는 성락원 일대 들어가는 길을
왼쪽으로 꺾어서 올라가노라면 캐나다대사관 공관 입구서부터 경사는
가팔라지고 다시 사장님들 저택 대문전을 지나서 외국손님 가득 실은
관광버스가 매일 드나드는 우거진 숲속 대원각쯤에서 숨이 차고 저녁이면
노란 꾀꼬리 처량한 뻐꾸기 울음 소리 아닌 노랫소리 트럼펫 소리 숲을 울리고

   🌸 정한모, 〈성북산조(城北散調) 3〉

  정한모 시인이 〈성북산조〉에서 묘사하고 있는 길은 지금 우리가 올라가고 있는 길과 정확히 일치한다. 여러 나라 대사관과 공관들, 커다란 저택들을 지나가며 느끼는 생각들을 시인도 똑같이 전하고 있는 것 같다.

  그날은 안개 같은 이슬비가 뿌리고 있었다.
  나는 제 시간에 피로한 몸을 이끌고 성북동 언덕길을 올라가고 있었다.

성북동에는 여러 나라의 대사관과 공관, 으리으리한 저택 등 담 높은 집이 많다.

여름감기가 걸린 탓에 며칠을 두고 앓고 방금 일어난 터였다.
나는 틀림없이 그 부잣집 사모님이 한달의 봉급에서 내가 앓아누웠던 이틀치의 공백을 제외하고 나머지 돈을 주며 이제 우리는 다른 가정교사를 둘까 해요라는 따위의 은근한 거절선언을 하리라 기대하고 있었고, 또 한가지 언덕 위의 양옥집 부수는 작업이 이틀 동안 도대체 얼마 만큼 진전이 되어 있을까, 해부실에 걸려 있는 인체 골격 구조 표본처럼 앙상하고 볼품 없게 뼈다귀를 드러내고 있을까라는 기대도 아울러 품고 있었다.
때문에 성북동 그 길고도 긴 언덕길을 올라가는 나의 걸음은 열쇠구멍으로 다가가는 듯한 아슬아슬한 전율과 흥분으로 휘청이고 있었다.

최인호, 〈무너지지 않는 집〉

최인호는 단편 〈무너지지 않는 집〉에서 고학을 하는 학생의 고달픈 하루를 전해 주고 있다. 그는 성북동에서 가정교사를 하며 학비를 벌고 있었는데, 감기에 걸려 책임을 다하지 못한 자신에게 해고의 명령이 떨어질 것을 두려워하며 성북동의 부잣집 언덕길을 올라가고 있는 것이다.

한편, 1980년대의 민주화 투쟁과 민중 문학의 흐름 속에서 성북동은 역시나 넘을 수 없는 계층의 벽을 상징하는 장소로 나타나고 있다.

> 성북동에 있는 사장의 집은 성벽 같은 담벼락으로 둘러싸여 있었다. 늦게 돌아오게 될지 몰라 산업체 학생들은 빠지라고 했지만 윤희와 순옥은 한사코 따라나섰다. 까짓놈의 학교 때려치지 뭐, 하고 호기까지 부리며 쫓아나섰던 순옥은 그날 있은 중간고사에 참석할 수 없었다.
> 사람 키의 두 배나 되는 담장 안은 들여다보이지도 않았고 초인종을 아무리 눌러도 쥐새끼 한 마리 얼굴을 내밀지 않았다. 원목을 켜서 만든 대문은 서른명이 달라붙어 밀어젖혀도 꿈쩍 않았다. 행여 그들과 눈길이라도 마주칠까 맞은편 담벼락 쪽으로 달라붙어 지나가는 잘 차려입은 사람들과, 그리고 가끔 지나는 광택을 잘낸 고급승용차들과의 거리만큼이나 순옥은 자신의 초라함을 사장집 대문 앞에 주질러앉아 확인해야 했다.
>
> 📖 방현석, 〈새벽 출정〉

1980년대의 노동 소설을 대표하는 작품 〈새벽 출정〉의 한 대목이다. 낮에는 공장에서 일하고 밤에 야간학교에서 일해야 하는 산업체 학교에 다니는 두 주인공이 파업 투쟁 과정에서 성북동에 있는 사장의 집으로 항의 방문을 하는 장면이다. 그러나 그들은 완강하게 닫혀 있는 대문 앞에서 무력하게 돌아서야만 했다. 어디로 가나 바위와 숲을 만날 수 있던 성북동의 언덕길에 하나둘씩 자리 잡은 커다란 집들의 풍경은 우리 현대사의 여러 가지 풍경을 우리 앞에 다시 들려주고 있다.

5 | 길상사

앞에서 인용한 시편에서 정한모 시인은 이 길을 따라 올라가면 '노랫소리 트럼펫 소리 울리는' 대원각이 나타난다고 하였다. 그러나 지금은 그런 소리를 일부러 들으려 해도 들을 수가 없게 되었다. 대원각은 한때 서울의 3대 요정으로 불릴 정도로 규모가 큰 요정이었으나, 지금은 탈바꿈하여 고즈넉한 절이 되어 있다. 대원각의 주인이었던 김영한 여사가 시가 1천억 원이 넘는 대원각을 법정 스님에게 시주해 길상사로 바뀌도록 한 것이다.

김영한 여사는 바로 1930년대를 풍미한 서정시인 백석의 연인이었다. 백석은 연인인 김영한에게 '자야'라는 애칭을 지어 주고 항상 그렇게 불렀다고 한다. 그래서 김영한이 쓴 《내 사랑 백석》이라는 백석 평전에는 저자의 이름이 '김자야'로 되어 있다. 김영한 여사가 법정 스님에게 대원각을 시주하겠다는 의사를 전한 것은 1987년이었다고 하는데, 스님은 이를 완고하게 거절하다가 10여 년 만에 그 뜻을 받아들여 절을 창건하고, 이름을 길상사로 지었다. 재미있는 것은 백석이 도쿄에 유학하여 아오야마가쿠인대학靑山學院大學을 다닐 무렵인 1933년경의 그의 거주지가 도쿄의 기치조지吉祥寺,길상사 1875번지였다는 점이다. 시대와 나라를 초월하여 연결되는 인연의 이야기가 마음에 깊은 울림을 던져 준다.

백석은 해방 후 월북하여 한동안 그 이름이 문학사에서 사라졌었고, 그런 이유로 일반 대중에게 많이 알려지지 않았다. 그러나 한국 현대 시를 통틀어 가장 중요한 시인 중 하나에 속할 뛰어난 시인이다. 백석은 첫 시집 《사슴》에서 고향인 평안도의 사투리를 자유롭게 구사하면서 공동체의 풍요로운 세계를 노래했다. 그리고 이후의 작품에서는 고향을 떠나 유랑하는 자의 향수를 드러내는 시편들을 발표했다. 백석이 남긴 절창 〈남신의주유동박시봉방〉을 읽어 보자.

어느 사이에 나는 아내도 없고, 또,

아내와 같이 살던 집도 없어지고,

그리고 살뜰한 부모며 동생들과도 멀리 떨어져서,

그 어느 바람 세인 쓸쓸한 거리 끝에 헤매이었다.

바로 날도 저물어서,

바람은 더욱 세게 불고, 추위는 점점 더해 오는데,

나는 어느 목수네 집 헌 삿을 깐,

한 방에 들어서 쥔을 붙이었다.

이리하여 나는 이 습내나는 춥고, 누긋한 방에서,

낮이나 밤이나 나는 나 혼자도 너무 많은 것같이 생각하며,

딜옹배기에 북덕불이라도 담겨 오면,

이것을 안고 손을 쬐며 재 우에 뜻없이 글자를 쓰기도 하며,

또 문 밖에 나가지두 않구 자리에 누워서,

머리에 손깍지 베개를 하고 굴기도 하면서,

나는 내 슬픔이며 어리석음이며를 소처럼 연하여 새김질하는 것이었다.

내 가슴이 꽉 메어 올 적이며,

내 눈에 뜨거운 것이 핑 괴일 적이며,

또 내 스스로 화끈 낯이 붉도록 부끄러울 적이며,

나는 내 슬픔과 어리석음에 눌리어 죽을 수밖에 없는 것을 느끼는 것이었다.

그러나 잠시 뒤에 나는 고개를 들어,

허연 문창을 바라보든가 또 눈을 떠서 높은 천장을 쳐다보는 것인데,

이때 나는 내 뜻이며 힘으로, 나를 이끌어 가는 것이 힘든 일인 것을

생각하고,

이것들보다 더 크고, 높은 것이 있어서, 나를 마음대로 굴려 가는 것을
생각하는 것인데,

이렇게 하여 여러 날이 지나는 동안에,

내 어지러운 마음에는 슬픔이며, 한탄이며, 가라앉을 것은 차츰 앙금이 되어
가라앉고,

외로운 생각만이 드는 때쯤 해서는,

더러 나줏손에 쌀랑쌀랑 싸락눈이 와서 문창을 치기도 하는 때도 있는데,

나는 이런 저녁에는 화로를 더욱 다가 끼며, 무릎을 꿇어 보며,

어느 먼 산 뒷옆에 바우섶에 따로 외로이 서서,

어두워 오는데 하이야니 눈을 맞을, 그 마른 잎새에는,

쌀랑쌀랑 소리도 나며 눈을 맞을,

그 드물다는 굳고 정한 갈매나무라는 나무를 생각하는 것이었다.

  🔖 백석, 〈남신의주유동박시봉방(南新義州柳洞朴時逢方)〉

 위의 시에서 화자는 '그 드물다는 굳고 정한 갈매나무'를 생각하며 공동체를 떠나 정처 없이 떠도는 자아가 나아갈 방향을 스스로 제시하고 있다. 굳고 정한 갈매나무는 유랑의 체험을 통해 시인이 도달하게 된 정신적 높이와 자아의 발견을 보여 주는 표상이다. 그 굳고 정한 갈매나무의 이미지를 떠올리며, 길상사를 조용히 걸어 보자. 경내에는 독특한 외모로 보는 이의 눈길을 오래 끄는 관음상이 서 있는데, 이 상은 독실한 가톨릭 신자로 알려진 조각가 최종태의 작품이다.

 길상사를 마지막으로 성북동 산책을 마친다. 우리가 성북동에서 본 것은 무엇이었을까. 시인 강은교는 성북동을 이렇게 노래했다.

이렇게 조용한 곳이 예전에는 노랫소리 트럼펫 소리 울리는 요정이었다.
지금은 고즈넉하여 마음까지 차분해지는 곳, 길상사.

거기서 무엇이 보이느냐.

저 문 뒤

바람도 보이느냐.

맞은편 하늘로 길은 사라지고

모든 지붕은 멀리 사라지고

어디서 흐린 마치 소리가

진종일

뼈의 집을 짓고 있다.

햇빛은 등뒤에서 한결 뚜렷하다.

몇 사람은 흙 속에서

구름과 함께 서성이고

뒤뜰에는 자주 기침하지 않는 하느님

한겨울 쉬었다가 내리는 눈

때없이

죽은 아비의 혼도 날아다닌다.

불치의 병을 기다리는

나의 새벽이

순라꾼의 맨발을 기웃거리고

누군가 저 산그늘 밑에서

아직 떠나지 않고 있다.

🙦 강은교, 〈성북동〉

문학 작품

- 이태준, 〈달밤〉, 《달밤》, 깊은샘, 1995
- 김동리, 〈청자〉, 《역마/밀다원 시대》, 민음사, 2007
- 한용운, 〈산거〉, 《님의 침묵》, 민음사, 1995
- 정찬주, 《만행》, 민음사, 1999
- 조지훈, 〈돌의 미학〉, 《수필의 미학》, 나남, 1996
- 박태원, 〈소설가 구보 씨의 일일〉, 《소설가 구보 씨의 일일》, 문학과지성사, 2005
- 김광섭, 〈성북동 비둘기〉, 《성북동 비둘기》, 미래사, 2003
- 최인훈, 〈느릅나무가 있는 풍경〉, 《소설가 구보 씨의 一日》, 문학과지성사, 1991
- 정현종, 〈老詩人들, 그리고 뮤즈인 어머니의 말씀〉, 《고통의 축제》, 민음사, 1995
- 서정주, 〈노처(老妻)의 병상(病床) 옆에서〉, 《미당 시전집》, 민음사, 1994
- 정한모, 〈성북산조 3〉, 《정한모 시전집》, 포엠토피아, 2001
- 최인호, 〈무너지지 않는 집〉, 《타인의 방》, 문학동네, 2006
- 방현석, 〈새벽 출정〉, 《내일을 여는 집》, 창비, 1991
- 백석, 〈남신의주유동박시봉방〉, 《정본 백석시집》, 문학동네, 2007
- 강은교, 〈성북동〉, 《허무집》, 서정시학, 2006

11 사직동·현저동

가난의 풍경, 궁핍한 시대의 시인을 찾아서

이번 산책 코스는 근대 이후 일제 강점기와 전쟁 그리고 오랜 독재 시절을 겪은 우리 역사를 반추하게 하는 일종의 역사 산책로라 할 수 있다. 조선왕조 500년의 사직을 모셨던 사직공원에 대한 근대 작가들의 묘사는 대체로 가난하고 우울한 장면을 담고 있고, 마지막 지점인 서대문 형무소가 주는 분위기 또한 결코 발걸음을 가볍게 해 주지는 않는다. 그러나 현재까지도 남아 있는 가난의 풍경과 굴곡 많았던 우리 현대사의 기억들이 모두 현재의 희망을 이어 나갈 동력이 될 수 있음을 상기하며, 운동화 끈을 고쳐 매고 걸음을 옮겨 보자.

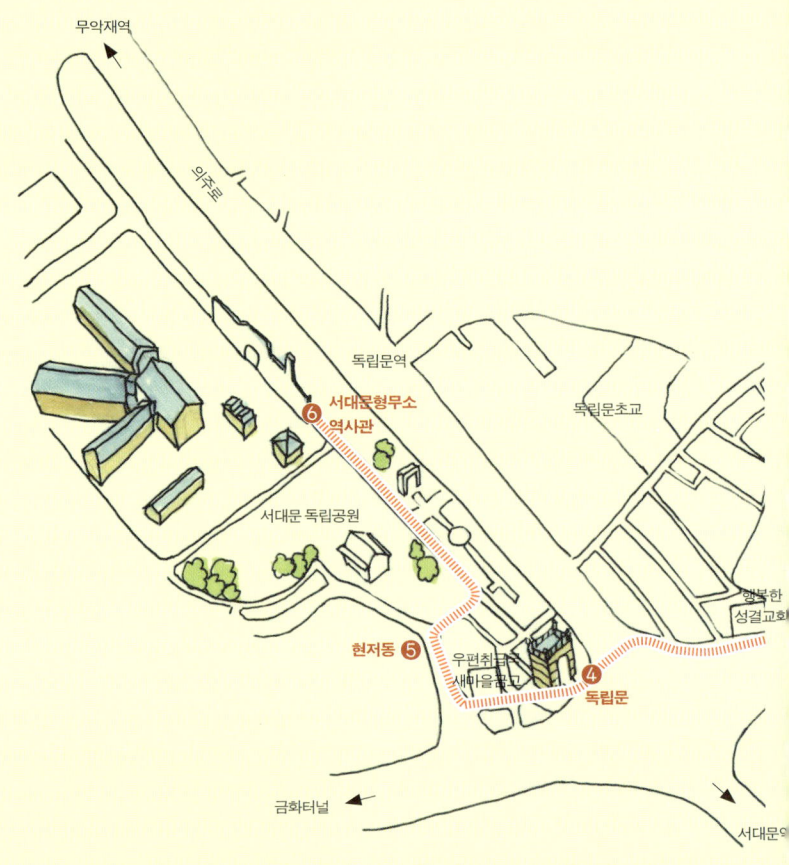

산책 코스 | 2km

❶ 사직공원 ➡ ❷ 인왕산 조망명소 ➡ ❸ 행촌동 ➡ ❹ 독립문 ➡ ❺ 현저동 ➡ ❻ 서대문형무소 역사관

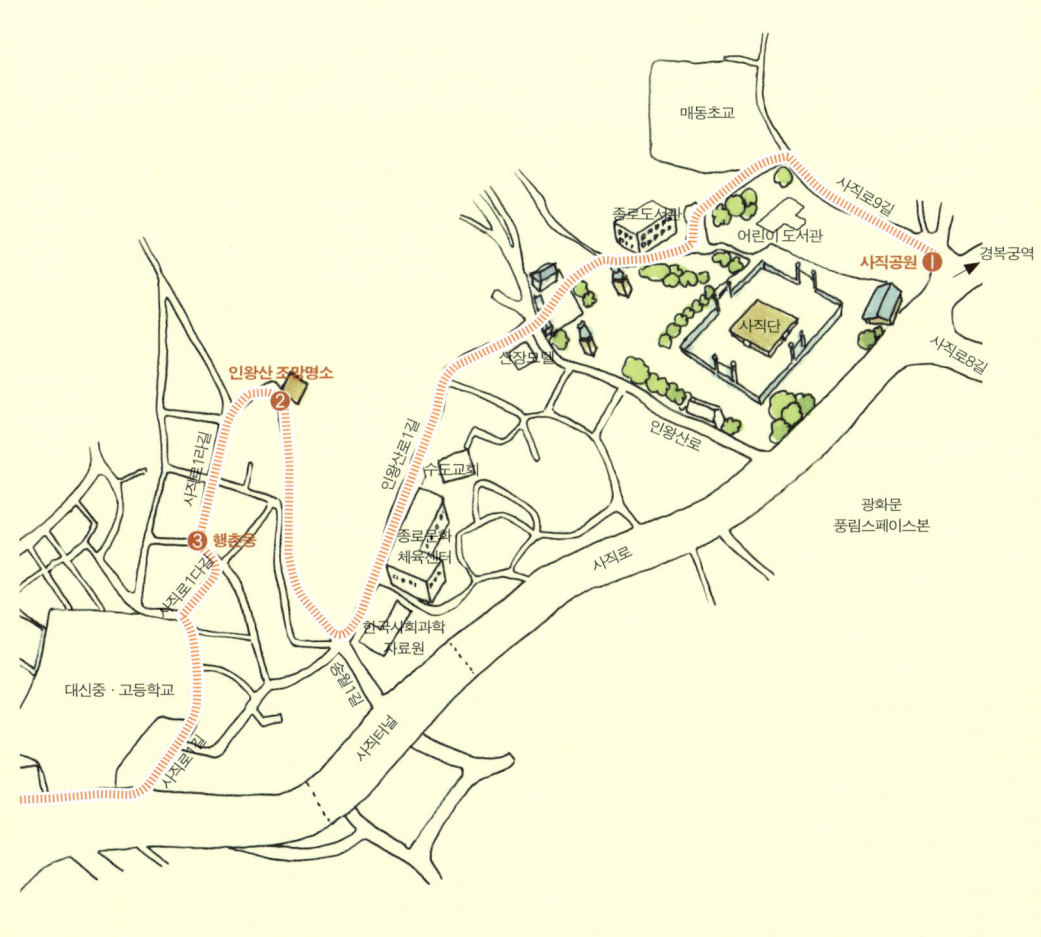

1 | 사직공원

이 산책 코스의 시작 지점인 사직공원은 조선 태조 이성계가 1395년에 종묘와 함께 맨 처음 만든 사직단^{사적 제121호}을 한복판에 두고 있는 공원이다. 사직단은 토지의 신인 사단社壇과 곡식의 신인 직단稷壇을 합쳐서 부르는 말로 이들에게 제사를 올려 풍년을 기원했던 장소다. 조선 시대의 사단에는 영내의 토지 신만 모신 국사國社의 신위를 모셨고, 직단에는 영내의 곡식 신인 국직國稷의 신위를 모셨다. 사직단은 일제의 식민지 시대인 1922년에 공원이 되었다.

식민지 시기에 쓰인 소설에서 이 사직공원을 무대로 삼은 작품들에는 유독 가난한 사람들이 주인공으로 등장하는 장면이 많다. 토지와 곡식의 신에게 풍년을 기원하던 장소에 세워진 공원이라는 것을 생각하면 매우 역설적인 장면이다.

잡지 《조광》에 발표된 이기영의 소설 〈산모〉에는 식민지 시기 사직공원을 배경으로 한 가난한 사람들의 이야기가 등장한다. 이 소설의 주인공인 나무 배달꾼은 집세를 내지 못해 셋방에서 쫓겨날 상황에 처했다. 하필 그 상황에서 임신 중이던 아내에게 진통이 와 병원을 서너 군데 갔으나 돈이 없어 보여 전부 거절당한다. 그는 어쩔 수 없이 집으로 돌아갔지만, 세간이 밖으로 나와 있고 가족도 보이지 않는다. 그러다 식구들이 사직 공원에 있다는 말을 듣고 한걸음에 뛰어간다.

> 그가 아내를 흔들었다. 드러누운 아내가 힘없는 눈을 간신히 떠본다. 그녀 앞에는 누더기에 싸인 핏덩이가 꼼지락거리며 모친의 젖을 물고 있다.
> 거기서 사람들이 아기를 받고 국밥을 먹이고 불을 피워 보호해 주고 있다.
> 🌰 이기영, 〈산모〉

사직공원은 도심에서는 드물게 신선한 공기를 마실 수 있는 곳이다.

처참한 풍경이지만, 한편으로 많은 사람이 산모를 보호하고 있는 장면은 가난한 사람들 사이에 남아 있던 인정을 보여 준다. 이런 가난의 무대로 사직공원이 등장하는 것은 해방 후에도 이어진다. 신동엽의 시 〈3월〉을 보자.

> 오 원짜리 국수로 끼니 채우고
> 사직공원 벤취 위
> 하루 낮을 보내노라면
> 압록강 철교 같은 소리는
> 들려오는데.
> 🍂 신동엽, 〈3월〉 부분

사직공원 벤치 위에 오 원짜리 국수로 끼니를 때우고 앉아 있는 시인의 모습이 처량하다. 가난한 사람들의 기억은 벤치 위에 남겨 두고 사

아무런 건물도 없이 제단만 모셔진 사직단의 모습에서 무언가 신성한 기운이 느껴진다.

직단을 왼편으로 두고 길을 걸어 공원 안쪽으로 올라가 보자. 사직단의 계단을 조금 올라가 보면, 아무런 건물도 없이 제단만 모셔진 사직단의 모습이 뭔가 신성한 기운을 느끼게 한다. 사직단을 우회하여 공원 안으로 가면 신사임당과 이율곡의 동상이 양편으로 커다랗게 서서 산책자들을 환영하고 있다. 그 옆의 계단으로 오른다. 계단을 오르면서 뒤돌아본 사직공원에는 산책이나 운동하는 사람들의 모습이 보인다.

이호철의 장편 〈4월과 5월〉에는 새벽의 사직공원을 산책하는 사람들의 모습이 그려져 있다.

> 새벽의 사직공원 안은 서늘하기도 하거니와 휑하게 널찍해 보였다. 산 중턱에 아침 산보하는 사람이 더러 눈에 띄었다. 영아는 미끄럼틀 옆의 벤치에 앉아 지나가는 신문팔이에게서 조간 한 장을 사서 펴들었다. 신문의 잉크 냄새가 어쩐지 신선하게 코를 찔렀다.
>
> 🍂 이호철, 〈4월과 5월〉

신문을 사서 펼치지 않더라도, 사직공원은 도심에서는 드물게 신선한 내음을 맡을 수 있는 장소다. 사직공원 옆의 인왕산 길을 따라 5분 정도 걸어 올라가면 인왕산 등산로가 나온다.

2 | 인왕산 조망명소

공원의 계단을 다 오르면 단군성지가 자리 잡고 있다. 그 왼편으로 나 있는 쪽문으로 나간다. 사직공원을 끼고 있는 행촌동으로 오르는 길이다. 종로구민회관을 지나 서울성곽을 만나면, 소망명소라고 안내된 표지를 따라 산책로를 올라간다. 이상은 〈지주회시〉라는 소설에서 특유의 실험적인 띄어쓰기 없는 문체로 사직공원 산기슭을 오르는 주인공들의 모습을 보여 준다.

> 아직싹트지않은이른봄건강이없는그는오와사직공원산기슭을같이걸으며오 가진히이야기해야겠다는이야기를듣고있었다. 너무나뜻밖에일은—오의아 버지는백만의가산을날리고마지막경매가완전히끝난것이바로엊그제라는— 여러형제가운데이오에게만단한줄기촉망을두는늙은기미호걸의애끓는글을 오는속주머니에서꺼내어보이고—저버릴수없는마음이—오는운다
>
> 🌰 이상, 〈지주회시〉

조망명소로 이르는 언덕길을 오르면 띄어쓰기 없는 이상의 문장을 읽는 것만큼이나 숨이 차오르는 것을 느낄 수 있을 것이다. 그러나 잠시 후면 그에 대해 보상이라도 하듯이 서울 시내가 한눈에 들어온다. 조망명소에 커다랗게 놓여 있는 표지석은 지금 내려다보이는 서울 시내의 주요 지표들을 알려 준다. 김유정은 단편소설 〈따라지〉에 이곳 언덕 위의 초가

높은 곳에서 바라보는 서울 조망이 한때는 가난한 사람들에게만 허용된 특혜였는지도 모른다.

집에 살던 한 주인공을 등장시킨다.

> 쪽대문을 열어 놓으니 사직공원이 환히 내려다보인다. 인제는 봄도 늦었나 보다. 저 건너 돌담 안에는 사쿠라 꽃이 벌겋게 벌어졌다. 가지가지 나무에는 싱싱한 싹이 돋고, 새침히 옷깃을 핥고 드는 요 놈이 꽃샘이겠지. 까치들은 새끼 칠 집을 장만하느라고 가지를 입에 물고 날아들고…….
> 이런 제기랄. 우리 집은 언제나 수리를 하는 겐가. 해마다 고친다, 벼르기는 연신 벼르면서 그렇다고 사직골 꼭대기에 올라붙은 깨끗한 초가집이라서 싫은 것도 아니다.
>
> 🔖 김유정, 〈따라지〉

〈봄봄〉이나 〈동백꽃〉 같은 작품으로 널리 알려진 작가 김유정은 그의 단편들을 통해 가난하고 소외된 사람들의 삶을 해학적으로 그려내고 있다. 〈따라지〉에 등장하는 것도 사직공원 뒤편의 초가에서 사는 가난한 인물들의 모습이다. '쪽문을 열어 놓으면 사직공원이 환히 내려다보이는' 조망은 어쩌면 가난한 사람들에게만 허용되었던 특혜였는지도 모른다.

1980년대에 발표된 박완서의 소설 《미망》에도 사직공원 뒤편 언덕에 피어난 꽃들에 대한 기억이 나온다.

> 사직공원에서 벚꽃의 낙화가 난분분한 게 바로 엊그저께 같은데 인왕산 줄기를 아카시아의 안개구름이 젖비린내를 풍기며 피어오르고 나면 곧장 장마가 지고 여름이었다.
>
> 🍂 박완서, 《미망》

이곳은 또한 한국 아동문학의 선구적 업적을 남긴 작가 방정환의 거주지가 있던 장소이기도 하다. 궁핍에 시달리던 소파의 가족은 겨우 이부자리와 부엌세간만을 가진 채 사직골 도정궁 앞^{현 사직공원 뒤}의 초가집으로 이사했다. 소파는 이곳에서 사직공원 뒤편에 있는 매동보통학교^{현 매동초등학교}를 다녔다고 한다.

3 | 행촌동

조망명소를 뒤로하고, 바로 앞에 있는 서울성곽의 쪽문으로 나가보자. 인왕산 자락에 자리 잡은 산동네 행촌동이다. 이 동네는 작가 김동인이 한때 거처를 정하고 창작에 전념했던 곳이기도 하다. 김동인은 1931년 행촌동으로 이사한 후 탐미주의적 작품인 단편 〈광화사 狂畵師〉, 〈광염 狂炎 소나타〉 등을 발표했다.

> 서울로 이사를 와서 행촌동에 자그마한 집을 하나 마련한 이삼일 뒤의

인왕산 자락에 자리 잡은 행촌동. 김동인이 창작에 전념했던 곳은 어느 골목쯤일까.

일이다. 그날 나는 딸 옥환이를 학교에 입학시키기 위하여 잠시 문안에 들어갔다가 나왔다. 그동안 집은 아내 혼자서 지키고 있었던 것이다.
   🍂 김동인, 〈사기사〉

평양의 부호 집에서 태어나 유복한 성장기를 보냈으나, 청년기의 방탕과 낭비로 재산을 탕진한 작가 김동인은 이곳 행촌동 집에서 단지 생계를 유지하기 위해서 각종 원고를 쓰는 생활을 지속하지 않을 수 없었다.

4 | 독립문

행촌동의 언덕길을 내려와 큰길을 건너면 서대문 독립공원이다. 공원 한편에 웅장하게 버티고 서 있는 석조 건축물이 독립문이다. 독립문은 원래 중국 사신을 접대하던 모화관慕華館의 정문인 영은문迎恩門을 허물고 그 자리에 세운 것이다. 그러니까 독립문의 독립은 중국으로부터의 독립을 의미하는 것이다.

독립문은 1896년 독립협회를 이끌던 서재필이 고종에게 발의하여 1896년 11월 21일 정초식을 거행하고 이듬해 11월 20일 완공했다. 공사 비용은 백성에게 모금하여 충당했고 가로 45센티미터, 세로 30센티미터 크기의 화강암 1,850개를 쌓아 만들었다. 가운데에 무지개 모양 홍예문을 세웠고, 그 내부에는 옥상으로 통하는 돌층계가 있으며, 꼭대기에는 난간을 둘렀다. 이맛돌 위에 앞뒤로 한글과 한자로 '독립문'이라 쓰고 그 좌우에 태극기를 조각한 현판석을 달아 놓았다. 독립문의 외양은 얼핏 보면 프랑스의 개선문을 떠올리게 하지만, 우리나라 전통 기법을 사용해 돌을 쌓았다. 현재의 독립문은 1979년 금화터널 공사로 인해 원래 자리에서 70미터 떨어진 자리로 옮긴 것이다.

우리나라 전통 기법으로 돌을 쌓아 만든 독립문. 여기서 말하는 독립은 일본이 아니라 중국으로부터의 독립을 뜻한다.

채만식의 〈여자의 일생〉에는 독립협회가 건설되던 당시의 분위기를 전하는 이야기가 등장한다.

> 청국의 속국임을 자인하는 표적이던 서대문 밖 모화관(慕華館)에다 반대인 조선의 독립국임을 주장하는 독립문을 세우기로 하였다. 그리고 십일월 십사일에 독립문 정초식(定礎式)이 있었는데, 이날 독립협회가 조직이 되었다. 개혁과 자주독립에 열기를 가진 많은 청년들과 학생들이 독립협회의 깃발 아래로 모여들었다.
> ☞ 채만식, 〈여자의 일생〉

열여덟 살에 조혼한 여인의 수난사를 다루고 있는 이 장편은 독립협회가 세워지던 당시의 시대적인 분위기를 생생하게 전달해 주고 있다. 근대화와 민족자립의 과제 앞에 분투하는 청년들과 전근대의 어두운 터널 속에서 고통받는 여인들의 이야기를 통해 당대 젊은이들의 모습을 엿볼 수 있다.

반면에 이호철의 〈1기 졸업생 3〉은 대표적인 친일파 매국노 이용구의 입을 빌려 당시의 상황을 이렇게 풍자하고 있다.

> 미국 사람이 경인철도 시설권 얻고, 노국인(러시아사람)이 경원, 경성 광산채굴권 얻고, 무산 압록강 유역, 울릉동 산림벌채권 허가받고, 노한은행 지점 개설되고, 경인철도 시설권은 미국 사람 손에서 일본 사람 손으로 넘어가고, 경부철도 시설권도 일본인이 차지하고, 그뿐이오니까, 금성 당현 금광이 독일인 손에 들어가고, 영국기사 설계로 덕수궁 석조전이 아가리 벌려 하품하는 백돼지처럼 서고, 이 판이 아니더이까. 이 판에 영은문이 헐리면 어쩔 것이며, 독립문이 선들 어쩔 것이며, 장안신사 서른 명이

모여들어서 독립협회 간판 내거니 무삼 소용이며, 몇몇 사람이 똑똑한 소리 몇 마디 해서 어쩔 것이며, 눈을 뜨고 깨어나고 세계로 나가서는 무엇을 할 것이오니까.

🌱 이호철, 〈1기 졸업생 3〉

이것은 개화기의 상황에 대한 풍자이지만, 그 속에 숨은 뜻은 소설이 발표되던 1960년대 한국 사회에 대한 비판이다. 미국으로 대표되던 외세에 철저하게 의존하여 근대화와 국토 개발이 진행되고 있던 자신의 시대를 과거 개화기의 실용주의자들의 논리에 빗대어 풍자하고 있는 것이다.
김원일의 장편 《늘 푸른 소나무》에서 두 등장인물이 서대문형무소에 면회를 가며 독립문을 바라보는 대목이다.

백상충과 장경부는 사직골 언덕길을 넘어 독립문을 비껴돌았다. 독립협회가 대한제국을 영구 독립국가로 선언하려 1897년에 완공한 독립문을 바라보는 백상충의 감회가 새로웠다. 당시 독립협회 회장이었던 이완용은 3년 뒤에 매국노로 변신했으니 독립문은 영욕의 역사를 지켜본 셈이었다. 민중계몽운동을 주장하며 대의민주정치를 표방했던 독립협회는 개화지식인 애국지사가 주축이 되었으나 회원 중에는 기회주의자도 적지 않았다. 그러나 독립문을 세울 당시 들끓었던 민족자존(民族自尊)의 드높은 외침은 1899년 독립협회가 해산됨으로써 지하로 잠적하고 말았다.

🌱 김원일, 《늘 푸른 소나무》

독립문은 과거와 다를 바 없는 위용으로 늠름하게 서 있지만, 그것이 안고 있는 영욕의 역사를 잊어서는 안 될 것이다.

5 | 현저동

독립문이 있는 현저동의 산기슭에는 지금 대단지 아파트가 들어서 있다. 그러나 과거에 빈민촌이었던 이 언덕배기는 우리 소설에서 매우 중요한 무대로 등장한다. 현저동 일대는 약물이 유명하여 예전에 악박골_{약박골}이라고 불렸다. 이광수의 농촌계몽소설인 《흙》에 보면 '그는 소화 불량_(그의 본병이었다)이 심하기나 해야 악박골 약물에나, 그것도 다른 사람들 오기 전에 이른 새벽에 다녀올까, 그리고는 시흥 사는 친정에도 큰일이나 있기 전에는 가지 아니하였다.'라는 대목이 있다. 또 다른 농촌계몽소설인 심훈의 《상록수》에도 이 악박골이 등장하는 것이 재미있다. 아래는 주인공인 동혁과 영신이 처음 만나서 서대문과 독립문 방면으로 향하는 장면이다.

> 영신은 동혁이가 또 그대로 뿌리치고 갈까 보아 도리어 겁이 났던 판이라 '어디로 갈까' 하고 고개를 갸우뚱하다가, "그럼 목두 마르데 악박골루 가서 약물이나 마실까요?" 하고 독립문 편짝을 향해서 앞장을 선다. "참, 악박골이 영천이라구도 허는 덴가요?"
>
> 🍂 심훈, 〈상록수〉

약수로 유명한 현저동이 우리 문학사에서 가장 뚜렷하게 그 모습을 드러낸 것은 박완서의 작품들에 이르러서였다. 실제로 이곳 현저동의 언덕배기 판자촌에서 유년을 보낸 작가가 생생하게 기억하는 현저동의 다양한 모습이 그의 여러 작품 속에서 다채롭게 등장한다. 박완서의 소설을 들여다보자.

> 우리 세 식구가 처음으로 서울에 장만한 내 집인 현저동 꼭대기

괴불마당집에서의 첫 겨울은 가혹했다. 추위도 예년에 없이 혹독했지만 여름철 장마처럼 눈이 한번 내리기 시작하면 몇 날 며칠 계속됐다. 제아무리 충직한 함경도 물장수 김서방도 그 겨울의 지독한 눈구덩이만은 해칠 엄두가 안 났던지 자주 물장사를 걸렀다. 그러나 그건 그리 큰 문제가 아니었다. 우리는 안마당, 바깥마당, 장독대, 지붕 위에 지천으로 쌓인 눈을 퍼다가 가마솥에 붓고 장작불만 지피면 됐다. 물보다는 불 걱정이 훨씬 더 심각했다.
   🍂 박완서,《엄마의 말뚝 2》

   현저동은 화자의 가족이 처음 서울로 올라와서 세를 얻은 장소였을 뿐 아니라, 이후 6·25전쟁의 와중에 미처 피난을 가지 못한 가족이 한 계절을 숨어서 지내야만 했던 은신처이기도 했다.

우린 우리의 완벽한 은신을 감지덕지할 줄만 알았지 그 허접을 모르고 있었다. 어느 날 우리는 흰 홑이불을 망토처럼 뒤집어쓴 일단의 인민군에 의해 발각되었다. 그들은 서대문형무소에 주둔하고 있는데 거기서 산동네를 쳐다보면 매일 아침 저녁 굴뚝으로 연기가 오르는 집이 몇 집 있더라는 것이었다. 연기 나는 집을 하나하나 다 뒤져 봐도 재수 없게 다 죽게 된 늙은이 아니면 병자가 고작이더니 이 집엔 웬 젊은 여자가 다 있냐고 마침 문을 열어 준 나를 호시탐탐 노려보았다.
   🍂 박완서,《엄마의 말뚝 2》

   박완서는 연작소설 《엄마의 말뚝》에 나타난 자전적인 서사를 확장하여 이후 《그 많던 싱아는 누가 다 먹었을까》,《그 산이 정말 거기 있었을까》 연작으로 펼쳐 보였다. 이 작품들에서도 현저동의 산동네는 근대적 문명의 중심부가 아니라, '바닥 상것들'이 사는 '쌈박질이 그치지 않는

옛날 빈민촌이었던 현저동 산기슭에 지금은 대단지 아파트가 들어섰다.

동네'로 묘사되고 있다. 서울의 문밖인 현저동에서의 삶이란 '서울살이의 법도라기보다는 셋방살이의 법도'부터 익혀야 하는 주변부의 삶이다. '오줌과 밥풀과 우거지가 한데 썩은 시궁창 물'이 흐르는 현저동의 산꼭대기 초가집의 문간방에서 변두리 도회인으로 자라난 화자는 이후 6·25전쟁 당시의 은신처에서 밖으로 나와 뒤바뀐 세상을 목격하고 불현듯 어떤 소명을 깨닫는다.

> 나만 보았다는 데 무슨 뜻이 있을 것 같았다. (중략) 그래, 나 홀로 보았다면 반드시 그걸 증언할 책무가 있을 것이다. 그거야말로 고약한 우연에 대한 정당한 복수다. 증언할 게 어찌 이 거대한 공허뿐이랴. 벌레의 시간도 증언해야지. 그래야 난 벌레를 벗어날 수가 있다.
> 그건 앞으로 언젠가 글을 쓸 것 같은 예감이었다.
> 🌿 박완서, 《그 많던 싱아는 누가 다 먹었을까》

아무도 보지 못한 텅 빈 세상을 자신만이 보았다는 데에 어떤 뜻이

내재해 있을 것 같다는 느낌은, 그것을 증언하는 글쓰기를 자신의 소명으로 기꺼이 받아들이도록 한다. 역사의 무자비한 사실들에 대항하여 그것의 무자비함을 증언하고 기록할 과제를 개인의 운명으로 받아들이는 것이다. 이후로 작가가 된 박완서의 문학은 한국 문학의 한 축을 굳건히 지탱하는 풍요로운 결실을 이루었으니, 현대 문학의 의미 있는 산실로서 현저동 언덕이 갖는 의미가 자못 크다고 할 것이다.

6 | 서대문형무소 역사관

독립문을 뒤로하고 일제의 탄압과 민족의 수난을 대표하는 장소인 서대문형무소로 간다. 일제 강점기 당시의 명칭은 경성감옥이었으며, 현재는 옥사와 사형장, 망루 등을 복원하여 서대문형무소 역사관으로 이용되고 있다. 일제 강점기에 문학을 했던 문인 중 많은 이가 친일 혐의에서 벗어나지 못하지만, 그들 대부분이 일제에 저항하여 투옥된 경험이 있다는 것도 기억해야 할 것이다. 경성감옥으로 대표되는 투옥의 경험을 다루고 있는 소설은 너무도 많은데, 그중에서 몇 대목을 뽑아서 읽어 보자.

> 어디까지나 어디까지나 끝이 없이 뻗어 나간 것 같은 붉은 벽돌의 높직한 담장에 위압을 느끼듯 하면서, 불광이 흐릿한 글이 달린 출입구 앞에서, 최무경이는 벌써 한 시간 동안이나 왔다갔다하고 있었다. 너무 일찍이 찾아왔었다. 그러나 다른 데서, 언제라고 꼭 작정이 없는 시간이 오기를 멍청하니 보내고 있을 수는 없어서, 그는 해가 그늘그늘할 때 아파트의 구내 식당에서 간단한 저녁을 먹고는 곧 영천행의 전차를 잡아타고 예까지 쫓아와서, 이렇게 혼자서 문이 열리기를 기다리고 있는 것이다. 사람의 내왕도 드문 언덕이었으나, 그가 와서 기다리고 있는 한 시간 남짓한 동안엔,

어디까지나 어디까지나 끝이 없이 뻗어 나간 것 같은 붉은 벽돌의 높직한 담장에 위압을 느끼듯 하면서……

오늘 검사국에서 간단한 취조를 마치고 새로이 이곳에 입소하는 피의자의 패거리와, 공판정이나 예심정에 취조를 받으러 나갔던 피고들을 태운 자동차가, 두세 차례나 이 커다란 문을 드나들었고, 낮일을 여태까지 보고 늦게야 집으로 돌아가는 간수들도 작은 문을 열고는 안으로부터 꾸부정하니 허리를 꾸부리고 불쑥 양복 입은 몸뚱어리를 나타내곤 하였다. 이럴 때마다 문 열고 닫는 소리는 깜짝깜짝 무경의 신경을 때리고 가슴을 울렁거리게 하는 것이었다. 이 년 가까이 차입을 하느라고 드나든 관계로 그중에는 안면이나 어렴풋이 있는 간수도 있었으나, 문 밖에서 만나면 그들은 언제나 처음 보는 사람들처럼 무표정한 얼굴로 그를 지나치곤 하였다.

🍒 김남천, 〈경영〉

서대문형무소 역사관
관람시간 3~10월 09:30~18:00, 11~2월 09:30~17:00
정기휴관 1월 1일, 설날과 추석 당일, 매주 월요일(월요일이 공휴일이면 다음 날)
문의 02-360-8590~1

윗글은 김남천의 중편 〈경영〉에 등장하는 대목이다. 여주인공 최무경이 애인 오시형의 출소를 초조하게 기다리고 있는 장면이다. 오시형의 출소를 간절히 기다리며 그를 위해 삶의 보금자리를 마련한 최무경이었으나, 정작 출소 후 오시형은 그녀를 배신하고 떠난다. 이후 최무경은 자신만을 위한 삶을 경영해 나가야겠다는 자각에 이른다는 것이 이 소설의 주요 내용이다.

박경리의 대작 《토지》에도 서대문형무소는 빠짐없이 등장한다. 다음은 주인공 서희가 형무소에 갇힌 길상을 면회하는 장면이다.

> 붉은 벽돌의 높은 담, 서대문형무소의 우중충한 풍경은 서희 마음을 짓누른다. 이곳 풍경은 여름이나 겨울이나 늘 잿빛이었다. 형무소 문을 드나드는 죄인과 그 가족의 마음처럼, 황량한 바람의 잿빛이다. 한 가지 희망이 있다면 길상의 건강이 그런 대로 괜찮다는 것뿐이다. 흰 무명 두루마기에 옥색 명주수건을 아무렇게나 목에 감은 서희는 잠시 멈추어서며 쏟아지는 눈물을 훔친다.
>
> ☙ 박경리, 《토지》 제3부 3권

박경리는 초기 장편인 《시장과 전장》에서도 당시 형무소 앞의 풍경이 작가의 펜 끝에서 흥미롭게 펼쳐지고 있다.

> 형무소 넓은 뜨락에 물결처럼 사람들이 넘실거린다. 독립문에서 서대문형무소에 이르는 너절한 양쪽 길에도 오가는 사람들로 길이 메인다. 찌부러진 국숫집, 빵집이 번창한다. 형무소 뜨락에도 매점 이외 떡장수, 고구마장수가 목판을 벌여 놓고 있었다.
> 도둑과 살인자와 사기꾼 그리고 정치범들이 살던 붉은 벽돌집은 지금

직접 겪은 일이 아님에도, 감옥을 둘러보고 상상하는 것만으로도
이곳에 수감되었던 사람들의 고통과 외로움이 전해오는 듯하다.

반역자들로 가득 차고 광장에는 그 반역자들의 가족으로 가득 차 있다.
꽃시절이 되면 창경원 울타리 밖에까지 매표구를 늘여 한철을 재미보는
것처럼, 꽃바람은 가고 지금은 초겨울, 누더기 걸친 구경꾼 아닌 가엾은
무리들이 임시로 마련된 창구 앞에 차례를 기다리고 서 있다.

🍂 박경리,《시장과 전장》

   오늘날 서대문형무소는 역사관으로 변신하여 일반 관람객을 맞이하고 있다. 죄를 짓지 않았어도 감옥 체험을 생생하게 할 수 있는 장소다. 역사관 안에는 일제 강점기에 민족의 독립을 위해 자신의 삶을 헌신했던 지사들의 이야기가 각종 유물과 기록으로 전시되어 있다.
   서대문형무소 역사관을 둘러보면서 잊지 말아야 할 것이 또 있다. 이곳이 해방 후에도 서대문구치소로 사용되었으며, 1970~80년대에 민주화 투쟁에 나섰던 많은 지식인과 학생들을 감금했던 장소라는 사실이다.
   민주화 운동으로 투옥되었던 황지우의 시를 읽어 보자.

아침에 학교 가려고 나왔다가 아파트 앞에서 나는 체포되어 다시 감방에
처넣어졌다. 재수감 이유가 무엇인지 알고 싶다, 문민정부에서도 이럴 수가
있냐고 물었고, 곧 나는 후회했다. '문민정부'라는 말이 뭘 구걸하는 것 같이
느껴졌기 때문이다. 五舍下 감방은 옛날 그대로였지만 구서대문구치소
일대가 유적지 보존 조치로 깨끗하게 단장되어 있었다. 사형장 앞에
주차된 웬 관광버스에서 사람들이 내려오는 것이 보였고 나는 그들을 향해
소리를 질러대려 했으나 소리가 나오지는 않았다. 멀리 아스팔트 바닥에
반사된 1980년 7월 2일 오후 1시의 햇살을 받아 독립문 아치 하늘이 어떤
영원감을 잠시 보여주고 지나갔다.

🍂 황지우,〈감옥 안에 있는 떡갈나무〉 부분

서대문형무소 역사관을 나와 마당을 걸으며 생각에 잠기면, 이런저런 이유로 감옥에 갇혀야만 했던 사람들의 이야기가 들려 온다. 그들과 더불어 우리 근대사의 주요한 장면들을 되새기며 산책을 마무리하자. 문득 저 먼 곳으로 시선을 돌리면, '어떤 영원감을 잠시 보여 주고 지나가는' 하늘이 눈에 들어올 것이다.

문학 작품

- 이기영, 〈산모〉, 《서화》, 풀빛, 1992
- 신동엽, 〈3월〉, 《신동엽 전집》, 창비, 1975
- 이호철, 〈4월과 5월〉, 《남녘 사람 북녘 사람, 4월과 5월》, 새미, 2001
- 이상, 〈지주회시〉, 《이상 문학전집2》, 문학과사상사, 1991
- 김유정, 〈따라지〉, 《원본 김유정 전집》, 강, 2007
- 박완서, 《미망》, 문학사상사, 1990
- 김동인, 〈사기사〉, 《김동인 단편전집2》, 가람기획, 2006
- 채만식, 〈여자의 일생〉, 《채만식 전집4》, 창비, 1987
- 이호철, 〈1기 졸업생 3〉, 《이호철 문학선집4》, 국학자료원, 2007
- 김원일, 《늘 푸른 소나무》, 이룸, 2002
- 심훈, 《상록수》, 문학과지성사, 2005
- 박완서, 《엄마의 말뚝》, 세계사, 2007
- 박완서, 《그 많던 싱아는 누가 다 먹었을까》, 웅진닷컴, 1992
- 김남천, 〈경영〉, 《맥》, 문학과지성사, 2006
- 박경리, 《토지》, 나남, 2007
- 박경리, 《시장과 전장》, 나남, 1999
- 황지우, 〈감옥 안에 있는 떡갈나무〉, 《어느 날 나는 흐린 주점에 앉아 있을 거다》, 문학과지성사, 1998

12 연세대 · 신촌
윤동주, 달을 쏘다

마지막 산책은 연세대학교 동문에서 출발한다. 시작점이 엉뚱하게도 연세대학교 정문도 아니고 신촌역도 아닌 연세대 동문이라니 의아할 것이다. 이는 기다랗게 뻗은 학교 대지를 염두에 두고 마지막에 심심치 않게 머물 수 있는 곳을 고려하여 산책을 나서는 까닭이다.

녹음이 우거진 대학 캠퍼스는 사계절 모두 나름의 정취가 있게 마련이지만, 연세대 산책에는 봄을 추천한다. 꽃나무들도 아름다울뿐더러 신입생과 새 학기의 생동감을 만끽할 수 있기 때문이다. 사실 가을이면 캠퍼스의 은행나무에서 은행이 떨어져 사람들의 발에 짓이겨지면서 고약한 냄새를 풍기는데, 이 또한 정취라고 한다면 오래된 학교 건물 벽을 물들이는 단풍이 장관을 이루는 가을도 마다할 이유는 없다.

산책 코스 | 3km
❶ 연세대학교 동문 ➔ ❷ 청송대 ➔ ❸ 연세대학교 본관 ➔ ❹ 윤동주 시비와 기념실 ➔ ❺ 인문관 ➔ ❻ 중앙도서관 앞 ➔ ❼ 광혜원, 세브란스 병원 ➔ ❽ 신촌

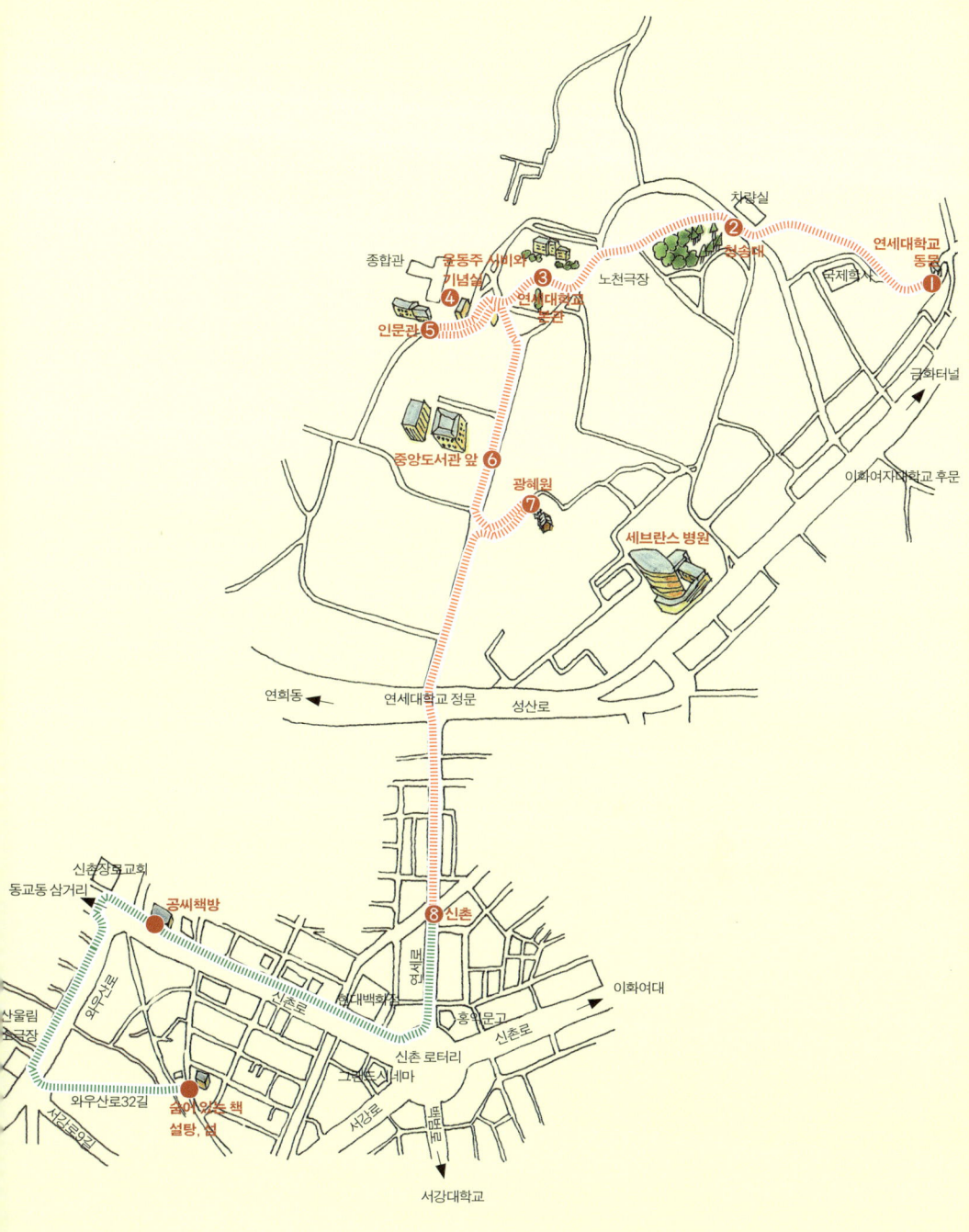

1 연세대학교 동문

연세대학교 동문은 이화여자대학교 후문과 마주 보고 있다고 해도 과언이 아니다. 이 산책 코스에 포함되지는 않았지만, 이화여대는 정미경, 배수아 등 최근 활발하게 활동하고 있는 작가들의 모교이고, 이대 저 너머 아현동은 공지영의 소설《봉순이 언니》의 배경이 된 동네이다.

연세대 캠퍼스는 산을 타고 들어서 있어서 곳곳에 녹음이 우거져 있다. 이곳에서 학생 시절 한 번쯤 접했을 그 유명한 수필 〈신록 예찬〉이 탄생했다.

> 봄, 여름, 가을, 겨울 두루 사시(四時)를 두고 자연이 우리에게 내리는 혜택에는 제한이 없다. 그러나 그중에도 그 혜택을 풍성히 아낌없이 내리는 시절은 봄과 여름이요, 그중에도 그 혜택을 가장 아름답게 나타내는 것은 봄, 봄 가운데도 만산(萬山)에 녹엽(綠葉)이 싹트는 이 때일 것이다.
> 눈을 들어 하늘을 우러러보고 먼 산을 바라보라. 어린애의 웃음같이 깨끗하고 명랑한 5월의 하늘, 나날이 푸르러 가는 이 산 저 산, 나날이 새로운 경이를 가져오는 이 언덕 저 언덕, 그리고 하늘을 달리고 녹음을 스쳐 오는 맑고 향기로운 바람—우리가 비록 빈한하여 가진 것이 없다 할지라도, 우리는 이러한 때 모든 것을 가진 듯하고, 우리의 마음이 비록 가난하여 바라는 바, 기대하는 바가 없다 할지라도, 하늘을 달리어 녹음을 스쳐 오는 바람은 다음 순간에라도 곧 모든 것을 가져올 듯하지 아니한가?
> 오늘도 하늘은 더할 나위 없이 맑고, 우리 연전(延專) 일대를 덮은 신록은 어제보다도 한층 더 깨끗하고 신선하고 생기 있는 듯하다. 나는 오늘도 나의 문법 시간이 끝나자, 큰 무거운 짐이나 벗어 놓은 듯이 옷을 훨훨 떨며, 본관 서쪽 숲 사이에 있는 나의 자리를 찾아 올라간다. 나의 자리래야 솔밭 사이에 있는, 겨우 걸터앉을 만한 조그마한 소나무 그루터기에 지나지 못하지마는,

산책 출발점인 연세대학교 동문. 여기서부터 굽이굽이 오르막길을 올라간다.

오고 가는 여러 동료가 나의 자리라고 명명(命名)하여 주고, 또 나 자신도 하룻동안에 가장 기쁜 시간을 이 자리에서 가질 수 있으므로, 시간의 여유가 있을 때마다 나는 한 특권이나 차지하는 듯이, 이 자리를 찾아 올라와 앉아 있기를 좋아한다.

물론, 나에게 멀리 군속(群俗)을 떠나 고고(孤高)한 가운데 처하기를 원하는 선골(仙骨)이 있다거나, 또는 나의 성미가 남달리 괴팍하여 사람을 싫어한다거나 하는 것은 아니다. 나는 역시 사람 사이에 처하기를 즐거워하고, 사람을 그리워하는 갑남을녀(甲男乙女)의 하나요, 또 사람이란 모든 결점이 있음에도 불구하고, 역시 가장 아름다운 존재의 하나라고 생각한다. 그리고 또, 사람으로서도 아름다운 사람이 되려면 반드시 사람 사이에 살고, 사람 사이에서 울고 웃고 부대껴야 한다고 생각한다.

(후략)

🍂 이양하, 〈신록 예찬(新綠禮讚)〉, 《조선일보》(1937)

연세대가 '연전'으로 불리던 시절 이양하는 이곳에서 영문학을 강의했다. 1934년부터 출강했다는 그가 교정을 거닐며 담아낸 이 수필은 캠퍼스의 신록만큼이나 긴 생명력을 발하고 있다.

동문에서 학교로 올라가는 길 양편으로 신록이 산책자를 맞이한다. 굽이굽이 경사로로 펼쳐지는 이 길의 오른편으로는 총장공관이 있고 왼편으로는 국제학사, 외국어학당, 한국어학당이 줄지어 늘어서 있다. 국제학사와 한국어학당은 한국어를 배우러 온 외국인 유학생들로 늘 북적인다. 작은 사거리에 이르면 굽이진 길의 경사가 한풀 꺾이는데 이곳부터 왼편으로 펼치지는 숲이 '청송대'이다.

2 | 청송대

경사진 길을 걷느라 수고한 다리를 잠깐 쉴 겸 청송대 흙길로 발을 들여놓는다. 말이 숲이지 듬성듬성 빈 곳이 많아 밝고 여유로운 공원 같다. 어쨌든 아스팔트가 아닌 포근한 흙길이 반갑다. 청송대에는 언제 가도 데이트족이나 회합 나온 동아리 학생들, 산책 나온 동네 주민들, 소풍 나온 가족들을 볼 수 있다. 운이 좋으면 잽싼 청설모나 꿩도 볼 수 있다.

등성이를 내려가 숲이 끝나는 곳에 '청송대'라는 이름이 새겨진 돌이 있다. 청송대의 한자는 聽松臺이다. '푸를 청'이 아니고 '들을 청'이니, '소나무의 소리를 듣는 곳'이라는 뜻이다. 우리도 귀를 기울여 보자. 이 청송대를 보고 듣고 기억하면 잠시 후 음미하게 될 윤동주의 글을 느끼는 데 도움이 된다.

청송대에서는 소나무의 소리에 귀를 기울여 보자.

3 | 연세대학교 본관

기형도는 민주화 운동이 한창이던 1989년 《외국문학》에 〈대학 시절〉이란 시를 발표한다. 배경은 연세대학교 본관 앞 교정이다.

나무의자 밑에는 버려진 책들이 가득하였다
은백양의 숲은 깊고 아름다웠지만
그곳에서는 나뭇잎조차 무기로 사용되었다
그 아름다운 숲에 이르면 청년들은 각오한 듯
눈을 감고 지나갔다, 돌층계 위에서
나는 플라톤을 읽었다. 그때마다 총성이 울렸다
목련철이 오면 친구들은 감옥과 군대로 흩어졌고
시를 쓰던 후배는 자신이 기관원이라고 털어놓았다

존경하는 교수가 있었으나 그분은 원체 말이 없었다
몇 번의 겨울이 지나자 나는 외톨이가 되었다
그리고 졸업이었다, 대학을 떠나기가 두려웠다

🍃 기형도, 〈대학 시절〉

　본관 앞 정원을 지나 돌층계를 내려오면 왼편에 희게 서 있는 백양나무를 볼 수 있다. 백양나무와 돌층계가 함께하는 이곳에서 시인 기형도는 총성을 들으며 플라톤을 읽었다. 민주화 운동의 대가로 혹은 국가 울타리에 기대 산다는 이유로 각기 감옥과 군대로 흩어지는 대학 동료들을 바라보며 시인은 대학 시절을 보냈다. '나뭇잎조차 무기로 사용'될 수밖에 없던, 그만큼 아팠던 시절로부터 20여 년이 훌쩍 지난 지금 캠퍼스 풍경은 완전히 달라졌다. 기형도와는 또 다른 이유로 '대학을 떠나기가 두려'워진 청춘들이 취업 전쟁에서 각자의 무기를 갈고 닦고 있다.

　길고 아름다웠다는 '은백양의 숲'은 일부만 남아 있다. 예전에 연세대학교 본관과 정문을 잇는 길인 백양로의 가로수도 백양나무였다고 한다. 40여 년 전에 그 나무는 은행나무로 바뀌었고, 백양나무는 본관 근처와 100주년기념관, 정문 사이에 일부 남아 있다. 바람에 나부낄 때 언뜻언뜻 보이는 나뭇잎의 흰 뒷면과 희디흰 나무 기둥이 매력적이다. 이 백양나무를 두고 '시간의 나무'라 말한 시가 있다.

백양나무를 시간의 나무라 부른 옛 부족이 있었다
갈잎나무 잎사귀 겉족이 한밤처럼 검푸르고
뒤쪽은 대낮같이 희다 해서 붙인 이름이다
부족 이름은 생각나지 않지만
필시 삼세 번 멸망하고 말았으리라

본관 앞 백양나무. 옛날에는 이 나무가 하얗게 줄지어 서서 길고 아름다운 은백양의 숲을 이루었다고 한다.

나무 잎새에서 역사를 추려내는 시인 부족을

사방 오랑캐가 가만둘 리 없으므로

세상은 항상 재판이었고 역사는 언제나 비가(悲歌)이므로

무참한 무참한 서사(敍事)이므로

🍊 유종호, 〈언제나 비가〉

연세대 국문과를 은퇴한 인문학자이자 비평가인 유종호는 이런 시도 남겼다. 그 덕분에 우리는 백양나무에서 시간과 역사의 깊이를 얻고 세상의 이치를 되새긴다. 본관을 지키는 듯 홀로 서 있는 백양나무를 뒤로하고 이제 윤동주 시비와 기념실로 가 본다.

4 │ 윤동주 시비와 기념실

백양나무를 바라보면 왼편으로 올라가는 길목에 윤동주 시비가 있다. 작은 공터 안쪽으로 있으니 들여다보아야 한다.

네모난 돌로 된 시비에는 윤동주의 육필 〈서시〉가 새겨져 있다.

죽는 날까지 하늘을 우러러

한 점 부끄럼이 없기를

잎새에 이는 바람에도

나는 괴로워했다

별을 노래하는 마음으로

모든 죽어가는 것들을 사랑해야지

그리고 나한테 주어진 길을

걸어가야겠다

윤동주의 책상을 재현해 놓은 윤동주 기념실 내부.

오늘 밤에도 별이 바람에 스치운다

🍎 윤동주, 〈서시〉

　이 시비는 1968년 11월 2일, 연세대학교 학생회와 문단, 친지 등이 모금한 성금으로 건립한 것이다. 윤동주의 친동생 윤일주가 시비를 설계했다고 한다. 시비 뒤로 보이는 건물은 윤동주가 1938년 입학한 이후 기숙했던 기숙사 건물로 지금은 핀슨홀로 불리고 있다. 2층 자그마한 방에 윤동주 생가의 기와를 비롯하여 육필 원고, 윤동주의 성적표 등이 전시되어 있고 그의 책상도 재현되어 있는 윤동주 기념실이 있다. 윤동주 시인의 탄생 100주년이 되는 2017년에는 시인이 재학 시절 기숙했던 핀슨홀 전체를 윤동주 기념관으로 새롭게 꾸밀 예정이라고 한다.

　윤동주가 건물 3층에 머물던 당시 쓴 글 중 한 편 〈달을 쏘다〉《조선일보》, 1939년 1월 23일를 일부 소개한다. 제목도 멋스럽다.

윤동주가 달을 쏘던 창가는 어디쯤일까?

번거롭던 사위가 잠잠해지고 시계 소리가 또렷하나 보니 밤은 적이 깊을 대로 깊은 모양이다. 보던 책자를 책상머리에 밀어놓고 잠자리를 수습한 다음 잠옷을 걸치는 것이다. '딱' 스위치 소리와 함께 전등을 끄고 창 옆의 침대에 드러누우니 이 때까지 밝은 휘양한 달밤이었던 것을 감각치 못하였댔다. 이것도 밝은 전등의 혜택이었을까.

나의 누추한 방이 달빛에 잠겨 아름다운 그림이 된다는 것보다도 오히려 슬픈 선창이 되는 것이다. 창살이 이마로부터 콧마루, 입술 이렇게 하여 가슴에 여민 손등에까지 어른거려 나의 마음을 간질이는 것이다. 옆에 누운 분의 숨소리에 방은 무시무시해진다. 아이처럼 황황해지는 가슴에 눈을 치떠서 밖을 내다보니 가을 하늘은 역시 맑고 우거진 송림은 한 폭의 묵화다. 달빛은 솔가지에 솔가지에 쏟아져 바람인 양 쏴-소리가 날 듯하다. 들리는 것은 시계 소리와 숨소리와 귀뚜라미 울음뿐 고던 기숙사도 절간보다 더 한층 고요한 것이 아니냐?

(중략)

그 찰나 가을이 원망스럽고 달이 미워진다. 더듬어 돌을 찾아 달을 향하여 죽어라고 팔매질을 하였다. 통쾌! 달은 산산이 부서지고 말았다. 그러나 놀랐던 물결이 잦아들 때 오래잖아 달은 도로 살아난 것이 아니냐, 문득 하늘을 쳐다보니 얄미운 달은 머리 위에서 빈정대는 것을.
나는 꼿꼿한 나뭇가지를 고누어 때서 줄을 메워 훌륭한 활을 만들었다. 그리고 좀 탄탄한 갈대로 화살을 삼아 무사의 마음을 먹고 달을 쏘다.

🌸 윤동주, 〈달을 쏘다〉

　기숙사 3층에 불을 끄고 서성이는 혹은 앉은 윤동주의 모습이 보이는 듯하다. 기숙사에서 내다보면 저 멀리 건너편 청송대가 보인다. 윤동주는 바람이 일으키는 소리가 아닌 달빛이 쏟아져 일으키는 소나무 소리를 상상해 본다. 그가 사색하던 3층은 현재 공개되지 않는다. 건물 밖에서 윤동주가 달을 쏘던 창가가 어디쯤일지만 가늠할 수 있다.

5 인문관

윤동주 기념실에서 나오면 왼편으로 가로질러 올라가는 경사길이 보인다. 인문관을 오르내리는 이 언덕길 위에서는 구두 신은 여학생들뿐 아니라 신촌역에서부터 뛰어온 남학생의 가쁜 숨소리가 언제나 들린다.

저 위 인문관에 국문과, 영문과를 비롯한 문과대가 있으니 이번 산책로에 등장하는 작가, 비평가, 학자들은 이곳을 꽤 오르내렸을 것이다. 이곳 국문과 교수로 은퇴한 시인 정현종의 가장 대중적으로 널리 알려진 시〈섬〉을 감상해 보자.

> 사람들 사이에 섬이 있다.
> 그 섬에 가고 싶다.
> 🍊 정현종,〈섬〉

이 짧은 시는 요즘 젊은이들의 블로그에도 심심치 않게 올라 있다. 말 그대로 외딴 섬, 나란히 놓인 섬 사진을 시에 곁들인 상식적인 블로그도 있고, 집이 빽빽이 들어찬 그림과 기묘하게 조화시킨 블로그도 있다. 개인 블로그에서 이미지와 함께하는 시들, 이것이야말로 현대판 시화전이 아니고 무엇이랴.

이제 그 경사길을 내려가면 백양로 큰길이 나오고 백양로를 따라 내려가면 오른편으로 도서관이 보인다. 도서관으로 가자.

가쁜 숨을 내쉬며 인문관 가는
언덕길을 뛰어오르던 학생들은
나중에 이곳을 어떻게 추억할까?

6 | 중앙도서관 앞

중앙도서관 뒤에는 2008년에 완공한 신 도서관 학술정보관이 있다. 구 도서관과 신 도서관은 안팎으로 30여 년의 세대 차이를 확실히 보여 준다. 불과 30년 만에 거대한 건물이 노인 취급을 받게 되다니, 첨단기술은 우리를 조로하게 만들어 버린다. 구 도서관은 책과 사람으로 그득하지만, 신 도서관에는 이에 더해 각종 첨단 기기들이 설치되어 있다. 구 도서관에서는 학생들이 책을 앞에 두고 앉아 있다면 신 도서관에서는 컴퓨터를 앞에 두고 앉아 있다. 먼지 나는 고문서들을 뒤적이는 연구자들은 구 도서관에서, 커다란 스크린에 손을 대고 신문을 읽는 학생들은 신 도서관에서 만날 수 있다.

어느 대학이든 대학 캠퍼스를 담은 홍보용 달력을 보면 책과 학생으로 빽빽한 도서관과 굵은 나무들로 잘 조성된 교정이 반드시 나온다. 그런데 가만히 생각해 보면 사람과 나무와 책의 인연은 그렇게 간단히 맺어지지 않는다. 도서관에 쌓인 종이책은 인류 지혜의 집합소인 동시에 어느 열대림의 절규이기도 하다. 그리고 그렇게 쌓인 책은 누군가에게 의미가 될 때 생명을 얻는다. 연세대를 다닌 한 시인이 이를 노래했다.

얼마나 많은 나무들이 쓰러졌을까?
얼마나 많은 벌레들이 집을 잃고
햇볕에 말랐을까?

한 뭉치에 백 권씩 이백 뭉치의 책더미를, 아니
나무 둥걸을
숲을
천장에 닿을 때까지 쌓는다
개미핥기의 입김만으로도 태풍이 되고
원주민 인부의 오줌발만으로도 노아의 홍수가 되는
보이지 않는 숨결들의
부서지고 으깨지고 표백되고 잉크가 찍힌 집을 쌓는다

이 중에 몇 권이 꼭 만날 사람을 만나
그를
얼마나 오랫동안 창가에, 혹은
길모퉁이에 세워둘까?

그 많은 교정지를 넘기면서도 듣지 못했던
환청을
책을 쌓으며 듣는다

중앙도서관 뒤로 새로 지은 학술정보관도 보인다.
두 곳에 들러 보면 30여 년의 세대 차이가 확연히 느껴진다.

도서관에 쌓인 종이책은 인류 지혜의 집합소인 동시에 어느 열대림의 절규이기도 하다.

얼마나 많은 새들이 어지럽게 날아올랐을까?
얼마나 많은 짐승들이 숲의 끝까지 달렸을까?

이슬 한방울로 하루치 양식이 넘치고
깊은 숲이 조율하는 바람구멍이 아니고는,
그 작은 파닥거림을
하늘에 바칠 수 없는 것들

얼마나 많은 숨결들이 여린 살과 노래를 잃었을까?
　🍂 장철문, 〈얼마나 많은 나무들이〉

　도서관 앞 벤치에서 나무와 책과 사람의 보이지 않는 관계를 그려본다. 사람은 나무에 자신의 나이테를 새겨 넣고 이를 책이라 부르는 게 아닐까?

봄에 도서관을 바라보면 왼편으로 흰 꽃과 분홍 꽃을 모두 달고 있는 나무 한 그루가 눈에 띈다. 앞서 이 코스를 봄에 걷기를 권한 것은 이 꽃나무가 볼만하기 때문이다.

    너무도 여러 겹의 마음을 가진
    그 복숭아 나무 곁으로
    나는 왠지 가까이 가고 싶지 않았습니다
    흰꽃과 분홍꽃을 나란히 피우고 서 있는 그 나무는 아마
    사람이 앉지 못할 그늘을 가졌을 거라고
    멀리로 멀리로만 지나쳤을 뿐입니다
    흰꽃과 분홍꽃 사이에 수천의 빛깔이 있다는 것을
    나는 그 나무를 보고 멀리서 알았습니다
    눈부셔 눈부셔 알았습니다
    피우고 싶은 꽃빛이 너무 많은 그 나무는
    그래서 외로웠을 것이지만 외로운 줄도 몰랐을 것입니다
    그 여러 겹의 마음을 읽는 데 참 오래 걸렸습니다

    흩어진 꽃잎들 어디 먼 데 닿았을 무렵
    조금은 심심한 얼굴을 하고 있는 그 복숭아나무 그늘에서
    가만히 들었습니다 저녁이 오는 소리를
       나희덕, 〈그 복숭아나무 곁으로〉

연세대 학생들 사이에서는 '미친 나무'로 통하는 이 나무가 시인의 눈에 들어가 '여러 겹의 마음'을 지닌 외롭지만 외로운 줄 모르는 나무가 된다. 단일 색 꽃나무가 보편적인 질서를 살짝 벗어났을 때, 그 간극은 감

탄과 의혹을 자아낸다. 타인의 다양한 색깔에 관심이 많은 듯하나 실로는 무심한 이들에게는 그것이 정상이 아닌 '미친' 모습으로 보일 수 있으리라. 꽃나무든 사람이든.

그런데 시인이 복숭아나무라고 한 이 미친 나무는 사실 벚나무의 친척뻘인 '겹벚나무'이다.

7 광혜원, 세브란스 병원

백양로를 따라 내려오면 왼편으로 나지막한 담장이 보이는데 그 안뜰에는 오래된 한옥이 둥지를 틀고 있다. 광혜원廣惠院이다. 1885년 고종 황제가 궁정어의宮廷御醫였던 선교사 앨런 박사에게 광혜원이라는 병원을 설립하게 했다. 1886년 학생 열여섯 명을 선발하여 개학하니 이것이 곧 연세대학교 역사의 시작이자 우리나라 최초의 서양 의학 강습의 출발점이 된 것이다.

이후 1899년 미국의 세브란스 L. H. Severance 로부터 기증받은 기금으로 1904년 병원을 신축해 본격적으로 세브란스 의학전문학교와 세브란스 병원을 운영한다. 1908년 배출된 제1회 졸업생 일곱 명에게는 한국 정부로부터 최초의 의사 면허증이 발급되었다.

담장 안으로 보이는 한옥과 뜰이 아늑해 보인다. 앞문과 뒷문이 있는데 보통 개방되어 있다. 건물은 연세대 기록 보존실로 이용하고 있다.

광혜원 저 너머에는 21세기판 거대한 세브란스 건물이 보인다. 밤에는 건물 측면에서 빛이 쏟아져 나온다. 세브란스 병원은 대한민국 국민이 애호하는 작가로 꼽히기도 했던 김승옥의 〈서울, 1964년 겨울〉에도 잠시 등장한다.

연세대학교 역사의 시작이자 우리나라 최초의 서양 의학 강습의 출발점이 된 곳, 광혜원.

"아내의 시체를 병원에 팔았습니다. 할 수 없었습니다. 난 서적 월부 판매 외판원에 지나지 않습니다. 할 수 없었습니다. 돈 4000원을 주더군요. 난 두 분을 만나기 얼마 전까지도 세브란스 병원 울타리 곁에 서 있었습니다. 아내가 누워 있을 시체실이 있는 건물을 알아보려고 했습니다만 어딘지 알 수 없었습니다."

김승옥,〈서울, 1964년 겨울〉

20대 구청 직원인 '나'와 부잣집 아들 대학원생 '안'은 아내의 시체를 세브란스에 팔고 받은 돈 4천 원을 모두 쓰려는 '아저씨'와 선술집에서 만난다. 서로를 모르는 이들은 '아저씨'와 먹고 마시며 밤과 돈을 소비한다. 아저씨는 택시를 타고 "세브란스로!"라고 외치지만 가지는 못한다. 그리고 모두의 우려대로 자살한다. 1964년 겨울 어느 소외된 삶의 이야기다.

병원은 생명을 다루는 곳이므로 탄생과 재활 부활과 다름없는 그리고 죽음이 공존한다. 생명을 연장하려는 사투가 벌어지는 병원이라는 공간에는 수많은 질절한, 그리고 기적과 같은 사연이 담겨 있으리라. 그중 기록될 만큼 절절한 사연이란 생명보다 죽음인 경우가 많으리라.

김영하의 《퀴즈쇼》의 '나' 역시 세브란스의 영안실에 들른다.

> 나는 영안실 입구의 전광판에서 그녀의 이름을 확인했다. 호텔처럼 죽은 자에게도 각자의 방이 있었다. 이 세계는 혹시 무수한 방으로 이루어진 게 아닐까? 신생아실에서 태어나 교실에서 배우고 소주방에서 술 먹다가 노래방에서 노래하고 찜질방에서 목욕하고 채팅방에서 채팅하다 고시원의 쪽방에서 잠드는, 그리고 끝내는 대형 병원의 영안실에서 마감하는 삶.
>
> ☞ 김영하, 《퀴즈쇼》

'나'는 고시원 옆방 여성의 죽음을 조문하러 갔다. 그녀는 소박한 꿈이 있었으나 삶의 고달픔과 외로움으로 죽음을 선택한 듯 보인다. '나'는 그녀의 영안실을 나와 학생회관 뒤쪽 벤치로 비척비척 걸어갔다. 그리고 홀로 앉아 사람의 전화와 접근을 거부하고 모기와 함께 밤을 지새웠다. 그는 애초에 인터넷상으로 만나는 타자에 더 친숙함을 느끼는 세대다. 전화조차 버겁다. 사람과 부대끼면 두려워지는, 그래서 사이버 공간으로 도망가고 안락을 느끼는 그는 21세기 젊은 세대의 초상이다.

이제 연세대 정문이다. 길 건너 굴다리 밑 터널을 통과하면 신촌이 펼쳐진다. 북적거리는 사람들 속으로 들어갈 준비가 되어 있다면 걸어나가도 좋다.

8 | 신촌

은희경의 소설에는 신촌이 자주 나온다.《마이너리그》,《행복한 사람은 시계를 보지 않는다》 등에 등장하는 인물들은 신촌에서 먹고 자고 만나고 헤어진다. 신촌은 젊은이의 희로애락이 연출되는 공간이다. 연세대 국문과에서 대학원 시절을 보낸 작가의 경험과 무관하지 않을 것이다.

이곳 국문과 출신 김별아의 소설에도 신촌이 자주 등장한다.《내 마음의 포르노그라피》,《신촌 부루스》 역시 신촌에 머물던 대학생 청춘을 그린다. 청춘이 때로는 겁 없이 때로는 두려움에 떨며 몸도 마음도 발가벗겨지는 신촌은 어딘지 외설스럽다. 이들은 이곳에서 먹고 살고 사랑하고 미워하고 세상의 부조리에 싸우고 절망한다. 어떤 청춘은 죽고 어떤 청춘은 세상에 편입한다.

입담 좋은 소설가 성석제도 신촌에서 시간을 제법 보냈다. 이곳 법대를 다녔기 때문일까. 그는 신촌의 변화 속에서도 자리를 지키던 술집 하나를 기록했다.

> 서울하고도 신촌에 80년대 초부터 있어온 술집이 있다. 신촌은 50년대에도 있었고(그때 그곳에 살아보지 않아 확실히는 모르지만) 60년대에도 있었을 것이고 80년대에는 분명히 있었다. 하지만 지금 신촌에는 90년대, 그것도 세기말의 발작적이고 얄팍하기 그지없는 잡지 같은 후반부밖에 존재하지 않는 것처럼 보인다. 낮에는 유리와 플래카드로 분칠한 새 건물이 '비까번쩍'하고, 밤에는 요요한 불빛으로 휘황찬란하다. 그러나 지금 거기에 분명히 70년대와 80년대의 먼지를 덮어쓴 채 삭아가는 집이 하나 있다.
>
> 🍂 성석제, 〈언젠가는〉

그 집은 '섬'이라는 술집이다. 하지만 '지금 거기 분명히' 있다는 그

사방팔방으로 그려진 건널목의 하얀 선들. 신촌을 누비는 청춘들. 복잡하고 변화무쌍한 그곳.

집, 문인도 학생도 교수도 드나들던 그 집은 이제 없다. 주인이 세상을 떠나자 집도 신촌을 떠났다. 공간은 변한다. 기억도 변한다. 사람도 변한다. 그때 그곳을 더듬은 활자만이 기록으로 남았다. 우리는 변하는 물질세계 속에서 무엇을 붙들고자 하는가.

성석제는 말한다.

(전략) 이들은 큰 머리를 맞대는 게 지겨워지면 남이 싫어하든 좋아하든 기타를 치며 노래를 불러댔고 끝도 없는 이야기를 주절거리다가, 문득 화장실에 다녀와서 시계를 들여다보고는 서둘러 자리에서 일어서곤 했다. 어느 날은 로버트 드 니로가, 어느 날은 성석제가, 어느 날은 성원근, 기형도, 김소진이 먼저. 그들은 몸에 큰 오버코트를 입고 꼬부라진 혀로 인사를 하고는 무거운 문을 밀었다. 바깥에는 소란한 90년대가 거센 연기와 뜨거운 김을 내뿜고 있었고 하늘에는 보이지 않는 별과 별 사이에서 차갑고 더러운 눈, 물이 막 걸음을 떼려는 소년들의 이마에 떨어지곤 했다. 죽은 소년도

있었고 떠나가서 돌아오지 않은 소년도, 떠나지 못한 소년도 있었다. 모두 어른이 되었으리라. 소년은 청년이 되고 청년은 어른이 된다. 어른들은 탐욕과 폭력과 배신으로 자기들끼리의 나라를 만들려 하지만, 언제나 실패한다. 그들은 지나가는 존재일 뿐이다. 그렇지만 언젠가는 그런 일이 있었다, 서울하고도 신촌에. 언젠가 미국에서 그런 일이 있었듯이. 시간도 사람도 포스터도 추억도 모두 사라지고 골조만 앙상한 '언젠가는'만 남는다. 그러니 인생이여, 부탁하노니, 즐겁게 춤을 추시다가 그대로 멈출 줄 알지어다!

☞ 성석제, 〈언젠가는〉

9 | 덧붙이는 이야기

연세대를 가로질러 신촌까지 내려왔다면 제법 다리가 고단할 것이다. 우리의 산책로는 신촌에서 막을 내린다. 그래도 이곳까지 온 것이 아쉬운 사람들을 위해 헌책방 정보를 보탠다. 여기서부터 헌책방을 몇 군데 들르는 데만도 30분 이상 걸리고 기왕 헌책방에 들어가면 한참을 서서 이 책 저 책 기웃거려야 하니 각오를 단단히 해야 한다.

연세대에서 신촌 로터리 방면으로 내려가서 로터리에 이르면 오른편 동교동 방면으로 꺾는다. 동교동 방면으로 가다 보면 신촌장로교회 전에 '공씨책방'이 있다. 공씨책방은 1980년대 광화문 신문로 지금의 새문안교회 건너편에 문을 열었었다. 고인이 된 주인 공진석은 학구파였지만 대학에는 다니지 못하고 대신 책에 빠져 살았다 한다. 정호승, 이문재 등의 시인들이 이 집을 들락거렸으며, 사회과학도나 시민운동가들의 독서토론장이 되기도 했다. 허나 신문로의 재개발도 있었고, 주인도 세상을 떠나고 하자 공씨책방은 이곳으로 옮겨 왔다. 지금 이곳에는 중고 LP, DVD, CD

산책 끝에 가볼 만한 곳들. 왼쪽부터 차례대로 공씨책방, 숨어 있는 책, 설탕, 섬.

등이 헌책과 함께 있다.

공씨책방을 나와 신촌장로교회 앞 건널목에서 길을 건너 산울림소극장 방향으로 간다. 산울림소극장 앞에서 건너편 길 골목으로 들어서면 골목 안에 그야말로 숨어 있는 '숨어 있는 책'이라는 헌책방이 있다. 넓지는 않아도 한적한 골목 속 헌책방만이 지닌 풍취를 풍긴다.

골목 안으로 좀 더 들어서면 왼편으로 홍대 근처 출판사 관계자들이 자주 들른다는 '설탕' 바가, 그리고 오른편 골목 안 깊숙이에는 인사동에서 이사 왔다는 '섬'이 숨어 있다. 신촌의 전설이라는 그 '섬'은 아니다.

이곳까지 걸었다면 두 시간 이상을 걸은 셈이다. 이제 지친 발을 쉬시길. 홍대 부근이라고 부를 수 있는 이 근방 역시 먹고 마시고 사는 소비의 거리다. 허나 소비하지 않는 거리가 어디 있으랴. 미대가 있는 홍대 근처는 미대가 없는 연세대 근방과는 다른 분위기를 풍긴다. 소비의 스타일이 다른 이곳에는 또 다른 이야기들이 숨어 있을 것이다.

문학 작품

* 기형도, 〈대학 시절〉, 《기형도 전집》, 문학과 지성사, 1999
* 김영하, 《퀴즈쇼》, 문학동네, 2007
* 김승옥, 〈서울 1964년 겨울〉, 《무진기행》, 문학동네, 2004
* 유종호, 〈언제나 비가〉, 《서산이 되고 청노새 되어》, 민음사, 2004
* 윤동주, 〈서시〉, 《윤동주 전집》, 연세대학교출판부, 2004
* 윤동주, 〈달을 쏘다〉, 《윤동주 전집》, 문학과 지성사, 2004
* 정현종, 〈꽃 한 송이〉, 《꽃 한 송이》, 문학과 지성사, 1992, 〈섬〉, 《사람들 사이에 섬이 있다》, 미래사, 1991
* 장철문, 〈얼마나 많은 나무들이〉, 《바람의 서쪽》, 창작과 비평사, 1998
* 나희덕, 〈그 복숭아나무 곁으로〉, 《어두워진다는 것》, 창작과 비평사, 2001
* 김별아, 《내 마음의 포르노그라피》, 답게, 1995
* 김별아, 《신촌 부루스》, 죽산, 1992
* 이양하, 《신록예찬》, 을유문화사, 2005
* 은희경, 《마이너리그》, 창비, 2001
* 은희경, 《행복한 사람은 시계를 보지 않는다》, 창비, 2006
* 성석제, 〈언젠가는〉, 《즐겁게 춤을 추다가》, 강, 2004

| 부록 |

인용 작품의 작가 약력

강석경   1951년 1월 대구 출생. 이화여대 조소과 졸업. 1986년 《숲속의 방》으로 제6회 녹원문학상과 제10회 오늘의 작가상을 수상. 《숲속의 방》, 《나는 너무 멀리 왔을까》, 《밤과 요람》, 《내 안의 깊은 계단》외 다수의 작품을 두었고 인터뷰집, 콩트집 등 다양한 장르의 저술을 집필.

강은교   1945년 12월 함경남도 홍원 출생. 경기여자고등학교와 연세대학교 영문과를 졸업. 동 대학원 국문과에서 김기림 연구로 박사 학위 취득. 1968년 《사상계》 신인문학상에 〈순례자의 잠〉이 당선되어 등단. 시집으로 《붉은 강》, 《허무수첩》, 《시간은 주머니에 은빛 별 하나 넣고 다녔다》 등이 있고, 시론집으로 《젊은 시인에게 보내는 편지》가 있다.

구효서   1958년 9월 인천 출생. 배재고등학교와 목원대학교 국어교육학과를 졸업. 1987년 《중앙일보》 신춘문예에 〈마디〉가 당선되어 등단. 작품집으로 《깡통따개가 없는 마을》, 《시계가 걸렸던 자리》, 나가사키 파파》 등이 있다. 1995년 출간한 《낯선 여름》은 홍상수 감독에 의해 《돼지가 우물에 빠진 날》로 영화화됨.

기형도   1960년 2월 인천 출생. 연세대학교 정외과 졸업. 1984년 중앙일보에 입사. 1985년 동아일보 신춘문예 시 부문에 〈안개〉가 당선. 1989년 시집 출간을 위해 준비하던 중, 종로의 한 극장 안에서 숨진 채 발견되었고 사인은 뇌졸중으로 밝혀짐. 저서로는 유고 시집인 《입 속의 검은 잎》, 산문집 《짧은 여행의 기록》, 《기형도 전집》 등.

김관식   1934년 5월 충청남도 논산 출생. 호는 우현. 동국대학교 농대 4년 중퇴. 서울상고 교사, 《세계일보》 논설위원. 1952년에 시집 《낙화집》을 발표. 1955년에 《현대문학》을 통하여 〈연(蓮)〉, 〈자하문 근처〉 등이 추천됨. 1955년 공저 시집 《해 넘어가기 전의 기도》, 1956년 《김관식 시선》, 번역서로 《노당한시존》. 1970년 요절.

김광규   1941년 1월 서울 출생. 서울대학교 독어독문학과 졸업, 동 대학원에서 석박사 학위 취득. 독일 뮌헨대학교에서 유학. 시선으로 《반달곰에게》, 《아니다 그렇지 않다》, 《아니리》 출간. 브레히트 시집 《살아남은 자의 슬픔》, 귄터 아이히 시집 《햇빛 속에서》, 하이네 시집 《로렐라이》 등을 번역·출간.

김광균   1914년 1월 개성 출생. 송도상고를 졸업. 《중앙일보》에 시 〈가는 누님〉(1926)을 발표한 뒤 《동아일보》에 시 〈병〉(1929), 〈야경차〉(1930) 등을 발표. 《시인부락》 동인, 《자오선》 동인으로 활동. 김기림의 이론과 시작에 영향을 받고 모더니즘의 시론을 실천. 시집으로 《와사등》, 《기항지》. 6·25전쟁 후에는 실업계에 투신, 문단과는 거의 인연을 끊었으며, 제2 시집 이후 10여 년 만에 문단 고별 시집 《황혼가》(1969)를 출간.

김광섭   1909년 9월 함북 경성 출생. 호는 이산(怡山). 1928년 일본 와세다대학 영문과 졸업. 1927년 창간한 순문학 동인지《해외문학》과 1931년 창간한《문예월간》동인. 1945년에 중앙문화협회를, 1946년에 조선문필가협회를 창립하였으며, 1957년에는 자유문학사를 설립하여 문예지《자유문학》을 발간. 시집으로《동경》,《마음》,《성북동 비둘기》가 있다. 1977년 사망.

김기림   1908년 5월 함북 학성 출생. 본명 인손(仁孫), 필명 편석촌(片石村). 서울 보성고보, 일본 니혼대학을 거쳐 도호쿠제국대학 영문과를 졸업. 1933년 구인회에 가담. 시집《기상도》,《태양의 풍속》발간. 시집《바다와 나비》,《새노래》외에 저서《문학개론》,《시론》,《시의 이해》출간. 6·25전쟁 때 납북되어 생사 불명. 1988년《김기림전집》간행.

김기진   1903년 6월 충북 청원 출생. 호는 팔봉(八峰). 배재고보를 거쳐 1923년 일본 릿쿄대학 영문학부를 중퇴. 1920년 동아일보에 시〈가련아〉발표.《백조》의 동인, 작품으로〈권태〉,〈젊은 이상주의자의 죽음〉등이 있다. 1985년 5월 사망. 1989년에《김팔봉문학전집》(전7권)이 발간되었다.

김남천   1911년 평남 성천 출생. 본명 효식(孝植). 평양고보를 졸업하고 도쿄 호세이대학 재학. 1929년 조선프롤레타리아예술가동맹에 가입. 1931년과 1934년 카프 제1·2차 검거사건 때 체포되어 복역. 1947년 말 월북. 1953년 숙청된 것으로 추정. 대표작으로《대하》,《맥》《경영》,《사랑의 수족관》등.

김동리   1913년 11월 경북 경주 출생. 본명 시종(始鍾). 경상북도 경주 출생이다. 1929년 서울 경신중학 4년 중퇴. 1934년 조선일보 신춘문예에〈백로〉가 입선. 저서로는 소설집으로《무녀도》(1947)《역마》(1948)《사반의 십자가》(1958)《등신불》(1963) 등. 평론집으로《문학과 인간》(1948), 시집으로《바위》(1936), 수필집으로《자연과 인생》등이 있다.

김동인   1900년 10월 평남 평양 출생. 호는 금동(琴童). 일본 도쿄 메이지학원 중학부 졸업, 가와바타 미술학교를 중퇴. 1919년 최초의 문학동인지《창조》를 발간. 대표작으로〈배따라기〉(1921),〈감자〉(1925),〈광염 소나타〉(1929), 평론《춘원연구》등. 1935년 야담사를 설립하여 월간지《야담》을 발간. 6·25전쟁 중에 숙환으로 작고.

김별아   1969년 강원도 강릉 출생. 연세대학교 국문과 졸업. 1993년 실천문학에〈닫힌 문 밖의 바람 소리〉발표. 2005년 제1회 세계문학상, 1991년 제1회 청년심산문학상 수상. 대표작으로《미실》,《논개》등이 있다.

김성동   1947년 11월 충남 보령 출생. 1964년 서울 서라벌고등학교 중퇴. 1978년《한국문학》에 중편소설〈만다라〉가 당선.《한국문학》신인상과 행원문화상, 신동엽창작기금 등을 받았다. 주요 저서에 소설집《피안의 새》,《오막살이 집 한 채》,《붉은 단추》, 산문집《미륵의 세상 꿈의 나라》,《생명기행》등.

김수영   1921년 서울에서 출생. 1941년 도쿄상대에 입학. 만주로 이주 후 8·15광복과 함께 귀국. 김경린·박인환 등과 함께 합동시집《새로운 도시와 시민들의 합창》을 간행. 시집《달나라의 장난》,《거대한 뿌리》,《달의 행로를 밟을지라도》출간. 산문집《시여 침을 뱉어라》,《퓨리턴의 초상》등. 1968년 교통사고로 작고.

김소월   1902년 8월 평북 구성 출생. 본명 정식. 오산학교 중학부를 거쳐 배재고보를 졸업하고 도쿄상대 중퇴. 동인지《영대》동인. 1922년에〈금잔디〉,〈엄마야 누나야〉,〈진달래꽃〉등을《개벽》지에 발표. 1925년《진달래꽃》간행. 1934년 작고.

김소진　1963년 12월 강원도 철원 출생. 서울대학교 영문과 졸업. 1990년부터 한겨레신문 교열부와 문화부에서 5년간 일하면서 작품 활동. 1997년 췌장암 진단을 받고 같은 해 타계. 대표적인 작품으로는 소설집 《열린 사회와 그 적들》《장석조네 사람들》(1995), 《자전거 도둑》(1996), 창작 동화 《열한 살의 푸른 바다》(1996).

김승옥　1941년 일본 오사카 출생. 1945년 귀국. 순천고등학교와 서울대학교 불어불문학과 졸업. 1962년 단편 〈생명연습〉이 《한국일보》 신춘문예에 당선되어 등단. 같은 해 김현, 최하림 등과 더불어 동인지 《산문시대》를 창간. 이 동인지에 〈건〉, 〈환상수첩〉 등을 발표. 대표작으로는 《무진기행》(1964), 《서울, 1964년 겨울》(1965), 《서울의 달빛 0장》(1977), 《우리들의 낮은 울타리》(1979) 등.

김연수　1970년 경상북도 김천 출생. 성균관대학교 영문학과 졸업. 1993년 《작가세계》 여름호에 시가 당선되고, 같은 해 장편 《가면을 가리키며 걷기》로 작가세계문학상을 수상. 소설집으로 《내가 아직 아이였을 때》, 《나는 유령작가입니다》 등이 있고, 장편으로 《굳빠이 이상》, 《밤은 노래한다》 등이 있다.

김유정　1908년 강원도 춘천 출생. 휘문고보를 거쳐 연희전문 문과를 중퇴. 1935년 소설 〈소낙비〉가 《조선일보》 신춘문예에, 〈노다지〉가 《중외일보(中外日報)》에 각각 당선. 대표작으로는 〈금 따는 콩밭〉, 〈봄봄〉, 〈동백꽃〉, 〈따라지〉 등. 1937년 작고.

김원일　1942년 3월 경상남도 김해 출생. 대구농림고교를 거쳐 서라벌예술대학 문예창작과. 이후 영남대학교 국문학과, 단국대학교 대학원 국문학과 졸업. 1966년 《대구매일신문》 신춘문예에 소설 《1961·알제리아》, 1967년 《현대문학》에 장편 《어둠의 축제》가 당선되어 등단. 대표작으로는 《어둠의 혼》(1973), 《어둠의 축제》(1975), 《마당 깊은 집》(1988) 등

김영하　1968년 경상북도 고령군 출생. 연세대학교 경영학과와 동 대학원을 졸업. 1995년 《거울에 대한 명상》으로 등단. 대표작으로는 《나는 나를 파괴할 권리가 있다》(1996), 《엘리베이터에 낀 그 남자는 어떻게 되었나》(1997), 《당신의 나무》, 《검은 꽃》(2003) 등.

김종삼　1921년 황해도 은율 출생. 평양의 광성보통학교, 일본 도요시마상업학교를 졸업. 《원정》, 《돌각담》 등을 발표하여 등단. 1957년 전봉건·김광림 등과 3인 연대시집 《전쟁과 음악과 희망과》를, 1968년 문덕수·김광림과 3인 연대시집 《본적지》를 발간. 대표작으로는 《십이음계(十二音階)》(1969), 《시인학교》(1977), 《북 치는 소년》(1979), 《누군가 나에게 물었다》(1983) 등. 1984년 작고.

김지하　1941년 전남 목포 출생. 본명은 영일. 원주중학교, 중동고등학교, 서울대학교 미학과 졸업. 1963년 〈저녁 이야기〉로 등단. 1970년 〈오적〉 발표. 대표작으로는 《황토》, 《타는 목마름으로》, 《별밭을 우러르며》, 《이 가문 날의 비구름》 등.

김형경　1960년 강릉 출생. 본명은 김정숙이다. 1982년 경희대학교 국문학과를 졸업하였다. 1983년 《문예중앙》 신인상에 시 〈이 강산 돌이 되어〉가 당선되어 문단에 등단하였다. 시집 《모든 절망은 다르다》(1989), 소설집 《바다가 될 때까지》(1995), 《푸른 나무의 기억》(1996), 장편 소설 《피리새는 피리가 없다》(1999), 《사랑을 선택하는 특별한 기준》(2003), 《성에》(2004), 여행 에세이 《사람풍경》(2004) 등.

나희덕　1966년 충청남도 논산 출생. 연세대학교 국어국문학과 동 대학원을 졸업. 1989년 중앙일보 신춘문예에 〈뿌리에게〉가 당선되어 등단. 대표작으로는 《뿌리에게》, 《그곳이 멀지 않다》, 《어두워진다는 것》 등. 현재 조선대학교 교수로 재직 중.

노천명	1912년 황해도 장연 출생. 진명학교를 거쳐, 이화여전 영문학과 졸업. 1938년 《산호림》, 1945년 《창변》을 출간. 대표작으로는 〈사슴〉, 〈남사당〉, 〈춘향〉, 〈푸른 5월〉, 〈이름 없는 여인이 되어〉 등이 있다. 1957년 12월 영면.
문정희	1947년 출생. 동국대학교 국어국문학과를 졸업했으며, 같은 대학교 대학원을 졸업. 서울여자대학교 대학원에서 문학 박사 학위를 취득. 1969년에 《월간문학》 신인상에 당선되어 문단에 등단. 시집 《남자를 위하여》, 《미완의 기도》, 《모든 사랑은 첫사랑이다》 등이 있다.
박목월	본명은 영종(泳鍾). 1916년 경상남도 고성 출생. 경상북도 경주에서 성장. 1939년 문예지 《문장》에 시가 추천됨으로써 등단. 저서에 《문학의 기술》, 《실용문장대백과》 등과, 시집에 《청록집》(3인시), 《경상도가랑잎》, 《사력질》, 《무순》 등이 있으며, 수필집으로 《구름의 서정시》, 《밤에 쓴 인생론》 등이 있음. 1978년 3월 영면.
박범신	1946년 충청남도 논산 출생. 1973년 《중앙일보》 신춘문예에 단편소설 〈여름의 잔해〉가 당선되면서 등단. 이후 1992년까지 《토끼와 잠수함》, 《덫》, 《식구》, 《흰 소가 끄는 수레》, 등의 창작집과 《죽음보다 깊은 잠》, 《풀잎처럼 눕다》, 《숲은 잠들지 않는다》, 《외등》 등의 장편 소설을 출간.
박영준	호는 만우(晩牛). 평안남도 강서출생. 1934년 연희전문 졸업, 그 해 《조선일보》 신춘문예에 단편소설 《모범경작생》이 당선됨으로써 등단. 단편집으로 《목화씨 뿌릴 때》(1945) 《풍설》, 《그늘진 꽃밭》, 《방관자(傍觀者)》 등이 있고, 장편으로 《태풍지대》, 《애정 계곡》, 《열풍》, 《고속도로》, 《지향(地香)》 등.
박완서	1931년 경기도 개풍 출생. 1970년 마흔이 되던 해에 《여성동아》 여류 장편 소설 공모에 《나목》이 당선되어 등단. 저서에 창작집 《부끄러움을 가르칩니다》, 《도둑맞은 가난》, 《엄마의 말뚝》, 《서울 사람들》, 《저문 날의 삽화》, 《한 말씀만 하소서》, 《너무도 쓸쓸한 당신》 등이 있고, 수필집 《꼴찌에게 보내는 갈채》, 《혼자 부르는 합창》, 《살아있는 날의 소망》(1982) 《나는 왜 작은 일에만 분개하는가》, 《어른노릇 사람노릇》, 《모독》 등이 있다. 2011년 1월 별세.
박인환	1926년 강원 인제 출생. 경성제일고보를 거쳐 평양의전 중퇴. 종로에서 마리서사라는 서점을 경영하면서 많은 시인과 알게 되어 1946년부터 시를 쓰기 시작했다. 1949년에 김경린·김수영 등과 함께 《새로운 도시와 시민들의 합창》을 간행. 1955년 《박인환선시집》을 간행했다. 1956년 3월 사망.
박종화	1901년 서울 출생. 호는 월탄(月灘). 1920년에 휘문의숙을 졸업, 그해 10월에 문학지 《문우》를 창간했고 1921년에는 《장미촌》의 동인이 되어 동지에 시 〈오뇌의 청춘〉, 〈우윳빛 거리〉 등을 발표하여 데뷔, 1922년 1월에 홍사용·이상화·나도향·박영희 등과 함께 《백조》 창간호를 발행. 1924년에 첫시집 《흑방비곡》을 내고, 이후 역사소설 《금삼의 피》, 《임진왜란》, 《여인천하》, 《양녕대군》, 《세종대왕》을 집필. 1981년 1월 사망.
박태원	1910년 서울 출생. 필명 구보(丘甫)·구보(仇甫)·구보(九甫) 경성제일고보, 도쿄 호세이대학 예과를 중퇴하였다. 1926년 《조선문단》에 시 〈누님〉이 당선, 1930년 《신생》에 단편 〈수염〉을 발표. 1933년 구인회에 가담, 대표작으로는 《소설가 구보 씨의 1일》, 《천변 풍경》 등이 있고, 장편소설 《태평성대》, 《군상(群像)》, 《갑오농민전쟁》 등이 있다. 1986년 7월 사망.

방인근	호 춘해(春海). 1899년 충남 예산읍 출생. 배재고보를 거쳐 일본의 주오대학에서 수학하였다. 귀국 후 1924년 사재를 내어 종합문예월간지 《조선문단》을 간행하여 문단육성에 크게 기여하였다. 1930년 《문예공론》 편집을 맡으면서 잡지 편집에 전념하여 《신생》《여시》의 편집을 거쳐 1935년 《시조》 편집국장, 1943년 방송국 촉탁이 되었다. 장편 《마도의 향불》, 《화심》, 《쌍홍무》, 《방랑의 가인》, 《인생극장》 등이 있다. 1975년 1월 별세.
방현석	1961년 경상북도 김천 출생. 중앙대학교 문예창작과를 졸업하였다. 1988년 《실천문학》 봄호에 단편소설 〈내딛는 첫발은〉이 실리면서 문단에 등단. 주요작품으로 〈새벽 출정〉, 《내일을 여는 집》, 《또 하나의 선택》, 《랍스터를 먹는 시간》, 《슬로우 불릿》 등.
백석	본명 기행(夔行). 1912년 평안북도 정주에서 출생하였다. 오산중학과 일본 도쿄 아오야마 학원을 졸업하였다. 1935년 시 〈정주성〉을 조선일보에 발표. 1936년 시집 《사슴》을 간행. 방언을 즐겨 쓰면서도 모더니즘을 발전적으로 수용한 시들을 발표하였다. 〈통영〉, 〈고향〉, 〈북방에서〉, 〈적막강산〉 등 대표작은 토속적이고 향토색이 짙은 서정시들이다. 1996년 별세.
법정	본명은 박재철이다. 1932년 해남 출생. 통영 미래사(彌來寺)에서 당대의 고승인 효봉(曉峰)을 은사로 출가하였다. 대표적인 수필집으로는 《무소유》, 《오두막 편지》, 《새들이 떠나간 숲은 적막하다》, 《버리고 떠나기》, 《물소리 바람소리》, 《산방한담》, 《텅빈 충만》, 《스승을 찾아서》, 《서 있는 사람들》, 《인도기행》 등이 있다. 2010년 3월 입적.
서영은	1943년 강원도 강릉 출생. 1968년 《사상계》 신인작품 모집에 단편 《교》가 입선하고, 1969년 《월간문학》 신인작품 모집에 〈나와 '나'〉가 당선되어 등단하였다. 저서에 소설집 《사막을 건너는 법》, 《살과 뼈의 축제》, 《술래야 술래야》, 《사다리가 놓인 창》, 《꿈길에서 꿈길로》 등이 있고, 산문집 《새와 나그네들》, 《내 마음의 빈 들에서》, 《한 남자를 사랑했네》 등이 있다.
서정주	호는 미당. 1915년 전북 고창 출생. 서울 중앙고등보통학교를 거쳐 1936년 중앙불교전문학교를 중퇴하였다. 1936년 《동아일보》 신춘문예에 시 〈벽〉으로 등단하여 같은 해 김광균·김달진·김동리 등과 동인지 《시인부락》을 창간하고 주간을 지냈다. 1941년 시집 《화사집》을 출간. 그밖에 시집으로 《신라초》, 《질마재 신화》, 《서정주 시선》 등이 있다. 2000년 별세.
성석제	1960년 경북 상주 출생. 연세대학교 법학과를 졸업하였으며, 1986년 문학사상의 시 부문에서 신인상을 받아 등단하였다. 1994년 소설집 《그곳에는 어처구니들이 산다》를 펴내면서 소설을 쓰기 시작했다. 펴낸 소설로 《유랑》, 《홀림》, 《황만근은 이렇게 말했다》 등이 있다.
신경숙	1963년 전라북도 정읍 출생. 서울예술전문대학 문예창작과를 졸업한 뒤 1985년 《문예중앙》에 중편소설 〈겨울 우화〉를 발표하면서 등단하였다. 1993년 단편집 《풍금이 있던 자리》를 출간해 주목을 받았으며 이후 장편소설 《깊은 슬픔》, 《외딴 방》, 《기차는 7시에 떠나네》, 《리진》, 창작집 《아름다운 그늘》, 《오래전 집을 떠날 때》, 《딸기밭》 등을 출간.
신동엽	1930년 충청남도 부여 출생. 단국대학교 사학과를 거쳐 건국대학교 대학원을 수료하고 1959년 《조선일보》 신춘문예에 장시 〈이야기하는 쟁기꾼의 대지〉가 당선되어 데뷔하였다. 주요작품으로 《금강》, 〈누가 하늘을 보았다 하는가〉, 〈껍데기는 가라〉 등이 있다. 1969년 간암으로 별세.
심윤경	1972년 출생. 서울대학교 분자생물학과를 졸업하고 동 대학원에서 석사과정을 마쳤으며, 1998년부터 소설을 쓰기 시작했다. 2002년 《나의 아름다운 정원》으로 제7회 한겨레문학상을 수상하며 문단에 나왔다. 주요 작품으로는 《나의 아름다운 정원》, 《달의 제단》, 《서라벌 사람들》 등이 있다.

심훈	본명 대섭(大燮). 1910년 서울 출생. 상하이로 가서 위안장대학[元江大學]에서 수학하였다. 1923년부터 동아일보·조선일보·조선중앙일보에서 기자생활을 하면서 시와 소설을 쓰기 시작했다. 1930년에는 《동방의 애인》, 1931년에는 《불사조》를 각각 조선일보에 연재하고 1933년에는 《영원의 미소》, 1934년에는 《직녀성》을 조선중앙일보에 연재했다. 1935년에는 농촌계몽소설 《상록수》가 동아일보 창간 15주년 기념 현상소설에 당선되었다. 1936년 9월 사망.
양귀자	1955년 7월 17일 전북 전주시 경원동에서 출생. 1978년 원광대학교 졸업. 1978년 5월에 〈다시 시작하는 아침〉과 〈이미 닫힌 문〉으로 《문학사상》 신인상에 당선. 연작소설집 《원미동 사람들》, 장편 《희망》, 《나는 소망한다, 내게 금지된 것을》 등의 작품이 있음.
염상섭	1897년 8월 30일, 서울 종로구 적선동에서 태어남. 본명은 상섭(尙燮), 필명은 상섭(想涉)이며, 아호는 횡보(橫步). 일본 게이오대학 중퇴. 1921년 처녀작 단편 〈표본실의 청개구리〉를 《개벽》에 발표. 대표작으로 《만세전》, 《삼대》, 《취우》 등 다수의 장편을 발표하였다. 1963년 3월 14일 서울시 성북구 성북동 집에서 직장암으로 별세.
유종호	1935년 충북 충주 출생. 서울대 문리대 영문과와 뉴욕주립대 대학원에서 수학. 1957년 《문학의 예술》에 '불모의 도식'을 발표하며 등단. 저서로 《유종호 전집》(전 5권) 외에 《시란 무엇인가》, 《서정적 진실을 찾아서》 등 다수 출간. 2004년 시집 《서산이 되고 청노새 되어》 출간.
유진오	1906년 5월 13일 서울시 종로구 가회동에서 출생. 1924년 경성제국대학 법문학부에 입학. 1927년 《조선지광》에 〈복수〉, 〈스리〉를 발표하면서 등단. 〈창랑정기〉, 〈김강사와 T교수〉 등의 단편과 장편 《화상보》 발표. 1987년 별세.
윤동주	1917년 12월 만주 북간도의 명동촌에서 태어남. 1938년 연희전문 문과에 입학. 1942년 봄 일본으로 건너가 동경 릿교대학 영문과에 입학했으나 한 학기만 다니고 같은 해 가을, 교토의 도시샤 대학 영문과로 옮겼다. 1943년 7월 14일 독립운동 혐의로 일경에서 체포되어 이듬해 봄 징역 2년을 선고받고 일본 후쿠오카 형무소에서 복역하다가 1945년 2월 16일 새벽 순절. 유고시집으로 《하늘과 바람과 별과 시》가 있다.
윤후명	1946년 1월 17일, 강원도 강릉에서 태어남. 본명 상규. 1965년 연세대학교 철학과 입학 1967년 경향신문 신춘문예에 시가, 1979년 한국일보 신춘문예에 소설이 당선되어 등단. 시집 《명궁》, 소설집 《돈황의 사랑》, 《부활하는 새》 등 발표.
윤이형	1976년 서울 출생. 1995년 연세대학교 영어영문학과 입학. 2005년 중앙일보 신인문학상에 〈검은 불가사리〉가 당선되어 등단. 작품집으로 《셋을 위한 왈츠》가 있다.
은희경	1959년 전북 고창에서 출생. 숙명여대 국문과와 연세대 대학원 국문과 졸업. 1995년 동아일보 신춘문예에 중편 〈이중주〉가 당선되어 등단. 창작집 《타인에게 말 걸기》, 장편 《새의 선물》, 《마지막 춤은 나와 함께》 등을 출간.
이광수	1892년 3월 4일 평북 정주에서 출생. 호는 춘원(春園). 14세 때 일진회 유학생으로 도일하여, 메이지 중학부에서 공부하면서 소년회(少年會)를 조직하고 《소년》지를 발행하는 한편 시와 평론 등을 발표. 와세다 대학 철학과에 입학, 1917년 1월 1일부터 한국 신문학 사상 최초의 장편인 《무정》을 매일신보에 연재. 이후 《흙》, 《유정》, 《사랑》 등 다수의 장편 발표. 한국전쟁 당시 납북되었다가 자강도에서 병사한 것으로 알려져 있다.

이근배	1940년 충남 당진 출생. 1960년 서라벌예대 문예창작과 졸업. 1961년 서울신문, 경향신문, 조선일보 신춘문예 당선. 1962년 동아일보 신춘문에 당선. 장편서사시 《한강》, 시집 《노래여 노래여》, 《사랑을 연주하는 꽃나무》, 《시가 있는 국토기행》 등 출간.
이기영	1895년 충남 아산에서 태어남. 호는 민촌(民村). 1922년 일본으로 건너가 동경 세이소쿠(正則) 영어학교에서 수학. 1924년 《개벽》 현상모집에 단편 〈오빠의 비밀편지〉가 당선되어 문단에 나왔다. 대표작으로 장편 《고향》, 《인간수업》, 《땅》, 《두만강》 등이 있다. 1946년 2월에 월북하였으며, 1984년에 사망하여 평양 신미동 애국열사릉에 묻혔다.
이문열	1948년 서울 청운동에서 출생. 1968년 검정고시를 거쳐 서울대 사대에 진학. 1977년 대구 매일신문 신춘문예에 단편소설 〈나자레를 아십니까〉가 가작으로 입선. 1979년 동아일보 신춘문예에 중편 〈새하곡〉 당선. 장편 《사람의 아들》, 《젊은 날의 초상》, 《황제를 위하여》, 《영웅시대》 등을 발표.
이상	1910년 9월 23일 서울 통인동 154번지에서 출생. 1929년 경성고등보통학교(서울공대 전신) 건축과 졸업. 1930년 잡지 《조선》에 처녀장편 〈12월 12일〉을 연재. 1931년 일어로 쓴 시 〈이상한 가역반응〉을 《조선의 건축》에 발표. 시 〈오감도〉, 소설 〈날개〉 등 다수의 창작을 발표. 1937년 일본 동경제대 부속병원에서 28세의 일기로 요절.
이상화	1901년 4월 5일 대구 출생. 중앙고등보통학교 졸업. 1921년 《백조》 동인으로 참가하여 〈단조〉, 〈가을의 풍경〉 등을 《백조》에 발표. 대표작으로 〈나의 寢室로〉, 〈빼앗긴 들에도 봄은 오는가〉 등이 있다. 1943년 사망. 1982년 《이상화 전집》이 간행되었다.
이양하	1904년 평남 강서 출생. 1930년 일본 도쿄대학 영문과를 졸업하고 이듬해 동 대학원을 수료하였다. 1930년대 초반에 평론 〈리처즈의 문예가치론〉 등을 발표하고, 1939년 《문장》 2월호에 시 〈송전풍경〉을 발표하여 문단에 나왔다. 〈신록 예찬〉 등을 발표하며 수필가로 더 활발하게 활동하였다. 주요 저서로 《이양하 수필집》, 《나무》, 《마음과 풍경》 등이 있다. 1963년 타계.
이인직	1862년 경기도 음죽군 거문리에서 태어남. 1900년 대한제국 관비 유학생으로 선발되어 일본 동경정치학교 입학. 1902년 일본어 소설 「과부의 꿈」 발표. 1906년 《만세보》에 최초의 신소설로 인정되는 「혈의 누」와 〈귀의 성〉을 연재. 1916년 사망.
이제하	1937년 경남 밀양 부북면 사포리에서 출생. 1956년 홍익대 조각과 입학. 《새벗》에 동화 〈수정구슬〉 당선. 1957년 《현대문학》에 시 〈노을〉 발표. 1959년 《신태양》에 소설 〈황색 강아지〉 당선. 창작집 《초식》, 장편 《광화사》, 《진눈깨비 결혼》, 영화 칼럼집 《이제하의 시네마천국》 등 출간.
이청준	1939년 8월 9일 전남 장흥군 대덕면 진목리에서 출생. 서울대학교 문리대학 독문학과 졸업. 1965년 단편 〈퇴원〉으로 사상계 신인문학상 당선. 창작집 《소문의 벽》, 《이어도》, 《서편제》, 장편 《당신들의 천국》, 《씌어지지 않는 자서전》 등 다수의 작품을 발표. 2008년 7월 폐암으로 별세.
이태준	1904년 11월 4일 강원도 철원군 묘장면 산명리 출생. 호는 상허(尙虛). 1925년 단편소설 〈오몽녀〉를 《조선문단》에 투고하여 등단. 1926년 동경 상지대학 예과에 입학. 단편집 〈돌다리〉, 〈복덕방〉, 장편소설 《사상의 월야》, 《별은 창마다》 등 발표. 1946년 월북 후 생사 불명.
이호철	1932년 3월 15일 함남 원산시 현동에서 출생. 1950년 단신으로 배를 타고 월남. 1955년 《문학예술》에 〈탈향〉과 〈나상〉을 연달아 발표하여 추천 완료. 장편 《소시민》, 《서울은 만원이다》, 단편집 《닳아지는 살들》, 《문》 등 발표.

이희승	국어학자. 문학박사 호는 일석(一石). 1896년 경기도 시흥 출생. 1930년 경성제국대학 조선어학과 졸업. 저서로 《국어학 개설》, 《국어대사전》, 시집 《박꽃》 등이 있다. 1989년 사망. 2000년 《일석 이희승 전집》(총9권) 발간.
전광용	1919년 3월 1일 함남 북청군 거산면 성천촌에서 태어남. 1939년 동아일보 신춘문예에 동화 〈별나라 공주와 토끼〉 입선. 1945년 경성경제전문학교(서울상대 전신) 입학. 1947년 서울대학교 문리과대학 국어국문학과 입학. 1955년 단편 〈흑산도〉가 조선일보 신춘문예에 당선. 단편 〈꺼삐딴 리〉, 장편 《나신》 등 출간. 1989년 6월 지병인 당뇨병으로 별세.
장만영	1914년 1월 황해도 연백(延白) 출생. 호는 초애(草涯). 도쿄 미자키 영어학교 고등과 졸업. 1932년 《동광》지에 투고한 시 〈봄노래〉가 김억의 추천을 받으며 등단. 시집 《양(羊)》, 《축제》, 《유년송(幼年頌)》 등이 있다. 1975년 작고.
장정일	1962년 1월 대구 출생. 1984년 무크지 《언어의 세계》에 「강정 간다」 외 4편의 시를 발표하여 등단. 1987년 희곡 〈실내극〉이 동아일보 신춘문예에 당선. 시집 《햄버거에 대한 명상》, 《길안에서의 택시 잡기》, 소설 《아담이 눈뜰 때》, 《내게 거짓말을 해봐》 등이 있다.
장철문	1966년 전북 장수에서 출생. 연세대 국문학과 졸업. 1994년 《창작과 비평》 겨울호에 시 〈마른 풀잎의 노래〉 등을 발표하면서 작품 활동을 시작. 시집으로 《바람의 서쪽》, 《무릎 위의 자작나무》가 있다.
정찬	1953년 부산에서 출생. 1978년 서울대 국어교육과 졸업. 1983년 무크지 《언어의 세계》에 중편 〈말의 탑〉을 발표하며 등단. 소설집 《완전한 영혼》, 《베니스에서 죽다》, 장편 소설 《세상의 저녁》, 《로뎀나무 아래서》 등이 있다.
정찬주	1953년 전남 보성 출생. 동국대 국문과 졸업. 1983년 《한국문학》 신인상에 소설 〈유다학사〉가 당선되어 등단. 장편소설 《산은 산 물은 물》, 《하늘의 도》, 《만행》, 산문집 《암자로 가는 길》, 《돈황 가는 길》 등이 있다.
정채봉	1946년 전남 승주에서 태어남. 1975년 동국대학교 국어국문학과 졸업. 1973년 동아일보 신춘문예 동화 부문에 〈꽃다발〉로 당선. 동화로 《오세암》, 《바람과 풀꽃》 등이 있고, 장편 소설 《초승달과 밤배》가 있다. 2001년 간암으로 별세.
정한모	1923년 10월 27일 충남 부여 출생. 호는 일모(一茅). 서울대학교 국문과를 거쳐 1959년 서울대 대학원 국문과 졸업. 1946년 〈시탑〉, 〈주막〉 등의 동인으로 활동. 1955년 《사상계》 7월호에 시 〈음영〉 발표. 시집 《카오스의 사족(蛇足)》, 《여백을 위한 서정》, 《아가의 방》 등이 있다. 1991년 2월 별세.
정현종	1939년 12월 17일 서울 용산구에서 태어남. 1965년 연세대학교 철학과 졸업. 같은 해 3월과 8월에 각각 〈독무〉와 〈여름과 겨울의 노래〉로 《현대문학》에서 추천을 완료하고 문단에 등단. 시집으로 《사물의 꿈》, 《나는 별아저씨》, 《한 꽃송이》, 시선집 《고통의 축제》 등 다수.
정호승	1950년 대구 출생. 경희대 국문과 및 동 대학원 졸업. 1972년 한국일보 신춘문예에 동시, 1973년 대한일보 신춘문예에 시, 1982년 조선일보 신춘문예에 단편소설이 당선. 시집 《슬픔이 기쁨에게》, 《서울의 예수》, 《새벽편지》, 《외로우니까 사람이다》 등이 있다.

조경란	1969년 서울에서 태어나 서울예전 문예창작과를 졸업했다. 1996년 동아일보 신춘문예에 단편 《불란서 안경원》이 당선되어 등단. 창작집으로 《불란서 안경원》, 《나의 자줏빛 소파》 등이 있고, 장편으로 《식빵 굽는 시간》, 《우리는 만난 적이 있다》 등이 있다.
조성기	1951년 3월 30일 경남 고성 출생. 1968년 서울대학교 법과대학 입학. 1971년 〈만화경〉으로 동아일보 신춘문예 당선. 장편 《라하트하헤렘》, 《야훼의 밤》, 창작집 《통도사 가는 길》 등 다수 출간.
조중환	1884년 서울 출생. 일본어 학교였던 경성 학당을 졸업하고 일본에 유학하여 니혼대학을 마쳤다. 일본 가정 소설의 대표작 《불여귀》를 번역하고, 《쌍옥루》와 《장한몽》 등을 번안하여 연재하였다. 1947년 서울에서 사망.
조지훈	1920년 12월 3일 경북 영양군에서 출생. 1934년 와세다대학 통신강의록 수학. 1939년 3월 《문장》지에 〈고풍의상〉을, 12월에 〈승무〉를, 1940년 2월 〈봉황수〉를 추천받아 문단에 데뷔함. 1940년 혜화전문 졸업. 박목월, 박두진과 《청록집》 간행. 시집으로 《단장》, 《조지훈시선》, 《역사 앞에서》 등이 있다. 1968년 5월 별세.
채만식	1902년 전북 옥구군 임피면 읍내리에서 태어남. 1924년 일본 와세다대학 부속 제일와세다고등학원 제적 처분. 이광수의 추천으로 단편 〈세 길로〉를 《조선문단》 3호에 발표하여 문단에 데뷔. 장편 소설 《탁류》, 《태평천하》, 단편집 《제향날》 등 다수의 작품 발표. 1950년 6월 11일 폐결핵으로 이리시 마동에서 영면.
천상병	1930년 일본 효고현 히메지시에서 태어남. 1949년 마산 중학 5년 재학 중 담임교사이던 시인 김춘수의 주선으로 시 〈강물〉이 《문예》지에 초회 추천. 1952년 《문예》지에 〈갈매기〉등을 추천받음. 1955년 서울대학교 상대 4년 중퇴. 시집으로 《새》, 《주막에서》, 《귀천》, 《요놈 요놈 요 이쁜 놈》 등이 있고, 산문집 《괜찮다 다 괜찮다》, 그림 동화집 《나는 할아버지다 요놈들아》가 있다. 1993년 숙환으로 별세.
최남선	1890년 4월 26일 서울 출생. 호는 육당(六堂). 1906년 와세다대학 고등사범 지리역사학과에 입학. 1908년 근대 종합잡지의 효시인 《소년》을 창간하고, 최초의 신체시 〈해에게서 소년에게〉를 발표. 저서로 《백팔번뇌》, 《심춘순례》, 《불함문화론》, 《금강예찬》, 《백두산근참기》 등이 있다. 1957년 10월 작고.
최인호	1945년 10월 17일 서울 출생. 1963년 고등학교 2학년 때 단편 〈벽구멍으로〉가 한국일보 신춘문예에 입선. 1964년 연세대학교 문리대 영문과 입학. 1967년 단편 〈견습환자〉가 조선일보 신춘문예에 당선. 단편 〈술꾼〉, 〈타인의 방〉, 장편 《별들의 고향》, 《내 마음의 풍차》, 《겨울 나그네》 등 다수의 작품을 발표. 2013년 암으로 별세.
최인훈	1936년 4월 13일 함북 회령에서 태어남. 1952년 서울대 법대 입학. 1959년 단편 〈GREY 구락부 전말기〉, 〈라울전〉이 안수길에 의해 《자유문학》에 추천되어 문단에 나옴. 단편 〈웃음소리〉, 《광장》, 《회색인》, 《소설가 구보씨의 하루》, 희곡 〈옛날 옛적에 훠어이 훠이〉 등 다수의 작품 발표.
최일남	1932년 전북 전주시 다가동에서 출생. 1952년 서울대 문리대 국문과 입학. 1953년 《문예》에 〈쑥이야기〉가 추천 발표되고, 1956년 〈파양〉이 《현대문학》에 추천 완료됨으로써 데뷔. 창작집 《서울 사람들》, 《누님의 겨울》, 장편 《거룩한 응답》, 《그리고 흔들리는 배》 등 발표.

피천득	1910년 서울에서 출생. 1930년《신동아》에〈서정소곡〉,〈파이프〉등을 발표. 1937년 중국 상하이 후장대학교 영문과 졸업. 수필집《인연》과 시집《생명》, 그리고 번역서《내가 사랑하는 시》,《셰익스피어 소네트 시집》등을 출간. 2007년 5월 사망.
한무숙	1918년 10월 25일 서울 출생. 1937년 부산여고 졸업. 1942년《신시대》의 장편 소설 모집에《등불 드는 여인》이 당선되어 문단에 데뷔. 1948년《국제신보》장편 소설 공모에《역사는 흐른다》가 당선. 작품집으로《감정이 있는 심연》, 장편으로《빛의 계단》,《석류나무집 이야기》,《만남》등이 있다. 1993년 별세.
한수산	1946년 11월 강원도 인제군 기린면에서 출생. 경희대 영문과 졸업. 1972년 동아일보 신춘문예〈4月의 끝〉이 당선. 1973년 한국일보 장편 소설 현상공모에《해빙기의 아침》이 가작으로 입선. 작품집으로《부초》,《욕망의 거리》,《거리의 악사》,《타인의 얼굴》,《군함도》등이 있다.
한용운	1879년 8월 29일 충청남도 홍성에서 출생. 1905년 강원도 인제의 백담사에 가서 연곡(連谷)을 스승으로 출가. 1926년 시집《님의 침묵》을 출판. 1935년 첫 장편 소설《흑풍》을 조선일보에 연재. 1938년 장편 소설《박명》을 발표. 저서로《조선불교유신론》등이 있다. 1944년 6월 성북동 심우장에서 중풍으로 별세.
함민복	1962년 충북 중원군 노은면에서 출생. 서울예전 문창과 졸업. 1988년《세계의 문학》에 시〈성선설〉등을 발표하며 등단. 시집으로《우울氏의 一日》,《자본주의의 약속》,《모든 경계에는 꽃이 핀다》등이 있다.
현진건	1900년 경북 대구에서 출생. 호는 빙허(憑虛). 중국 상하이 후장대학 중퇴. 1920년《개벽》11월호에 처녀작 단편〈희생화〉를 발표. 대표작으로 단편〈빈처〉,〈술 권하는 사회〉, 장편《적도》,《무영탑》등이 있다. 1943년 3월, 숙환으로 제기동 자택에서 별세.
호영송	1942년 5월 경기도 파주에서 출생. 1967년 동국대학교 연극영화학과 중퇴. 1973년《문학과 지성》에 단편〈파하의 안개〉발표. 단편집《파하의 안개》,《내 영혼의 적들》,《죽은 소설가의 사회》, 장편《꿈의 산》등이 있다.
황지우	1952년 전라남도 해남에서 태어남. 1972년 서울대학교 미학과 입학. 1980년 중앙일보 신춘문예에〈연혁〉이 입선.《문학과 지성》에〈대답 없는 날들을 위하여〉를 발표하여 등단. 시집으로《새들도 세상을 뜨는구나》,《겨울 나무로부터 봄 나무에로》,《어느 날 나는 흐린 주점에 앉아 있을 거다》등이 있다.

글 허병식

동국대 대학원 국문과를 졸업하였다. 조선일보 신춘문예 문학평론
부문에 당선하였고 현재 동국대 국문과 BK사업팀 연구교수로 재직
중이다. 저서로는《교양의 시대-한국 근대소설과 교양의 형성》등이
있다.

글 김성연

연세대 국문과 대학원을 졸업하고, 현재 연세대 국학연구원
비교사회문화연구소 전문연구원으로 활동하고 있다. 저서로는《서사의
요철(凹凸): 기독교와 과학이라는 근대의 지식-담론》,《영웅에서
위인으로: 번역 위인전기 전집의 기원》등이 있다.

사진 홍상현

연세대학교에서 철학을 전공했고, 홍익대학교대학원 사진학과에서 석사
및 박사 학위를 받았다. 현재 연세대학교 Post-Doc. 전문연구원으로서
인문학과 예술의 융합 과제를 연구 중이며, 한양대학교 건축학부
겸임교수이다. 저서로는《사진도 예술입니까?》등이 있다.

○ 사진 제공
Shutterstock.com_58, 71 sungju kim / 80 Hit1912 /120 Nghia Khanh
350 sontaya phophedleb
이형준_228 / 233 / 235

서울, 문학의 도시를 걷다

초판 1쇄 발행   2009년 8월 10일
2판 1쇄 발행   2017년 3월 10일

지은이   허병식, 김성연
펴낸이   진영희
펴낸곳   (주)터치아트
출판등록   2005년 8월 4일 제396-2006-00063호
주소   10403 경기도 고양시 일산동구 백마로 223, 630호
전화번호   031-905-9435 팩스 031-907-9438
전자우편   editor@touchart.co.kr

ⓒ 2009, 2017 서울문화재단

ISBN 979-11-87936-01-5 13810

* 이 책 내용의 일부 또는 전부를 재사용하려면 반드시 저작권자와
  (주)터치아트의 동의를 얻어야 합니다.
* 책값은 뒤표지에 표시되어 있습니다.